Kotulla
Management von Softwareprojekten

GABLER EDITION WISSENSCHAFT

Informationsmanagement und Computer Aided Team

Herausgegeben von Professor Dr. Helmut Krcmar

Die Schriftenreihe präsentiert Ergebnisse der betriebswirtschaftlichen Forschung im Themenfeld der Wirtschaftsinformatik. Das Zusammenwirken von Informations- und Kommunikationstechnologien mit Wettbewerb, Organisation und Menschen wird von umfassenden Änderungen gekennzeichnet. Die Schriftenreihe greift diese Fragen auf und stellt neue Erkenntnisse aus Theorie und Praxis sowie anwendungsorientierte Konzepte und Modelle zur Diskussion.

Andreas Kotulla

Management von Softwareprojekten

Erfolgs- und Misserfolgsfaktoren bei international verteilter Entwicklung

Mit einem Geleitwort
von Prof. Dr. Helmut Krcmar

Deutscher Universitäts-Verlag

Die Deutsche Bibliothek - CIP-Einheitsaufnahme

Kotulla, Andreas:
Management von Softwareprojekten : Erfolgs- und Misserfolgsfaktoren bei international verteilter Entwicklung /Andreas Kotulla. Mit einem Geleitw. von Helmut Krcmar. - 1. Aufl..- Wiesbaden : Dt. Univ.-Verl. ; Wiesbaden : Gabler, 2002
(Gabler Edition Wissenschaft : Informationsmanagement und Computer Aided Team)
Zugl.: Hohenheim, Univ., Diss., 2001
ISBN 3-8244-7583-9

D 100

1. Auflage Februar 2002

Lektorat: Brigitte Siegel / Jutta Hinrichsen

Der Deutsche Universitäts-Verlag ist ein Unternehmen der Fachverlagsgruppe BertelsmannSpringer.

www.duv.de

Gedruckt auf säurefreiem und chlorfrei gebleichtem Papier.

Druck und Buchbinder: Rosch-Buch, Scheßlitz
Printed in Germany

ISBN 3-8244-7583-9

für Maria
und meine Eltern

Geleitwort

Gescheiterte, abgebrochene oder verspätet fertiggestellte Softwareprojekte verursachen jährlich einen immensen Schaden in der IT-Industrie. Je größer und umfangreicher das Projekt, so die bisherigen Forschungsergebnisse, desto höher ist die Chance, daß es nicht erfolgreich abgeschlossen wird. Die Wissenschaft versucht seit Jahren, die Prozesse zur Softwareerstellung so zu definieren, daß das Erstellungsrisiko minimiert wird. Die der Entwicklung zugrundegelegten Methoden wurden dabei in den letzten Jahrzehnten durch neue Erkenntnisse und Technologiebrüche mehrfach komplett überholt.

Bedingt durch diese Forschungsresultate konnte die Erfolgswahrscheinlichkeit von Softwareprojekten erhöht werden, immer noch gibt es jedoch spektakuläre Fehlschläge, obwohl „alles richtig" gemacht wurde, vor allem bei großen Projekten. Die Ursachenforschung bietet wenig bis gar keine Erklärungen für die hohe Anzahl an Fehlschlägen bei komplexen Softwareprojekten, detaillierte Daten sind selten öffentlich zugänglich. Was jedoch sind die Unterschiede zwischen „großen" bzw. „komplexen" und „kleinen" Softwareprojekten? Wo läßt sich eine Grenze ziehen? Gibt es unterschiedliche Erfolgsfaktoren für diese zwei Projekttypen, und wenn ja, welche?

Diese Arbeit präsentiert Antworten auf diese Fragen und Lösungsvorschläge zur Handhabe von komplexen Softwareprojekten, basierend auf einer empirischen Fallstudie, die in einer global vertretenen Telekommunikationsfirma durchgeführten wurde. Sie schließt damit eine Lücke der bisherigen Forschung kritischer Erfolgsfaktoren von komplexen, global verteilt durchgeführten Softwareentwicklungen.

Professor Dr. Helmut Krcmar

Vorwort

Im Sommer 1995 startete ich als Hochschulabgänger bei einem soeben neu gegründeten Joint Venture zwischen einer kanadischen und einer deutschen Telekommunikationsfirma in einem der damals ehrgeizigsten Softwareentwicklungsprojekte der Welt. Der kanadische Partner ist einer der weltweit größten Hersteller von Telekommunikationsanlagen mit Niederlassungen in über 150 Ländern und mehr als 80.000 Mitarbeitern. Der deutsche Partner ist einer der größten europäischen Raumfahrtkonzerne mit vielfachen Geschäftsverbindungen im deutschen Markt. Die kanadische Firma, seit über 100 Jahren in der Telekommunikation aktiv und 1976 erster Anbieter einer komplett digitalen Produktfamilie, wollte mit einem Gewaltakt die gesamte Software eines Vermittlungssystems auf neuere Technologien umstellen. Das System war über die letzten 20 Jahre kontinuierlich auf über 20.000.000 Zeilen Code gewachsen und ständig von über 1000 Entwicklern erweitert worden. Mit der Umstellung erhoffte man sich eine wesentliche Erleichterung für zukünftige Entwicklungsaufgaben, kürzere Entwicklungszyklen, um schneller auf einen sich rapide entwickelnden Markt reagieren zu können, und eine einfache, saubere Struktur mit einem höheren Qualitätsanspruch.

Zum Zeitpunkt meines Eintritts in dieses Projekt arbeiteten ca. 800 Entwickler schon einige Jahre an der Umstellung. Unter Zuhilfenahme von externen Beratern wie Booch oder Rumbaugh, beide Koryphäen im Bereich objektorientierter Softwareentwicklung, und mit der eigenen Erfahrung mit global verteilter Entwicklung von komplexer Software wurde in allen Projektgruppen begeistert am bis dahin weltweit umfangreichsten zivilen OO-Projekt gearbeitet. Eine kleine Kerngruppe hatte die Basis für die Architektur gelegt und Entwicklungsprozesse definiert. Die einzelnen Entwicklungsaufgaben wurden, unter Berücksichtigung der Erfahrung der beteiligten Teams, weltweit verteilt. Eine Zentrale überwachte und integrierte ständig alle Neuentwicklungen und Erweiterungen. Für einen Studienabgänger wie mich war es ein Einstieg in die Arbeitswelt, wie ich ihn mir nicht besser hätte wünschen können: Hightech, objektorientierte Entwicklung, komplexe Aufgaben - in den nächsten Jahren würde ich hier sehr viel lernen können. Was meine Aufgabe zusätzlich reizvoll machte, waren längere Aufenthalte in den ausländischen Entwicklungslaboratorien, wie z. B. in Kanada.

Nach etwa einem Jahr, im Spätsommer 1996, wurde das Projekt nach einer kaum wahrnehmbaren Vorwarnzeit von weniger als zwei Wochen komplett abgebrochen: Keines der gestellten Ziele war erreicht worden.

Was war geschehen? Warum konnte eine Millioneninvestition wie diese so schnell verworfen werden? Hätte die Krise nicht früher vorausgesehen werden können? Dieser Vorfall ist der eigentliche Ursprung der vorliegenden Dissertation.

An dieser Stelle möchte ich mich ganz besonders bei meiner Frau Maria Kotulla bedanken, die mir während dieser Arbeit stets zur Seite stand und mich in jeder Hinsicht unterstützte.

Besonderer Dank gilt auch Wolfgang Altmeyer, Mario Bruketa, Sebastian Rädle und Klaus Mathes, die von Anfang an in dieses Projekt involviert waren und deren Zustimmung und Unterstützung Voraussetzung zu der Fallstudie waren. In diesen Dank einschließen möchte ich auch alle Interviewpartner, die ihr umfangreiches Wissen und Ihre Zeit zur Verfügung stellten.

Besondere Anerkennung gilt Helmut Krcmar, der die Durchführung der Fallstudie wissenschaftlich begleitete und mir jederzeit mit seiner langjährigen Erfahrung, hilfreichen Ratschlägen, Kommentaren und Kritik zur Seite stand. Dank gilt auch seinen wissenschaftlichen Mitarbeitern, besonders Dieter Hertweck, Lars Najda und Stefan Zerbe, die durch viele Diskussionen die Arbeit bereicherten. Hier möchte ich auch ganz besonders Johann Löhn für viele Anregungen und Diskussionen danken.

Dank gilt auch meinen Freunden und Kollegen Carmen Schmitt, Peter Tanin, Stuart Carlile, Edmund Brugger, Martin Zeller, meiner Familie und vielen anderen, deren Kommentare sehr hilfreich waren.

Andreas Kotulla

Inhalt

Abbildungsverzeichnis

Tabellenverzeichnis

Abkürzungsverzeichnis

ASIC	Application Specific Integrated Circuit
BCS	Business Communication System
BRI	Basic Rate Interface
CC	Capability Complete, Code Complete
COCOS	Corporate Communication System
CorWAN	Corporate Wide Area Network
CSF	Critical Success Factor
DV	Datenverarbeitung
ESN	Electronic Switching Network
ETSI	European Communication Standards Institute
Expat	Ex Patriot = „Ein im Ausland Arbeitender"
F & E	Forschung & Entwicklung
FTP	File Transfer Protocol
GIS	General Information Session
GSF	Generic Services Framework
GUI	Graphical User Interface
HKZ	Hauptanschlußkennzeichen
HR	Human Resources
HTTP	Hypertext Transfer Protocol
IKZ	Impulskennzeichen
IN	Intelligent Networking
ISUP	ISDN User Part
IT	Information Technology, Integration Tested
LOC	Lines of Code
MFA	Management for Achievement
MIR	Management International Review
OO	Objekt Orientiert
PBX	Private Branch Exchange
PDP	Process Development Plan
PLM	Product Line Manager
PLS	Product Library System
PRI	Primary Rate Interface
Protel	Procedure Oriented Type Enforcing Language
QSIG	Q-Reference Signalling Point

R&D	Research and Development
SDE	Software Design Environment
TAS	Technical Assistance
VMS	Voice Mail System
WAN	Wide Area Network

KAPITEL 1

Einleitung

Nach dem im Vorwort beschriebenen Erlebnis aus dem Jahre 1996 begann ich mich immer mehr zu fragen, welche Umstände zu dem kostspieligen Desaster geführt haben konnten. Wie hatte es einer international so erfahrenen Firma passieren können, daß ein so großes Projekt scheiterte? Zuvor waren viele international verteilte Projekte mit Erfolg beendet worden, an Erfahrung konnte es also nicht gemangelt haben. Die technische Infrastruktur für geographisch verteilte Projekte war ausgezeichnet, dies konnte also auch nicht als Erklärung gelten. Nachdem ich mich einige Monate erfolglos um Erklärungen bemüht hatte, aber niemand klare Antworten geben konnte, wuchs meine Neugier. War es möglich, ein Scheitern von international verteilten Projekten frühzeitig vorherzusagen? Wenn ja, welche Kriterien wären dazu zu beachten? Oder wäre es sogar möglich, eine Liste mit Empfehlungen aufzustellen, die bei verteilter Softwareentwicklung unbedingt zu beachten sind? Je länger ich überlegte, desto mehr Fragen stellten sich mir.

1.1 Zielsetzung und methodische Vorgehensweise

Ziel dieser Arbeit ist es, ausgehend von einer Analyse bereits existierender Untersuchungen über komplexe verteilte Softwareentwicklung sowie unter Einbeziehung aus in der Industrie gewonnenen Erfahrungen, eine Liste von Empfehlungen für international verteilte Softwareentwicklungen zu erstellen. Die Arbeit gliedert sich dazu in drei Teile.

Im ersten Teil werden dazu die methodischen und begrifflichen Grundlagen aufgeführt, d. h. die Problemstellung verteilter Softwareentwicklung wird erklärt. Neben einer Darstellung der Forschungsmethodik umfaßt der erste Teil auch die Erstellung eines Schemas zur Klassifikation komplexer Softwareprojekte.

Im zweiten Teil werden Erfolgs- und Risikofaktoren aufgeführt, die bei den dieser Studie zugrundeliegenden Softwareprojekten zu beobachten waren.

Ausgehend von den ersten zwei Teilen wird in einem dritten Schritt ein Leitfaden erstellt, der erläutert, welche Bereiche in der Softwareentwicklung besonderer Beachtung bedürfen und welche Faktoren darauf einwirken. Ergebnis soll ein Handbuch mit Empfehlungen sein, die zu einer erfolgreichen Projektdurchführung beitragen.

Was zeichnet komplexe internationale Softwareprojekte aus?

Ziel des ersten Teiles ist es, zu erläutern, welche Kriterien komplexe internationale Projekte auszeichnen. Ausgehend von einer Literaturanalyse wird beantwortet, welche Kriterien bisher zur Messung von Komplexität verwendet wurden und inwieweit sie für verteilte Projekte umgesetzt werden können. Zuerst werden hier jedoch die methodischen und begrifflichen Grundlagen gelegt. Neben einer Einführung in verteilte Softwareentwicklung wird auch die Forschungsmethodik dargelegt. Danach wird geklärt, welche Kriterien erfüllt sein müssen, damit ein Softwareprojekt als komplex gelten kann. Was sind die Unterschiede zwischen komplexen internationalen Projekten und nicht komplexen Softwareprojekten? In diesem Zusammenhang ist es auch sehr interessant zu hinterfragen, warum Projekte überhaupt geographisch verteilt durchgeführt werden, und welche Vorteile durch die geographische Verteilung entstehen, wenn zugunsten von ihr auf eine zentrale Entwicklung, die organisatorisch offensichtlich einfacher durchzuführen ist, verzichtet wird.

Außerdem wird durch die erste Forschungsfrage das Themengebiet abgegrenzt. Es wird untersucht, ob es Kriterien gibt, die es erlauben, Softwareentwicklungen von anderen Projekten abzugrenzen, oder ob alle verteilten Projekte sich so ähnlich sind, daß eine besondere Betrachtung von Software nicht notwendig ist.

Woran können international verteilte Projekte scheitern, was ist zu einem erfolgreichen Abschluß zu beachten?

Ziel dieser Frage ist es, Erfolgs- und Mißerfolgsfaktoren für international verteilte Softwareprojekte zu identifizieren. Erfolgsfaktoren sind dabei Faktoren, die zu einem Gelingen einer Softwareentwicklung beitragen. Mißerfolgsfaktoren sind Umstände, die das Scheitern eines Softwareprojektes wahrscheinlicher werden lassen.

In einem ersten Schritt wird definiert, wann eine Softwareentwicklung als gescheitert betrachtet werden kann, bzw. wann ein Projekt als erfolgreich abgeschlossen gilt. Anschließend wird anhand einer Literaturanalyse kurz summiert, welche Risikofaktoren oder Erfolgsgarantien (*silver bullets*) für Softwareprojekte bisher beobachtet wurden. Ausgehend von diesen Beobachtungen wird verglichen, wie sich die aus der Fallstudie erhaltenen Daten mit den bekannten Risikofaktoren abstimmen lassen. Gibt es bei komplexen verteilten Projekten andere Gefährdungen für den Projekterfolg, oder sind die Gefahren für Projekte unabhängig von Verteilung, Projektgröße und Komplexität? Hier wird besonderer Augenmerk auf Erfolgsfaktoren gelegt. Folgen erfolgreiche Projekte bestimmten Mustern und, wenn ja, welche Kriterien tragen zu einem Gelingen der Softwareentwicklung bei?

Die Beantwortung der zweiten Forschungsfrage wird dabei die beobachteten bzw. gefundenen Erfolgs- und Risikofaktoren detailliert erläutern, sowie ihre Auswirkungen auf international verteilte Softwareentwicklungen beschreiben. Neben Identifizierungsmöglichkeiten der Risikofaktoren werden dem interessierten Leser auch Hinweise gegeben, wie erkannten Risikofaktoren begegnet werden kann und wie Erfolgsfaktoren eingesetzt werden sollten.

Im Gegensatz zu einigen in der Literatur ausgiebig und detailliert untersuchten gescheiterten Softwareprojekten, wie z. B. Taurus oder dem Challenger Unglück, dient dieser Arbeit nicht ein einzelner Vorfall als Forschungsobjekt, sondern dutzende international verteilt durchgeführte Softwareprojekte werden analysiert und daraus die Erfolgs- und Risikofaktoren gewonnen und nach statistischer Relevanz geordnet.

Welche Empfehlungen lassen sich aus dieser Analyse ableiten?

Abschluß der Arbeit bildet die dritte Forschungsfrage. Anhand der in den ersten zwei Teilen gewonnenen Erkenntnissen wird ein Leitfaden mit Empfehlungen erstellt. Die Ratschläge richten sich an alle an international verteilter Softwareentwicklung Interessierte und umfaßt alle identifizierten Erfolgs- und Risikofaktoren. Zusammengefaßt zu mehreren Meta-Bereichen werden die Kriterien noch einmal komprimiert dargestellt, die zum Gelingen eines verteilten Softwareprojektes beitragen können, bzw. welchen Schritten ein Projektleiter folgen sollte, wenn ein verteiltes komplexes Softwareprojekt aufgesetzt werden soll. Ziel dieser Forschungsfrage ist, ein Handbuch zu erstellen, das ausgehend von der bisherigen Forschung und der in dieser Arbeit beobachteten Phänomene Empfehlungen gibt, die zu einem erfolgreichen Abschluß von Softwareprojekten beitragen.

1.2 Aufbau der Arbeit

Diese Dissertation besteht im wesentlichen aus drei Teilen, die sich an den vorgestellten Forschungsfragen orientieren. Bild 1 auf Seite 4 zeigt eine Übersicht des Aufbaus.

Kapitel 2 zeigt die Besonderheiten komplexer internationaler Softwareprojekte. Neben einer einführenden Definition wird geklärt, wann Softwareprojekte als komplex gelten können, wann von einem internationalen Softwareprojekt gesprochen werden kann und warum Softwareprojekte international verteilt, statt lokal an einem Ort, durchgeführt werden. Dieses Kapitel grenzt auch komplexe Softwareprojekte von nicht komplexen Softwareprojekten und sich nicht mit Software befassenden Projekten ab.

Kapitel 3 ist Erfolgs- und Mißerfolgsfaktoren von verteilten Softwareprojekten gewidmet. Ausgehend von einer Liste von Ursachen, an denen Projekte gescheitert sind, werden Bereiche wie die technische Infrastruktur, das Management oder soziale Komponenten in verteilten Softwareprojekten genauer untersucht.

Kapitel 4 stellt die Empfehlungen vor, die die Analyse der in Kapitel 2 und 3 beschriebenen Forschungsergebnisse ergeben hat. Anhand dieser Empfehlungen sollte ein Projektmanager in der Lage sein, grobe Fehler in verteilten Projekten zu vermeiden und sie stattdessen erfolgreich zu Ende führen können.

Im Anschluß daran findet sich eine Zusammenfassung der durchgeführten Fallstudie sowie das Literaturverzeichnis.

BILD 1: Aufbau der Arbeit. [Quelle: Eigene Darstellung]

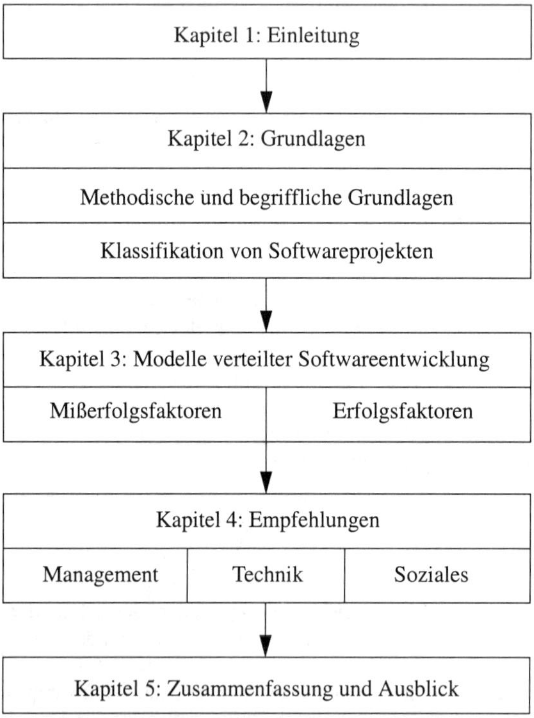

KAPITEL 2

Grundlagen

Im Anfang war Mendel, alleine und gedankenverloren. Und er sprach: „Es sollen Erbsen wachsen", und es war gut. Und er pflanzte die Erbsen in seinen Garten und sagte zu ihnen: „Wachset und vermehret Euch, und teilt Euch dabei unabhängig voneinander", und die Erbsen wuchsen und vermehrten sich. Und sie teilten sich. Und es war gut. Und als nun Mendel seine Erbsen aufsammelte, so teilte er sie in runde und eckige, und er nannte rund dominant und eckig rezessiv, und es war gut. Aber dann sah Mendel, daß da 450 runde Erbsen und 102 eckige Erbsen gewachsen waren; das war nicht gut. Laut Gesetz sollten drei runde für eine eckige gewachsen sein. Und Mendel sagte zu sich selbst: „Gott im Himmel, das muß ein Feind getan haben. Im Schutze der Nacht hat er schlechte Erbsen in meinem Garten gesät". Mit berechtigtem Zorn schlug Mendel auf den Tisch und rief: „Gehet von mir, ihr verfluchten und schlechten Erbsen, hinaus in die Finsternis, wo ihr von Ratten und Mäusen verschlungen werden sollt!", und so geschah es, und es blieben 300 runde und 100 eckige Erbsen, und das war gut. Es war sehr, sehr gut. Und Mendel veröffentlichte seine Forschung. [Broad, 1982, eigene Übersetzung]

Absicht dieses Kapitels ist es, die Forschungsmethode vorzustellen und sie für den Leser nachvollziehbar zu erklären. Voraussetzung dazu sind die Grundlagen der Theorie der Softwareentwicklung, virtueller Teams, kultureller Unterschiede in internationaler Zusammenarbeit und internationale Unternehmen, die in den folgenden Abschnitten aufgezeigt werden. Darauf aufbauend wird die Forschungsmethodik und das daraus resultierende Vorgehen in der Fallstudie und in der folgenden Analyse ausgeführt. Dieses Kapitel schließt mit Klassifikationsmerkmalen, anhand derer eine Abgrenzung der in dieser Arbeit untersuchten Softwareprojekte vorgenommen wird.

2.1 Methodische und begriffliche Grundlagen

Im Folgenden findet sich eine Einführung in die Softwaretechnik, zusammen mit verschiedenen Modellen zur Softwareentwicklung, eine Einführung in virtuelle Teams, zu der einerseits Werkzeuge zählen, die eine verteilte Arbeit erst möglich machen als auch soziale Fakturen wie „Cultural Diversity", und eine Einführung in das Management verteilter Softwareentwicklung, das ausgehend von internationalen Unternehmungen auf internationale Forschung & Entwicklungsaktivitäten eingeht und schließlich speziell das Management verteilter Software-Entwicklung erörtert.

BILD 2: **Softwaretechnik, Management und virtuelle Teams. [Quelle: Eigene Darstellung]**

Nach HERN [1996], JONES [1996:37] und einer ersten Sichtung der Literatur scheint das reibungslose Zusammenspiel von diesen drei Bereichen für den Erfolg einer verteilten Softwareentwicklung besonders wichtig zu sein. Bild 2 zeigt das Zusammenspiel der drei Blickwinkel auf international verteilte Softwareentwicklung, aus der Sicht der Softwaretechnik, der Sicht virtueller Teams und der Sicht des Managements.

2.1.1 Einführung in die Softwaretechnik

Die Softwaretechnik befaßt sich mit der Anwendung von Prinzipien, Methoden und Techniken auf den Entwurf und die Implementierung von Programmen und Programmsystemen (ENGESSER [1998:546]). Softwaretechnik gliedert sich generell in zwei Bereiche, den Bereich des Software-Management und den technischen Bereich. Der Managementbereich befaßt sich schwerpunktmäßig mit der Vorhersagemöglichkeit und Kontrolle von Qualität, der Erstellung von Zeitplänen, Kosten und Produktivität, wenn Softwaresysteme neu gekauft, erstellt oder erweitert werden sollen. Der technische Bereich hingegen konzentriert sich auf die Möglichkeiten der Entwicklungsingenieure, einzelne Eigenschaften der Software zu analysieren, vorherzusagen und zu kontrollieren. Dies betrifft auch das Auswerten und Analysieren von Alternativen bei den verschiedenen Designarbeiten.

Zur Softwareentwicklung gibt es viele Vorschläge, die bekanntesten von BOEHM [1988:61ff], JACOBSEN [1992:21ff], FAIRLEY [1985:37ff], zusammenfassend dargestellt von LEWERENTZ [1993:169ff], MORRIS ET. AL. [1996:21ff], BALZERT [1998] oder RECHENBERG/POMBERGER [1999:736ff], die in den folgenden Kapiteln kurz vorgestellt werden.

2.1.1.1 Modelle zur Software-Entwicklung

Die einzelnen Tätigkeiten zur Erstellung eines Software-Systems werden in der Literatur nicht scharf abgegrenzt, in Tabelle 1 findet sich deshalb ein Überblick der allgemein gebräuchlichen Terminologie (RECHENBERG/POMBERGER [1999:775]).

TABELLE 1: **Terminologie zur Software-Entwicklung.**
[Quelle: In Anlehnung an Rechenberg/Pomberger 1999:775]

Stufe	Beschreibung
Analyse / Anforderungsermittlung	Anforderungen an die Software aus dem Anwendungsbereich, oft gewonnen aus informellen Gesprächen und beurteilt nach ökonomischen, technischen und humanen Aspekten.
Systemdefinition	Treffen der grundlegenden technischen, planerischen und organisatorischen Entscheidungen über die Software.
Entwurf	Festlegen der Architektur des Software-Systems, die Zerlegung in Komponenten und Festlegen ihrer Verknüpfungen.
Implementierung	Programmierung der Komponenten auf der Grundlage des Entwurfs.
Validation	Konstruktive Qualitätssicherung und Testen.
Systemeinführung	Inbetriebnahme.
Wartung	Erweiterung der Funktionalität und Qualitätsverbesserung.

Ausgehend von dem Grundmodell, daß die Softwareerstellung in einem festen organisatorischen Rahmen erfolgen soll, entstanden im Laufe der Zeit das Wasserfall-Modell, das V-Modell, das evolutionäre Modell, das objektorientierte Modell und das Spiralmodell (BALZERT [1999:98]).

Das *Wasserfallmodell*, erstmals namentlich erwähnt von BOEHM [1981:35] ist in Bild 3 skizziert. Es legt fest, daß die Software-Entwicklung in aufeinanderfolgenden Stufen stattfindet, wobei Rückkopplungen zwischen den einzelnen Stufen stattfinden können. Die Rückkopplungen werden auf angrenzende Stufen begrenzt, um teure Überarbeitungen zu vermeiden.

Das Wasserfallmodell orientiert sich am Top-Down-Vorgehen und benötigt nur wenig Managementaufwand. Am Ende jeder Aktivität steht ein fertiggestelltes Dokument. In den ersten zwei Stufen, der *Systemanforderung* und den *Softwareanforderungen*, wird das Pflichtenheft erstellt. Die Stufe der *Analyse* untersucht, wie die benötigten Funktionen unter Berücksichtigung von Alternativen implementiert werden könnten, in der Stufe des *Entwurfs* wird die beste Alternative ausgewählt und detailliert definiert, wie die Implementierung auszusehen hat, die in der Stufe der *Codierung* verwirklicht wird. Die Softwareentwicklung schließt in diesem Modell mit dem erfolgreichen *Testen*, danach geht die Software in den *Betrieb*. Es ist jedoch nicht immer sinnvoll, alle Entwicklungsschritte sequentiell und in der vollen Breite durchzuführen. Risikofaktoren werden unter Umständen zu wenig berücksichtigt, da immer der einmal festgelegte Entwicklungsablauf durchgeführt wird. Das immer noch oft verwendete Wasserfallmodell wird wegen gravierender Nachteile nicht mehr empfohlen, so YOURDON [1992:94].

BILD 3: Wasserfall-Modell. [Quelle: Royce 1970:1ff, Boehm 1981:35]

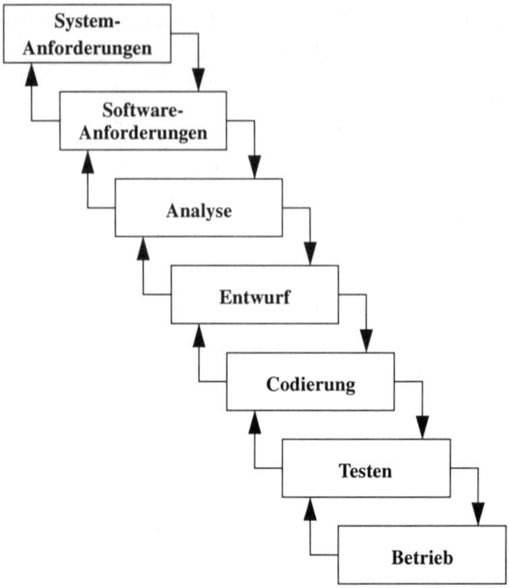

Das *V-Modell*, dargestellt in Bild 4, ist eine Erweiterung des Wasserfallmodells (BOEHM [1981:35ff] und [1984], THALLER [1996:87]), die Verifikation und Validation der Teilprodukte sind Bestandteile des Modells. Verifikation bedeutet die Überprüfung der Übereinstimmung zwischen einem Softwareprodukt und seiner Spezifikation. Die Validation ist die Eignung eines Produktes bezüglich seines Einsatzzweckes. Das V-Modell zeigt besonders gut die Gegenüberstellung konstruktiver und analytischer Phasen.

BILD 4: Das V-Modell der Softwareentwicklung. [Quelle: In Anlehnung an Thaller 1996:87]

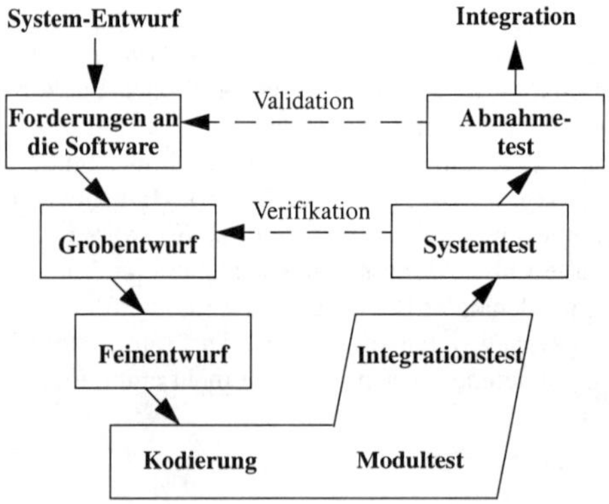

Im linken Ast wird die Software im Designprozeß in immer kleinere Teile heruntergebrochen, im rechten Ast erfolgt nach der Kodierung der Test immer größerer Subsysteme, ausgehend von Modulen bis hin zur Gesamtintegration. Auf der höchsten Ebene werden die Anforderungen mit der Realität des geschaffenen Produktes abgeglichen. Das V-Modell ist gut geeignet für große Projekte und bietet eine integrierte, detaillierte Darstellung von Systemerstellung, Qualitätssicherung und Projektmanagement. Das V-Modell ist jedoch für kleine und mittlere Softwareanwendungen unhandlich und ohne CASE-Unterstützung nicht handhabbar (BALZERT [1999:113])

Bei einer Softwareentwicklung traten jedoch häufig Probleme auf, die mit dem Wasserfall-Modell und dem V-Modell nicht gelöst werden konnten, so ist eine vollständige Spezifikation eines neuen Systems nicht erhältlich und während der Entwicklung ist eine wechselseitige Koordination zwischen Entwicklern und Anwendern erforderlich. Für manche Anforderungen gibt es verschiedene Lösungsmöglichkeiten, die experimentell erprobt werden müssen. Diese Probleme können teilweise durch das *Prototypen-Modell* gelöst werden. Prototypen werden dazu verwendet, um relevante Anforderungen oder Entwicklungsprobleme zu klären. Sie dienen dabei als Diskussionsbasis und helfen bei Entscheidungen. Die Vorteile des Prototypen-Modells liegen in der Reduzierung des Entwicklungsrisikos, sie können in andere Prozeßmodelle integriert werden, sie verbessern die Planung von Software-Entwicklungen und bedeuten eine starke Rückkopplung mit dem Endbenutzer und Auftraggeber. Sie bedeuten jedoch auch einen erhöhten Entwicklungsaufwand, da Prototypen im allgemeinen zusätzlich erstellt werden, sie werden oft als Ersatz für fehlende Dokumentation angesehen und es besteht die Gefahr, daß der Prototyp aus Termingründen Teil des Endproduktes wird (YOURDAN [1992:103], BALZERT [1999:119])

BILD 5: „Bucket"-Prinzip. [Quelle: Eigene Darstellung]

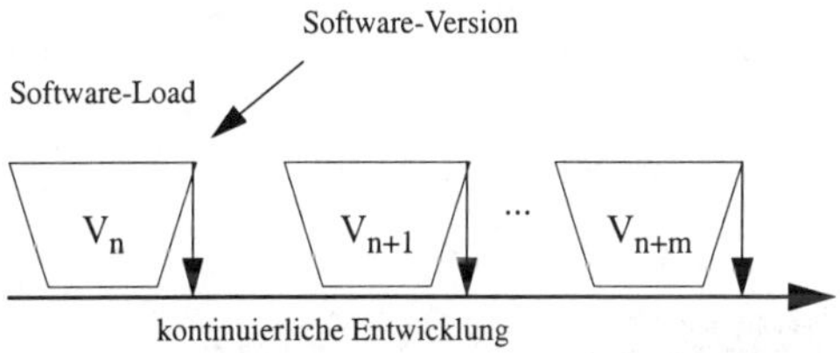

Ausgangspunkt beim *evolutionären Modell* sind die Mußanforderungen des Auftraggebers, so BOEHM [1988:123]. Die erste ausgelieferte Version enthält nur diese Anforderungen. Anhand der Erfahrungen des Kunden mit dieser Version werden die Anforderungen ergänzt und implementiert. Das Software-Produkt wird stufenweise entwickelt, gesteuert durch die Erfahrungen der Anwender. Es ist gut geeignet, wenn der Auftraggeber seine Anforderungen nicht vollständig überblickt. Der Auftraggeber erhält in kürzeren Zeitabständen einsatzfähige Produkte. Gerade komplexe Projekte werden meist nicht in einem Stück komplett implementiert, sondern die Funktionalität wird versionsweise fertiggestellt. In regelmäßigen Abständen wird eine Version der Software, die jeweils komplett integriert und getestet ist, an den Kunden geliefert. Bild 5 zeigt dieses „Bucket"-Prinzip schematisch. Version V_n enthält die Funktionalität x. Die darauf folgende Version V_{n+1} enthält ebenfalls die Funktionalität x der Vorgängerversion als auch die neu entwickelten Funktionen. Das Modell kann mit dem Prototypen-Modell kombiniert werden, es besteht jedoch die Gefahr, daß in den nachfolgenden Versionen die komplette Systemarchitektur überarbeitet werden muß.

Das *objektorientierte Modell* wird durch die Wiederverwendung von Klassen und Klassenhierachien gekennzeichnet. Vorteile sind eine Verbesserung der Produktqualität und die Konzentration auf eigene Stärken, der Rest der benötigten Funktionalität kann zugekauft werden. Allerdings ist es nur dann voll nutzbar, wenn objektorientierte Methoden eingesetzt werden und eine geeignete Infrastruktur vorhanden ist.

Das *Spiralmodell* von BOEHM [1988] geht bei der Software-Entwicklung von einer zyklischen Wiederholung und Verfeinerung von folgenden Schritten aus:

1. Identifikation der Ziele des Teilproduktes
2. Evaluierung von Alternativen
3. In Abhängigkeit von eventuellen Risiken wird das Prozeßmodell für diesen Schritt festgelegt
4. Planung des nächsten Zyklus.

BILD 6: **Das Spiralmodell. [Quelle: In Anlehnung an Boehm 1988:123 und Yourdon 1992:101]**

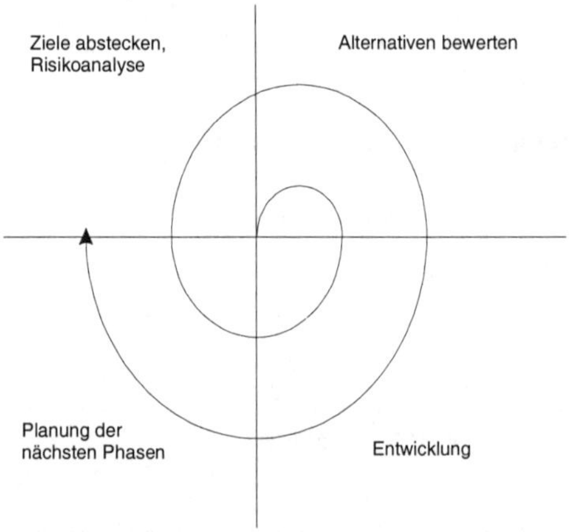

Das mehrfache Durchlaufen dieser Schritte wird wie in Bild 6 als Spirale dargestellt. Die Fläche der Spirale repräsentiert dabei die bisher entstandenen Kosten, der Winkel der Spirale den Entwicklungsfortschritt im jeweiligen Zyklus. Vorteil des Spiralmodells ist die Flexibilität und die periodische Überprüfung des Prozeßablaufes in Abhängigkeit von den Risiken. Ein Prozeßmodell wird nicht für die gesamte Entwicklung festgeschrieben bzw. andere Prozeßmodelle sind Spezialfälle des Spiralmodells. Fehler und ungeeignete Alternativen werden frühzeitig eliminiert. Nachteil ist jedoch ein hoher Managementaufwand, für kleine und mittlere Projekte ist es daher weniger geeignet.

2.1.1.2 Messung der Komplexität von Software

Der Klassiker zur Softwaretechnik, BROOKS [1995:16] „Mythical Man Month“, definiert den *Mannmonat* zur Aufwandsabschätzung in der Softwareentwicklung. Er stellt fest, daß sich die Kosten eines Projektes sehr einfach als Produkt von Mitarbeitern und Monaten errechnen lassen, die Entwicklungszeit jedoch nicht ein geschätzter Aufwand geteilt durch die Anzahl der Entwickler ist. In vier Schaubildern stellt er das Verhältnis von der Anzahl der Entwickler und der Entwicklungszeit gegenüber. Bild 7 und Bild 8 skizzieren seine Arbeit.

BILD 7: **Perfekt teilbare und unteilbare Aufgaben. [Quelle: Brooks 1995:16f]**

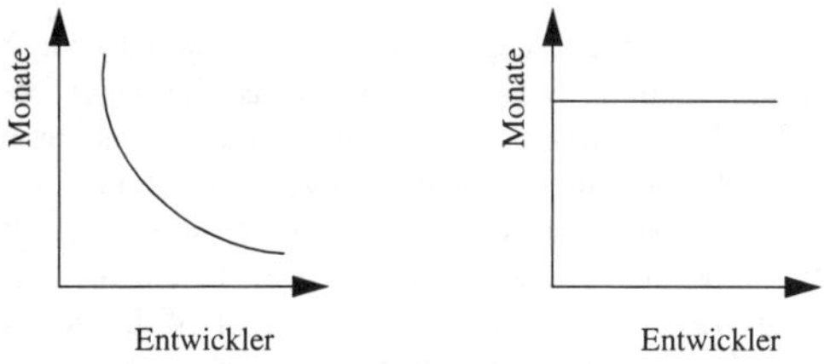

Im ersten Fall in Bild 7 sind die Anzahl der Monate und die Anzahl der Entwickler austauschbare Größen, wenn die Aufgabe beliebig geteilt werden kann und keine Kommunikation zwischen den Personen notwendig ist. Dies gilt z. B. für die Apfel- oder Traubenernte, ist für die Softwareentwicklung jedoch nicht einmal ansatzweise relevant. Das zweite Schaubild zeigt den Fall, wenn die Aufgabe gar nicht aufgeteilt werden kann. Eine Hinzunahme von mehr Personen hat keinen Einfluß auf die Laufzeit, da alle Arbeitsschritte sequentiell ausgeführt werden müssen. Ein Beispiel hierfür ist das Gebären eines Kindes: Egal wieviele Frauen mit der Aufgabe betraut werden, es dauert etwa 9 Monate. Einige Softwareprojekte zeigen diesen Charakter.

BILD 8: **Aufteilbare Aufgaben mit Kommunikation und Interaktionen. [Quelle: Brooks 1995:18f]**

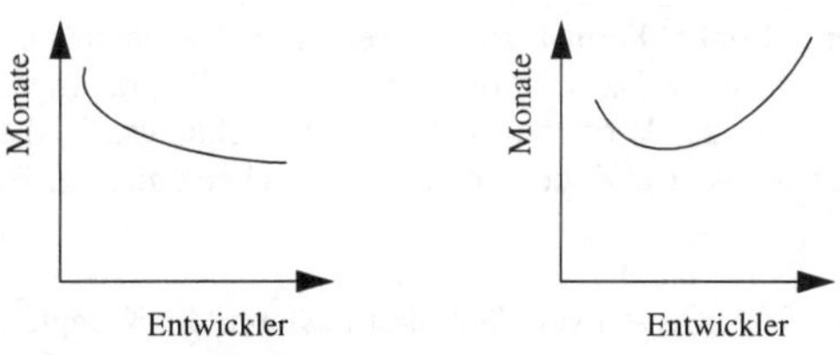

Eine Aufgabe, die zwar aufgeteilt werden kann, die jedoch Kommunikation zwischen den sie bearbeitenden Personen benötigt, zeigt die erste Grafik in Bild 8. Bei komplexen Kommunikationsbeziehungen, wenn sich bei Aufteilung z. B. stets jeder mit jedem abstimmen muß, so ergibt eine Hinzunahme vieler Personen eine Katastrophe: Wenn jedes Arbeitspaket mit jedem anderen koordiniert werden muß, ist der Kommunikationsaufwand n(n-1)/2. Drei Entwickler zusammen benötigen dreimal so viel Kommunikationsaufwand wie zwei Entwickler, vier Entwickler benötigen die sechsfache Zeit. Je mehr Personen an einem solchen Projekt arbeiten, desto mehr übersteigt der Kommunikationsaufwand die zusätzlich gewonnene Arbeitskraft weiterer Entwickler. Die Hinzunahme von weiteren Personen verlängert die Entwicklungszeit, anstatt sie zu verkürzen. Die zweite Grafik in Bild 8 repräsentiert diese Projekte.

Die Anzahl der für eine Entwicklung benötigten Mann-Monate versucht Brooks anhand der geschätzten Programmgröße in Instruktionen und Interaktionen abzuleiten. Ein großes Projekt sind für ihn mehr als 25 Programmierer und mehr als 30.000 zu implementierende Instruktionen.

FAIRLEY [1985:66] teilt Software in drei Kategorien ein: Applikationen, wie z. B. eine Textverarbeitung oder ein Grafikprogramm, Werkzeuge, wie z. B. Compiler oder Linker, und Systemprogramme, wie z. B. Betriebssysteme oder Datenbanken. Systemprogramme sind nach Brooks Untersuchungen etwa dreimal so schwierig zu entwickeln wie normale Werkzeuge, welche wiederum etwa dreimal schwieriger zu entwickeln sind als Applikationen. Das Produkt-Komplexitätsverhältnis ergibt sich damit zu 1:3:9, d. h. ein Systemprogramm mit einer geschätzten Programmgröße von x Codezeilen zu entwickeln ist drei mal so komplex wie die Entwicklung eines Werkzeugs mit derselben Codezeilenzahl x, die Entwicklung des Werkzeugs wiederum ist dreimal so komplex wie eine Applikation mit der derselben geschätzten Codezeilenzahl x.

BILD 9: **Einflüsse auf die Komplexität. [Quelle: In Anlehnung an Yourdon 1992:113]**

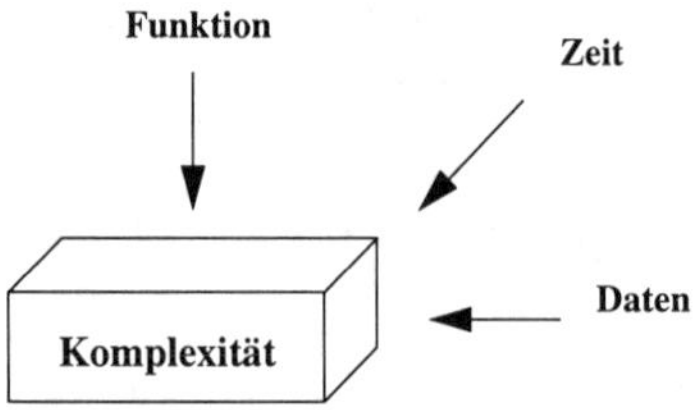

BOEHM [1981] verfeinert Brooks Formel zu aufwendigen Gleichungen, und FAIRLEY [1985:10ff] betrachtet zur Aufwandsabschätzung neben der Programmgattung und der geschätzten Zeilenzahl auch die zur Verfügung stehende Entwicklungszeit, die von der Software zu erwartende Zuverlässigkeit und die verwendeten Technologien, z. B. die Programmiersprachen.

Nach YOURDON [1992:113] beeinflussen vor allem drei Faktoren die Komplexität eines Softwaresystems: Der Funktionsumfang, die zur Berechnung erlaubte Zeit und die zu verarbeitende Datenmenge. Bild 9 zeigt dies in einer Skizze. Die früheren Methoden aus den 70er und 80er Jahren konzentrierten sich meist auf nur eine Dimension, wie Bild 10 zeigt. Viele der heutzutage entwickelten Systeme sind jedoch in zwei oder allen drei Dimensionen komplex, wie z. B. Luftfahrtüberwachungssysteme, Telekommunikationsnetze oder Systeme für die

Weltraumfahrt, die sowohl eine sehr große Anzahl von Funktionen besitzen als auch große Datenmengen verarbeiten und echtzeitkritisch sind.

BILD 10: **Dimensionen der Softwarekomplexität. [Quelle: In Anlehnung an Yourdon 1992:114]**

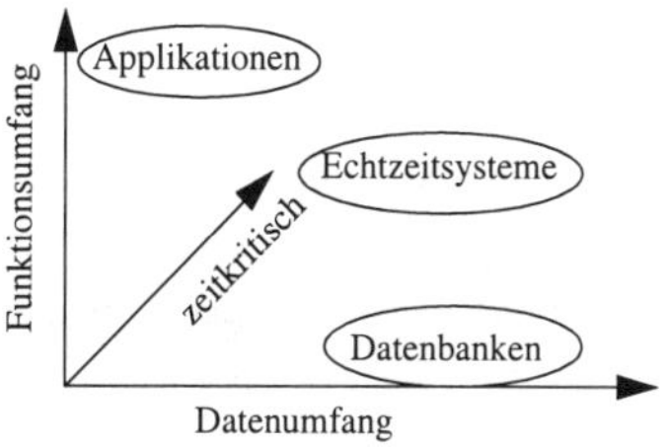

Andere Aspekte, die eine Softwareentwicklung komplexer werden lassen, dokumentieren beispielsweise BROOKS [1995], FAIRLEY [1985:65ff] und YOURDON [1992:113 und 1996]. Zusammengefaßt sind das:

- Talent der Entwickler
  Die Produktivität der Entwickler, bezogen auf Programmgröße, Laufzeit, Entwicklungszeit und Fehlersuche, variiert nach FAIRLY [1985:65] im Extremfall 16 zu 1, im Mittel 5 zu 1.
- Projektgröße bzw. Funktionsumfang
  Die Komplexität wächst nach BOEHM [1981] exponentiell mit der Anzahl der Instruktionen.
- Programmtyp
  Nach FAIRLEY [1985:66] sind Applikationen weniger komplex als Werkzeuge und diese wiederum weniger komplex als Systemprogramme. YOURDON [1992:113] bezeichnet diese Klasseneinteilung veraltet und nennt Funktionsumfang, Datenmenge und Ausführungszeit die drei Dimensionen von Komplexität.
- Zur Entwicklung zu Verfügung stehende Zeit
  Je kürzer die Entwicklungszeit, desto mehr Entwickler werden benötigt, damit steigt der Koordinations- und Kommunikationsaufwand.
- Zuverlässigkeit
  Die Wahrscheinlichkeit, daß die Software eine definierte Funktion unter angegebenen Rahmenbedingungen für einen angegebenen Zeitraum erfüllt (FAIRLEY [1985:70]). Software, von der Menschenleben abhängen, benötigt eine höhere Zuverlässigkeit als z. B. eine Textverarbeitung, und wird damit auch in der Entwicklung komplexer.
- Technologie
  Die verwendeten Programmiersprachen und Werkzeuge beeinflussen nach FAIRLEY [1985:71] die Komplexität wesentlich.

Um die Größe eines Softwareprojektes zu messen, werden hauptsächlich zwei Methoden verwendet:

1. Eine Abschätzung nach Programmzeilen (LOC = „lines of code“) oder die
2. Abschätzung nach Funktionspunkten.

„LOC"-Metrik

Die schnellste Messung der Größe einer Software ist, die Anzahl der Programmzeilen zu zählen. Die Auswertung der Daten von vielen Programmen und in der Industrie haben ergeben, daß der Aufwand einer Programmimplementierung sich linear zu den LOC verhält (COUPRIE [1999a:3]), wobei diese Beziehung nur für ältere Programmiersprachen wie z. B. C gilt. Die Vorteile von LOC sind

- eine einfache Anwendbarkeit,
- die Größe eines Programmes kann direkt gemessen werden,
- das Zählen der Programmzeilen kann einfach automatisiert werden und
- es ist einfach, den für ein Programm verwendeten Code als neu, verändert oder wiederverwendet zu klassifizieren.

Nachteile der Verwendung von LOC als Methode zur Abschätzung einer Programmgröße hingegen sind

- eine fehlende Unterstützung eines Standards in der Softwareindustrie,
- die Abhängigkeit der LOC von der verwendeten Programmiersprache - so können 100 Programmzeilen in einer modernen Programmiersprache 1500 Zeilen in C und 15000 Zeilen in Assembler entsprechen,
- die schwierige Abschätzbarkeit der benötigten Programmzeilen zu Projektbeginn und
- die Abhängigkeit der LOC vom Programmierstil.

Funktionspunkte-Metrik

In den letzten Jahren hat sich gezeigt, daß eine Abschätzung nach Codezeilen unzuverlässig ist. Einerseits gibt es derzeit mehr als 500 Programmiersprachen, und für viele der modernen Sprachen wie VisualBasic oder Powerbuilder ist das Konzept, die Programmgröße in der Anzahl der Codezeilen zu messen, nicht relevant. Große Mengen des Codes sind bereits in Bibliotheken vorhanden und können per Mausklick in eigene Software eingebunden werden. Andererseits benötigt die Implementierung des Codes bei vielen Projekten nur einen vergleichsweise geringen Zeitraum; bei Militärsoftware oder im Systembereich wird ein Großteil der Entwicklungszeit für Spezifikation oder Testpläne benötigt, so JONES [1996:5]. Wenn die Projektplanung die Softwaregröße nur um 10% falsch einschätzt, ist es vollkommen gleichgültig, welche Werkzeuge, Programmiersprachen oder Entwicklungsmethoden verwendet werden. Der Zeitplan und die Ressourcen werden so ungenügend sein, daß das Projekt mit großer Sicherheit fehlschlagen wird.

Anfang der 80er Jahre wurden deshalb von ALBRECHT [1979:83ff] und [1983:639ff] Funktionspunkte eingeführt, die eine bessere Abschätzung erlauben (siehe auch IFPUG [1994]). Die Anzahl der Funktionspunkte basiert auf einem Algorithmus, der für ein Programm die

- Externen Eingaben (External inputs = EI), d. h. die Anzahl der Eingabemasken und Bildschirmmasken auf denen Benutzer neue Daten eingeben oder verändern können,
- Externen Ausgaben, (External outputs = EO), d. h. Bildschirmausgaben, die das Softwareprogramm für den Benutzer oder andere Programme produziert,

- Externen Anfragen (External Inquiries = EQ), d. h. Bildschirmseiten, die es Benutzern erlauben eine Applikation nach Informationen zu fragen, z. B. Menüs oder kontextsensitive Hilfen,
- Externen Dateien (External Interface Files = EIF), d. h. Dateien, die eine Applikation mit anderen Applikationen zusammen verwendet, z. B. Parameterlisten oder Datenbanken und
- Interne Daten (Internal Logical Files = ILF), d. h. interne Datenbestände, die von der Applikation genutzt und verändert werden

zählt, diese gewichtet und summiert. Diese Zwischensumme sind die *Unadjusted Function Points*. Diese werden mit 14 Einflußfaktoren auf bestimmte Applikationscharakteristiken wie verteilte Prozessoren, Verwendung existierenden Codes, gewünschte Laufzeit u. ä. multipliziert, das Ergebnis sind dann die Funktionspunkte. Anhand der Funktionspunkte kann daraufhin die Projektgröße sehr genau abgeschätzt werden. Bild 11 zeigt einen Überblick über die einzelnen Schritte zur Berechnung von Funktionspunkten.

Im 1. Schritt, der „Boundary determination", wird ein Projekt in einzelne Applikationen zerlegt. Ein Entwicklungsprojekt kann eine oder mehrere Applikationen enthalten. Im Anschluß daran werden die Funktionspunkte für jede einzelne Applikation bestimmt.

Im 2. Schritt, der „Functional Classification", werden externe Eingaben, externe Ausgaben, externe Anfragen, externe Dateien und interne Daten gezählt. Diese Summen werden je einer Komplexitätsstufe gering, mittel und hoch zugeteilt. Bei der Gewichtung wird geringe Komplexität mit drei, mittlere mit vier und hohe mit sechs multipliziert.

BILD 11: **Berechnung der Funktionspunkte - Überblick. [Quelle: eigene Darstellung]**

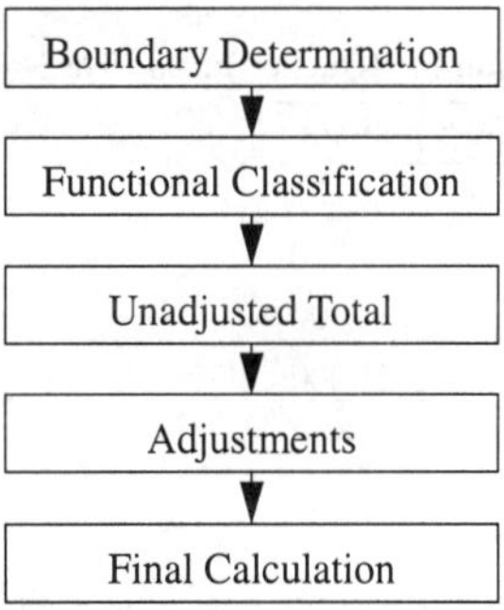

Im 3. Schritt werden die gewichteten Faktoren von Schritt zwei addiert, Ergebnis ist das „Unadjusted Total".

In der 4. Stufe, dem „Adjustment", werden für die Applikation 14 Charakteristiken wie Art der Kontrollinformation, verteilte Prozessoren, Leistungsanforderungen, Verwendung von schon vorhandener Software, der Transaktionsrate usw. betrachtet. Jede dieser Charakteristiken wird mit 0 (Charakteristik nicht relevant) bis 5 (großer Einfluß der Charakteristik) bewertet. Der „General Characteristic Adjustment"-Faktor ergibt sich aus der Summe aller Charakteristiken multipliziert mit 0.01 plus 0.65.

Im 5. und letzten Schritt wird der „General Characteristic Adjustment"-Faktor und „Unadjusted Total" multipliziert, Ergebnis sind die Funktionspunkte für die untersuchte Applikation.

COUPRIE [1999a] erwähnt folgende Vorteile der Funktionspunkte-Metrik:

- Eine einfache Verwendung in frühen Entwicklungsphasen,
- Sie sind eine abstrakte Maßeinheit, unabhängig von Programmiersprache und Design,
- Sie sind einfach zu verstehen,
- Sie haben große Unterstützung von Benutzergruppen und
- können gut für Produktivitätsabschätzungen verwendet werden.

Nachteile hingegen sind, daß

- die Abschätzung sehr arbeitsintensiv ist,
- Funktionspunkte kaum automatisch gezählt werden können,
- unerfahrene Benutzer zu unterschiedlichen Ergebnissen kommen können,
- es sehr schwierig ist, Funktionspunkte für abgeschlossene Projekte zu ermitteln und
- wenig historische Daten verfügbar sind, um Abschätzungen zu verbessern.

Um ein besseres Verständnis für die Größenordnung von Funktionspunkten zu bekommen, zeigt Tabelle 2 ein durchschnittliches Verhältnis von Funktionspunkten FP zu den *Lines of code* (LOC) für zwei populäre Standardsprachen.

TABELLE 2: **Vergleich von LOC und FP. [Quelle: Jones 1996:58]**

FP	LOC in C	LOC in Smalltalk
1	128	21
10	1280	210
100	12.800	2100
1000	128.000	21.000
10.000	1.280.000	210.000
100.000	12.800.000	2.100.000

Hierbei wird deutlich, daß die Codemenge für eine zu implementierende Funktion signifikant von der verwendeten Programmiersprache abhängt.

KEMERER [1993:85ff] untersuchte die Verwendbarkeit und Genauigkeit von der Methode der Funktionspunkte und kommt zu dem Schluß, daß Funktionspunkte eine genügend große Zuverlässigkeit für die Abschätzung von Softwareprojekten erlauben, daß jedoch Werkzeuge benötigt werden, die Zählung der Funktionspunkte automatisch vorzunehmen.

„Feature-Points"-Metrik

Für Echtzeitsysteme erwies sich jedoch auch der Funktionspunkte-Algorithmus als ungenau. 1986 entwickelte deshalb Software Productivity Research Inc. (JONES [1996:14]) „Feature Points", die die Vorteile von Funktionspunkten auf Echtzeitsysteme wie Telefonvermittlungsanlagen abbilden sollten. Funktionspunkte, die ursprünglich für klassische Informationssysteme entwickelt wurden, hatten sich für Echtzeitsysteme, Betriebssysteme oder Kommunikationssoftware als ungeeignet erwiesen, da sie für Software, die zwar eine hohe algorithmische Komplexität aber wenige Ein- und Ausgaben hatte, den Aufwand unterschätzten.

Die „Feature-Points"-Metrik baut auf den Funktionspunkten auf, es wurden jedoch neue, empirisch ermittelte Gewichte eingeführt und zusätzlich die Anzahl der Algorithmen mit berücksichtigt. Für klassische Informationssysteme werden mit Funktionspunkten und „Feature-Points" annähernd das gleiche Ergebnis ermittelt. Für komplexe Systeme berechnen sie jedoch einen wesentlich höheren Aufwand. Für eine Telefonvermittlungsanlage ergeben sich beispielsweise 1845 Funktionspunkte aber 2300 „Feature Points". Eine kleine Standard-Informationsanwendung hingegen ergibt sowohl 107 Funktionspunkte als auch 107 „Feature-Points" (JONES [1997:4]).

BALZERT [1998:232] warnt bei allen Abschätzungen jedoch zur Vorsicht und Skepsis, da der Software-Entwicklungsprozeß noch nicht vollständig verstanden ist und es an quantitativen Aussagen fehlt. Abschätzungen liefern nach ihm bestenfalls relative Aussagen.

2.1.1.3 Stand der Software-Technik

Für kleine Softwareprojekte stellt die Wissenschaft der Softwaretechnik den Entwicklern mittlerweile Werkzeuge zur Verfügung, die ein Entwicklungsrisiko weitgehend ausschließen, d. h. bei sturem Befolgen der Schritte eines Modells entspricht der Output eines Projektes im wesentlichen dem, was während der Phase der Analyse spezifiziert wurde. Auch der Zeitaufwand für eine Entwicklung läßt sich relativ genau abschätzen.

Um die Komplexität der Software in der Telekommunikationsindustrie zu bewältigen, hat sich eine Architektur nach dem in Bild 12 skizzierten ISO-Referenzmodell etabliert.

Es besteht aus mehreren Schichten, die jeweils eine bestimmte Aufgabe zu erfüllen haben. Die drei unteren Schichten repräsentieren die des Netzwerkes und alles was benötigt wird, um eine Verbindung zwischen zwei Kommunikationscomputern herzustellen. Die Transportschicht auf Ebene 4 isoliert die unteren Schichten von den oberen und stellt einen transparenten Übertragungsmechanismus zur Verfügung. Die drei oberen Schichten sind applikationsorientiert und erlauben Prozessen auf unterschiedlichen Rechnern anhand definierter Protokolle miteinander zu kommunizieren (HALSALL [1992:12ff]).

Um die wegen steigendem Funktionsumfang, härteren Echtzeitanforderungen und ständig wachsenden Datenmengen immer größere Komplexität von Softwareentwicklungen handhaben zu können, gibt YOURDON [1992:25] die in Tabelle 3 dargestellten Lösungsansätze.

BILD 12: **ISO Referenz Modell. [Quelle: In Anlehnung an Halsall 1992:15]**

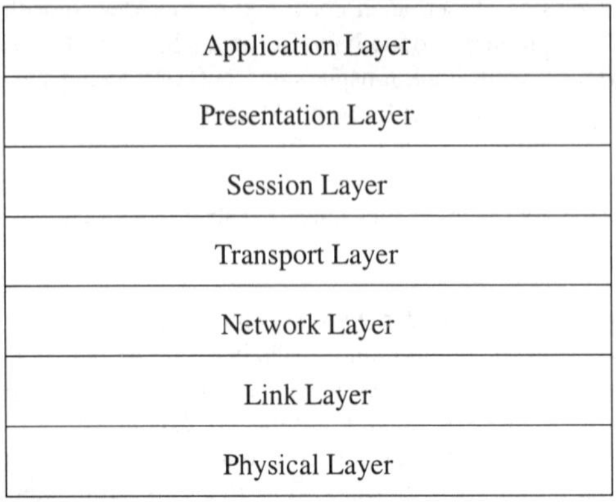

Mit diesen acht Ideen konnte die Produktivität der Entwickler in den letzten Jahren erhöht werden. Vor allem für grafische Benutzerschnittstellen bedeutete dies eine enorme Effizienzsteigerung.

Bei komplexen internationalen Projekten, wie sie in der Telekommunikationsindustrie häufig anzutreffen sind, scheinen diese Modelle jedoch schnell an ihre Grenzen zu stoßen, d. h. auch bei Befolgung aller Regeln und Hinweise kollabieren verteilte Softwareprojekte immer wieder mit sehr kurzer Vorwarnzeit. Trotz langjähriger Erfahrung mit der Softwaretechnik, den verschiedenen Designmethoden mit ihren Vor- und Nachteilen und einem Sammelsurium von Instrumenten zur Kontrolle verteilter Projekte schaffen es auch große Firmen nicht immer, ein global verteiltes komplexes Softwareprojekt erfolgreich zu beenden.

TABELLE 3: **Lösungsansätze zur Softwarekrise. [Quelle: In Anlehnung an Yourdon 1992:25]**

Ansatz	Beschreibung
Bessere Programmiersprachen	Neue Programmiersprachen mit umfangreichen Programmbibliotheken erlauben eine schnellere Kodierung von Funktionen. Allerdings lösen neue Programmiersprachen keine Softwaretechnik-Probleme: *„Better coding techniques may do nothing more than help you arrive at a desaster sooner than before.“*
Bessere Programmierer	Mittelmäßige Entwickler mit guten Werkzeugen und Programmiersprachen werden mittelmäßige Systeme erzeugen, gute Entwickler hingegen werden auch mit schlechten Systemen und Sprachen gute Software schreiben. Viele Probleme in der Softwareindustrie sind nach DEMARCO/LISTER [1987] nicht so sehr technischer sondern eher soziologischer Natur. Neben dem Versuch, die besten Leute einzustellen, muß deshalb auch auf andauernde Weiterbildung und Motivation geachtet werden.

TABELLE 3: **Lösungsansätze zur Softwarekrise. [Quelle: In Anlehnung an Yourdon 1992:25]**

Ansatz	Beschreibung
Automatische Werkzeuge	Vor allem CASE-Tools haben in den letzten Jahren die Softwarequalität und Softwareproduktivität stark verbessert. Beobachtungen zeigen jedoch vorübergehende Produktivitätseinbußen während der ersten 3-6 Monate nach Einführung von CASE-Tools.
Prototypen	Prototypen helfen vor allem Kunden, die ihre Anforderungen nicht genau definieren können, einen Blick auf ein vorläufiges Produkt zu werfen.
Strukturierte Techniken	Eine in den 70er Jahren entwickelte erste lose Sammlung von Werkzeugen und Ideen, die das Modellieren von Funktionen, Daten und Ereignissen erlaubt und damit ein Vorgänger der heutigen modernen Entwicklungsmethoden ist.
Objektorientierte Methoden	Statt objektorientierter Programmierung sollte der Fokus von Entwicklern mehr auf objektorientierter Analyse und objektorientiertem Design liegen.
Wiederverwendung von Software	Durch die Wiederverwendung von Code kann die Produktivität stark gesteigert werden. Nicht nur die Entwicklung des Codes ist kürzer, die erzeugte Software läuft auch robuster, da die einzelnen, immer wieder verwendeten Komponenten ausgiebiger getestet werden.
Software Reengineering	Viele Softwarehäuser beschäftigen mehr als die Hälfte der Belegschaft, um alte Systeme zu warten. Durch eine Umformung des alten unstrukturierten Codes in neuen, modularen Code kann die Produktivität im Wartungsbereich gesteigert werden.

2.1.2 Virtuelle Teams

Von „virtuellen Teams" (GRENIER/METES [1995:7], KOSTNER [1996:167ff], LIPNACK/STAMPS [1997:8] oder HAYWOOD [1998:2]), „globalen Teams" (ZERBE [1998:10]), „verteilten Teams" (KRCMAR/SCHWABE [1998:5]) oder „verteilten Gruppen" (SCHILL [1995:33]) wird gesprochen, wenn Teams behandelt werden, die zusammen arbeiten aber nicht an einem Ort lokalisiert sind. Die folgenden Ausführungen geben einen Überblick der Forschungen unterschiedlicher Autoren. GRENIER/METES [1995], LIPNAK/STAMPS [1997] und KOSTNER [1996] untersuchen virtuelle Teams, deren Führung und Leitung, und beschreiben anhand einiger Fallstudien Pilotprojekte international verteilter Firmen. Alle drei Werke enthalten Leitfäden für die Abwicklung verteilter Projekte. Sie betrachten vor allem die sozialen Aspekte geographisch verteilter Arbeit, z. B. wie sich virtuelle Teams auf die tägliche Zusammenarbeit auswirken.

LIPNACK/STAMPS [1997:8] beschreiben ihre Beobachtung, daß die Wahrscheinlichkeit, daß Personen zusammen arbeiten sinkt, wenn sie mehr als 50 Fuß auseinander sind - diese Regel nennen sie die „50-Foot Rule of Collaboration". Teams, die sich innerhalb des 50-Fuß-Raumes befinden, werden von ihnen „Collocated Team" genannt. Bild 13 zeigt dies schematisch. Den Umkreis von 0 cm - 50 cm nennen die Autoren dabei „Intimate", 50 cm - 4 m „Personal", 4 m - 12 m „Social" und den Umkreis von 12 m bis 25 m „Public".

BILD 13: **Zusammenarbeit bei räumlicher Distanz. [Quelle: Lipnack/Stamps 1997:9]**

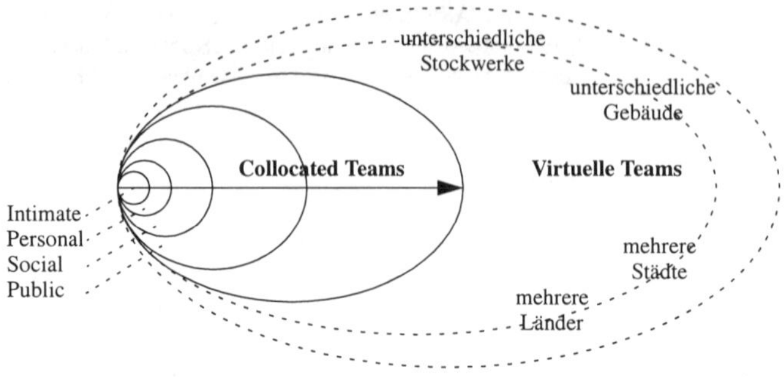

Arbeiten Personen in einer Gruppe, die mehr als 50 Fuß auseinander lokalisiert sind, z. B. auf verschiedenen Stockwerken, in verschiedenen Gebäuden, in unterschiedlichen Städten oder in mehreren Ländern, sprechen Lipnack/Stamps von „virtuellen Teams". Je weiter entfernt voneinander die Mitarbeiter lokalisiert sind, desto mehr Zeitzonen müssen sie überwinden, um miteinander zu kommunizieren, und desto kleiner wird ihr gemeinsames Zeitfenster.

GRENIER/METES [1995:7] definieren „virtuelle Teams" über ihre Aktivitäten:

- Sie produzieren eine Wertsteigerung, indem sie Mitarbeiter mit den nötigen Kompetenzen, um einen Service zu liefern, zusammenbringen, unabhängig davon, wo diese sich physikalisch befinden.
- Sie produzieren auf Information basierende Produkte oder Dienstleistungen durch den Zugriff oder das Verarbeiten von elektronischer Information und durch den Aufbau gemeinsamen Wissens durch elektronische Kommunikation.
- Sie bauen auf einer robusten, zuverlässigen Informations- und Kommunikationsinfrastruktur auf.

Um in virtuellen Teams effektiv zu sein, müssen bestimmte Ziele, Wissen und kulturelle Grundlagen gelegt sein. Ihrer Meinung nach hängt der Erfolg von virtuellen Teams sehr stark von einem hohen Kommunikationsfluß und dem Vertrauen untereinander ab (GRENIER/METES [1995:9]).

KOSTNER [1996:167ff] beschreibt sechs Stufen, die für den Erfolg von verteilten Teams, bei ihr „virtuelle Teams" genannt, Voraussetzung sind.

1. Der erste Schritt ist, daß zwischen den verteilten Teams ein Vertrauensverhältnis aufgebaut werden muß. Weit voneinander entfernte Teams sind kaum zu kontrollieren, jeder ist für sich selbst verantwortlich. Da die verteilten Teams keine gemeinsame Arbeitsumgebung haben, muß ein anderes Zusammengehörigkeitsgefühl geschaffen werden. Dazu sollten alle Entwicklungsgruppen zumindest zu Projektbeginn zu einem gemeinsamen Kick-Off-Meeting zusammenkommen.
2. Um die großen Entfernungen zu überbrücken, wird regelmäßige Anerkennung von allen Arbeitsergebnissen, die das verteilte Team gemeinsam erreicht hat, in ihrem 2. Schritt empfohlen. Dazu muß auch ein Weg gefunden werden, alle erreichten Teilziele allen Gruppen

zukommen zu lassen. Da verteilte Partner limitierte Interaktionsmöglichkeiten und anfangs nur wenig Wissen übereinander haben, muß dem virtuellen Team die Möglichkeit gegeben werden, sich kennenzulernen.

3. Im dritten Schritt werden dafür regelmäßige gemeinsame Besprechungen oder elektronische Jahrbücher empfohlen, so daß sich die Teammitglieder kennenlernen können, auch wenn sie in getrennten Niederlassungen arbeiten. Wichtig für eine kontinuierliche Zusammenarbeit seien auch regelmäßige, am besten wöchentliche, Telefonkonferenzen, bei denen gemeinsam alle offenen Fragen diskutiert werden können. Da virtuelle Zusammenarbeit nicht auf natürlichem Wege entstehen könne, wird auch empfohlen, Paare von Mitarbeitern von unterschiedlichen Niederlassungen zusammen an einem Teilprojekt arbeiten zu lassen, um verteilte Zusammenarbeit zu fördern.
4. Der vierte Punkt beschäftigt sich mit Kontinuität: Leute, die weit entfernt voneinander arbeiten, verlieren sich schnell aus den Augen. Für den Erfolg des virtuellen Teams sei es kritisch, eine intellektuelle Verbindung zu schaffen, so daß jeder am Projekt Mitwirkende das gemeinsame Ziel kennt. Durch eine emotionale Verbindung sollen Mitarbeiter motiviert bleiben, auch wenn sie entfernt vom restlichen Team sind. Schließlich werden Werkzeuge benötigt, um alle Arbeiten zu koordinieren.
5. Im fünften Schritt werden Vorschläge gemacht, wie das einmal erhaltene Vertrauen zwischen den Teams erhalten werden kann. Dazu müssen alle Mitarbeiter gleich behandelt werden, da jeder Ansatz von Bevorzugung Vertrauen zerstört. Dem Versuch, sich mehr auf ein Team vor Ort zu verlassen als auf ein weit entferntes, muß widerstanden werden. Die Bedürfnisse aller müssen ebenfalls gleichwertig betrachtet werden. Jedem Beteiligten muß die Möglichkeit gegeben werden, zum Erfolg beizutragen.
   Schlechte Kommunikation oder unterschiedliche Zugriffsmöglichkeiten auf Information können das Vertrauen der verteilten Teams stark beeinflussen. Die Probleme, die entfernten Teams dadurch entstehen, können lange verborgen bleiben, werden die Produktivität aber immer negativ beeinflussen. Wenn Entscheidungen getroffen werden, muß deshalb für alle das Ziel klar sein. Dazu müssen Bilder, Grafiken, Tabellen und geschriebene Information, die jedes Detail erklären, ausgetauscht werden.
6. Der sechste und letzte Schritt fordert deshalb: Der Kommunikationsfluß muß immer aufrecht erhalten bleiben, um den unsichtbaren negativen Phänomenen verteilter Gruppenarbeit entgegenzutreten. Mit einem Kommunikationsplan kann sichergestellt werden, daß alle über jede grundlegende Entscheidung informiert werden.

Diese sechs Stufen sind in Bild 14 zusammengefaßt.

BILD 14: Sechs Stufen für den Erfolg in verteilten Teams. [Quelle: In Anlehnung an Kostner 1996:167]

ZERBE [1998:264] unterscheidet bei Interdependenzen globaler Teams zwischen *Teamkontakt* und *Teamfusion*. Durch die Bildung abgeschlossener Aufgabenkomplexe sinkt der Bedarf an laufender Koordination und damit auch der Kommunikation. Wird die Kooperation so gestaltet, daß die Interdependenzen zwischen den Standorten gering bleiben, kann globale Zusammenarbeit nach der Form des Teamkontakts organisiert werden, bei dem nur wenige Kommunikationsbeziehungen geographische Entfernungen überbrücken müssen. Je höher die Interdependenz, desto höher ist auch der Bedarf an Koordination und intensive Interaktion zwischen den Kooperationspartnern wird notwendig. Diese Form der Zusammenarbeit ist die Form der Teamfusion.

KRCMAR/SCHWABE [1998:5] klassifizieren Muster, welche Arten von verteilten Teams wie miteinander arbeiten können. In mehreren Projekten erarbeiteten sie sechs typische Kooperationsmuster, die in Tabelle 4 dargestellt sind.

TABELLE 4: Telekooperationsszenarien. [Quelle: In Anlehnung an Krcmar/Schwabe 1998:5]

Szenario	Adressaten	Unterstützungsleistung
Zweipunktszenarien	Personen	Räumlich-zeitliche Verteilung der Kommunikation und Zusammenarbeit von zwei Personen
Multipunktszenarien	Gruppen	Produktivere Gruppenarbeit
Gemeinsame virtuelle Räume	Personen und Gruppen	Soziale Präsenz während der verteilten Zusammenarbeit
Verteilte Geschäftsprozesse	Organisationen	Produktivere und flexiblere Vorgangsbearbeitung; Reaktionsgeschwindigkeit
Organisationsorientierte Szenarien	Organisationen	Flächendeckende Zusammenarbeit über Raum-, Zeit- und Organisationsgrenzen
On-Demand Szenarien	Kunden	Verteilung von Sachinformation und Kanalisierung von Anfragen

Zweipunktszenarien beinhalten oft Abstimmungsvorgänge oder die Bearbeitung von gemeinsamem Material. Als technische Ausstattung empfiehlt sich Telefon, Fax, Videokonferenz oder E-Mail. Bei Multipunktszenarien werden zwei oder mehr Personen anhand einer Telekooperationsumgebung miteinander verbunden. Virtuelle Büros dienen der verteilten Zusammenarbeit. Besonderheiten sind synchrone und symmetrische Kommunikation, Integration der Audio- und Videokommunikation, Erhaltung eines sozialen Kontextes, Übermittlung von Hintergrundinformation und Vermittlung des Gesamtkontextes der Kommunikation. Geschäftsprozeßorientierte Szenarien sind entweder einmalig, hierzu kann eine Gruppe aus Spezialisten an verschiedenen Standorten für eine begrenzte Zeit direkt zusammenarbeiten und so sehr schnell reagieren, oder die Szenarien wiederholen sich. In diesem Fall ist der Dokumentenfluß durch die Organisation zu beachten. Organisationsorientierte Szenarien zielen auf eine flächendeckende Einführung von Telekooperation hin. Die von Krcmar empfohlene Einigung auf eine einheitliche Plattform hat sich im Rahmen dieser Arbeit zwar als sehr wünschenswert, in der Praxis jedoch nicht durchsetzbar erwiesen. Auch eine Einigung auf gemeinsame Umgangsformen ist bei einem multikulturellen Unternehmen sehr schwierig, hier wird eher auf Flexibilität aller Mitarbeiter geachtet. On-Demand Szenarien schließlich spiegeln eine Mischung aus Informationsdatenbanken und Zugang zu kompetenten Ansprechpartnern wider.

HERN [1996:2] stellt fest, daß effektive Kommunikation zwar für alle Projekte sehr wichtig, bei verteilter Entwicklung jedoch erfolgsentscheidend ist. Kommunikation ist der Faktor, der die Anzahl der Standorte, die an einer verteilten Entwicklung partizipieren wollen, begrenzt. Seine Szenarien sollen hier kurz diskutiert werden.

BILD 15: **Lokales Team. [Quelle: Eigene Darstellung]**

In einem ersten Beispiel wird ein nicht verteiltes Team betrachtet. Da sich alle Mitglieder geographisch sehr nahe sind, ist es für sie leicht jedermanns Fortschritt und Probleme zu verfolgen. „Face-to-Face“-Kommunikation, meist zwanglos, findet nach Bedarf statt, eine vorherige Planung ist nicht notwendig. Bild 15 zeigt diesen Sachverhalt.

Arbeitet das Team jedoch verteilt, wird die Kommunikation zwischen den einzelnen Mitarbeitern schwieriger. Sie können sich nicht länger persönlich treffen sondern müssen auf Kommunikationshilfsmittel wie Telefon oder E-Mail zurückgreifen. Wenn sie sich in verschiedenen Zeitzonen befinden, wird das Zeitfenster, in dem sie sich unterhalten können, beschnitten - manchmal beträgt es sogar null. Bild 16 zeigt diese Konstellation. Anstatt sich nach Bedarf treffen zu können, müssen Besprechungen geplant werden, um das Kommunikationsfenster möglichst gut auszunutzen. Das Risiko, daß durch die räumliche Trennung der Teammitglieder Mißverständnisse entstehen, ist nicht zu vernachlässigen. Wenn in diesem Szenario nicht sorgfältig auf den Kommunikationsprozeß geachtet wird, wächst die Wahrscheinlichkeit, daß das verteilt aufgesetzte Projekt länger zur Fertigstellung benötigt, als wenn es zentral entwickelt worden wäre.

BILD 16: **Verteiltes Team. [Quelle: Eigene Darstellung]**

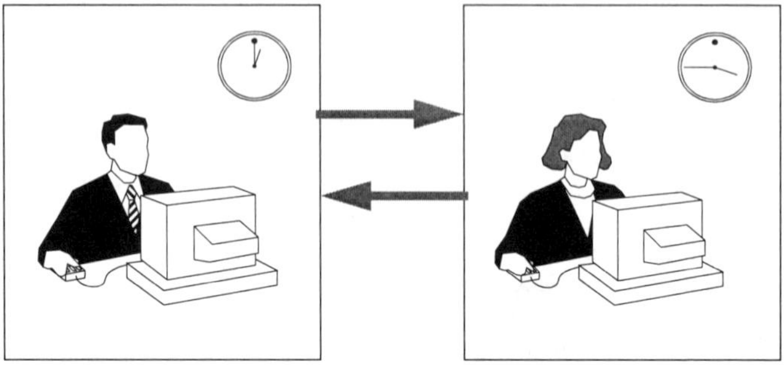

Hern untersucht auch die typischen Kommunikationsmuster für unterschiedliche Multisite-Aktivitäten.

Der einfachste Vorgang ist der Transfer eines Projektes von einem Standort A zu einem anderen Standort B, zu sehen in Bild 17. Die Kommunikation beschränkt sich auf einen relativ kurzen Zeitraum während der Projektübergabe, erst kurz vor dem Transfer wächst die Kommunikation, fällt danach aber sehr schnell wieder stark ab.

BILD 17: **Kommunikationsmuster beim Transfer eines Projektes. [Quelle: In Anlehnung an Hern 1996:2]**

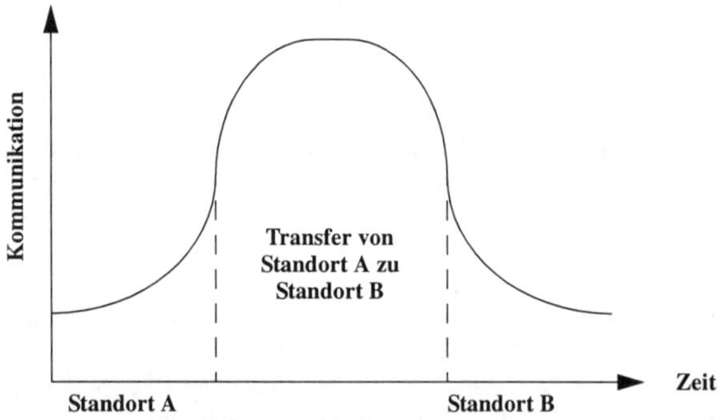

Das zweite Muster betrachtet eine typische Kunden-Anbieter-Situation: Ein Team gibt einen kompletten Entwicklungsauftrag an ein anderes Team. Die Kommunikation konzentriert sich auf zwei Perioden, einmal, wenn anfangs die Anforderungen definiert und zwischen den

Teams abgestimmt werden, und auf das Projektende, wenn das fertige Produkt übergeben wird. Zwischen diesen beiden Zeitpunkten sinkt der Kommunikationsanteil erheblich, es werden nur regelmäßige Statusinformationen zwischen den Teams ausgetauscht oder Fragen beantwortet. Bild 18 zeigt dies grafisch.

BILD 18: Kommunikationsmuster bei ausgelagerter Entwicklung. [Quelle: In Anlehnung an Hern 1996:3]

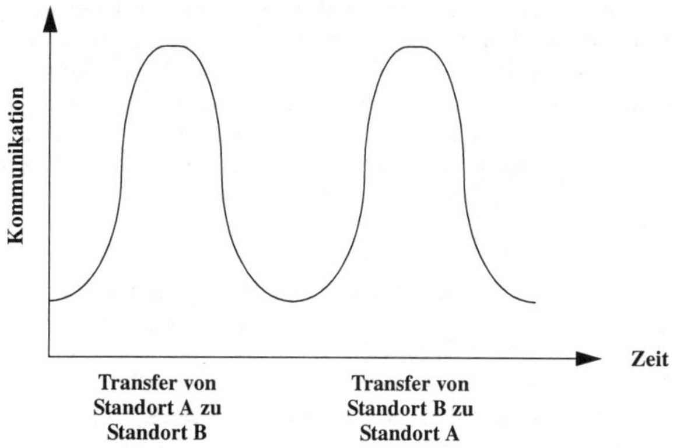

Bei einem verteilten Softwareentwicklungsprojekt schließlich, wenn die Mitarbeiter eines Teams über mehrere Standorte verteilt sind, enthält man ein Kommunikationsmuster wie in Bild 19 zu sehen. Hier bleibt der Kommunikationsanteil über den gesamten Entwicklungszyklus fast gleich hoch. Die einzelnen Teammitglieder kommunizieren kontinuierlich miteinander über das Design oder die Verfeinerung der Anforderungen.

BILD 19: Virtuelles Team. [Quelle: In Anlehnung an Hern 1996:3]

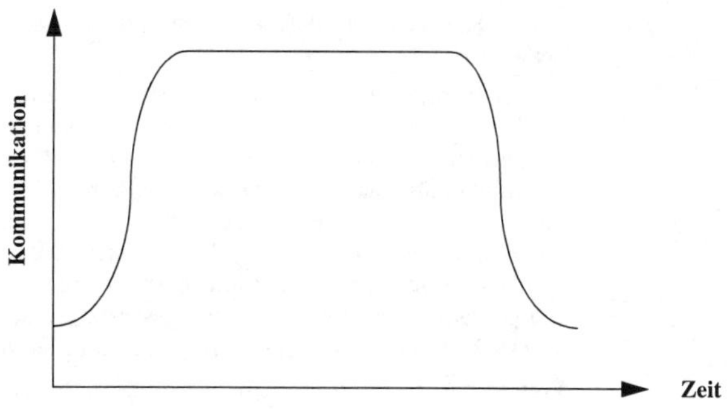

Wegen des konstant hohen Kommunikationsflusses seien verteilte Teams am schwierigsten zu führen. Einer der Gründe dafür ist, daß Problemlösungen viel mehr Zeit in Anspruch nehmen und langsamer voranschreiten. Bei einem nicht verteilten Projekt kann jederzeit beim Aufkommen eines Problems das gesamte Designteam zusammenkommen, um mögliche Lösungen zu diskutieren, ganz im Gegensatz dazu stehen verteilte Teams. Zeitunterschiede zwischen den einzelnen Standorten können eine gemeinsame Konferenz aller Beteiligten sehr schwierig machen. Ein Problem, daß ein lokales Team in einigen Stunden gelöst haben könnte, kann bei verteilten Teams leicht eine ganze Woche in Anspruch nehmen.

HERN [1996:5] widmet in seinem Aufsatz „Multisite software development" ein ganzes Kapitel den Werkzeugen, die nach seiner Sicht für verteilte Softwareentwicklung Voraussetzung sind. Nach ihm können Kommunikationseinrichtungen bzw. Werkzeuge zur Kommunikation zwischen den Standorten der Angelpunkt für Erfolg oder Mißerfolg sein. Entwickler, die auch nur Menschen seien, werden normalerweise den Weg mit dem geringsten Widerstand gehen. Wenn es schwierig ist, mit anderen Niederlassungen zu kommunizieren, so werden Entwickler nur im Notfall oder gar nicht miteinander reden, was wiederum das Risiko für Fehler oder Mißverständnisse erhöht.

Schon vor Projektbeginn sollten alle Werkzeuge genau inspiziert werden, da es nach seiner Erfahrung lange dauern kann, bis Verbesserungen durchgeführt werden, vor allem wenn Außenstehende, wie z. B. Telefongesellschaften zum Schalten von Standleitungen zwischen den verteilten Teams, zu deren Implementation notwendig sind. Die Zeit, die vor Projektbeginn investiert würde, um die Werkzeuge zu verbessern, werde während der Projektlaufzeit vielfach wieder eingespart.

Kommunikationswerkzeuge, die in den von ihm untersuchten Projekten verwendet worden waren, sind in Tabelle 5 aufgeführt.

TABELLE 5: Werkzeuge für verteilte Teams. [Quelle: In Anlehnung an Hern 1996:5]

Zuverlässige direktwählbare Telefonverbindungen	Entwickler müssen in der Lage sein, Teammitglieder an anderen Standorten direkt zu erreichen. Über eine Vermittlungsstelle zu telefonieren ist sehr lästig, vor allem wenn die Telefonistin nicht die Sprache der Anrufers spricht.
Kopfhörer für das Telefon	Besonders bei langen Telefonkonferenzen sind sie sehr komfortabel.
Elektronische Mail	In allen betrachteten Projekten stellte sich unter Beweis, daß E-Mail eines der besten Medien ist, technische oder nicht-technische Informationen zu transportieren. Allerdings müsse auch darauf geachtet werden, daß Entwickler und Manager nicht mit E-Mail überlastet werden, so daß sie wichtige Briefe nicht mehr rechtzeitig lesen können. Normalerweise würde diese Informationsflut dadurch hervorgerufen, wenn Berichte an eine zu große Zielgruppe geschickt werden. Deshalb sei es sehr wichtig, aufgabenspezifische Adresslisten zu verwalten.
Newsgroups	Problemspezifische Newsgroups oder Bulletin Boards sind dafür geeignet, alle Projektinformationen genau zu denjenigen zu verteilen, die an den Informationen interessiert sind.

TABELLE 5: **Werkzeuge für verteilte Teams. [Quelle: In Anlehnung an Hern 1996:5]**

Werkzeuge für die Terminplanung	Sie stellen einfach per Computer zu bedienende Werkzeuge dar, um Teamkollegen für eine Besprechung zu buchen, auch wenn diese an einem anderen Standort lokalisiert sind.
Sprachboxen	In verteilten Gruppen seien sie ein notwendiges Instrument für die Entwickler, so daß diese in Kontakt bleiben können, auch wenn sie sich nicht an ihrem Arbeitsplatz befinden.
Videokonferenzen und Telefonkonferenzen	Je besser die Ausrüstung, desto weniger würde sie auffallen und desto mehr können sich die Beteiligten auf den Inhalt einer Besprechung konzentrieren.
Intranet	Das Intranet stellt eine einfache Möglichkeit dar, alle Informationen anzubieten und zu erhalten, und kann die direkte Kommunikation zwischen den Entwicklern reduzieren.

Generell sei jedoch für alle Kommunikationswerkzeuge Voraussetzung, daß eine zuverlässige und genügend große Bandbreite zwischen allen Standorten zur Verfügung steht.

Sein Aufsatz enthält auch einen Ausblick, welche Werkzeuge in der Zukunft verwendet werden sollten, die zwar schon heute vorhanden seien, die wegen einer zu geringen Bandbreite jedoch nur selten eingesetzt werden. Seine Empfehlungen sind in Tabelle 6 zu sehen.

LEWE/KRCMAR [1992:1ff] stellen Groupsystems vor, eine Software, mit der Teamsitzungen unterstützt werden können. Vor allem bei großen Gruppen nehmen nach ihrer Erfahrung Synergieeffekte zu. Die Prozeßverluste würden bei Zunahme der Gruppengröße bei Computerunterstützung nicht schneller zunehmen als ohne Computerunterstützung. Im Zusammenhang mit der vorliegenden Arbeit konnten computerunterstützte Sitzungen jedoch nicht beobachtet werden, da sie in keinem der Projekte eingesetzt wurden.

TABELLE 6: **Werkzeuge für künftige Projekte. [Quelle: In Anlehnung an Hern 1996:6]**

Elektronische Tafeln	Sie erlauben Leuten von unterschiedlichen Standorten, eine gemeinsame Schreib- und Lesefläche zu verwenden, die in Konferenzräumen aufgestellt sind.
Desktop-Videokonferenzen	Durch Bildtelefone können Entwickler ihr Gegenüber nicht nur hören sondern auch dessen Ausdruck und Gestik sehen. Dies kann ein nützliches Werkzeug sein, Vertrauen zwischen den Teamkollegen zu fördern und um Mißverständnisse zu vermindern.
Gemeinsame Computerbildschirme	Eine Werkzeuge wie z. B. SharedX (TM) erlauben es, Computerfenster auf mehreren Bildschirmen gleichzeitig darzustellen. Dies könnte dazu verwendet werden, Designer zu unterstützen, die sich am Telefon über ein Problem unterhalten.
Software zur unterstützung von Arbeit in verteilten Gruppen	Z. B. Lotus Notes (TM) zeigen ihre Stärke, wenn verschiedene Medien wie E-Mail und Newsgroups in einer Oberfläche verbunden werden.
E-Mail Filter	Um der E-Mail-Flut zu begegnen, können auch Filter verwendet werden, die die eingehende Mail nach verschiedenen Kategorien und Prioritäten sortieren und Anwendern so die Möglichkeit bieten, das Wichtige zuerst zu bearbeiten.

LEWE/KRCMAR [1991:2] bzw. KRCMAR [1995:3ff] untersuchten die in Tabelle 5 und Tabelle 6 aufgeführten Werkzeuge für verteilte Teams nach der Einsetzbarkeit am gleichen bzw. an verschiedenen Orten und für die Einsetzbarkeit zu gleicher oder unterschiedlicher Zeit. Tabelle 7 zeigt die Aufteilung in vier verschiedene Kategorien.

TABELLE 7: **Groupware Kategorien. [Quelle: Lewe/Krcmar 1991:2]**

Anwesenheit der Teilnehmer	zu gleicher Zeit	zu unterschiedlichen Zeiten
am gleichen Ort	• Umfassend Computerunterstützte Sitzung • Computerunterstützte Sitzungsmoderation • Group decision support systems • Präsentationssoftware	• Terminkalender-Management für Gruppen • Projektmanagement-Software • Textfilterungs-Software
an unterschiedlichen Orten	• Audio- und Videokonferenz • Screen-Sharing • Spontaninteraktion durch Nachrichtenaustausch im Rechnernetz	• Electronic Conferencing und Bulletin Boards • Werkzeuge zur Konversationsstrukturierung • Mehrfachautoren-Software

Sie untersuchten dabei die Einsetzbarkeit von Computern zur Gruppenarbeit. Für international verteilte Gruppen sind vor allem Werkzeuge aus der Spalte „zu unterschiedlichen Zeiten" und der Reihe „an unterschiedlichen Orten" von Belang.

KRCMAR/SCHWABE [1995:3ff] und [1998:2ff], und SCHWABE/HERTWECK/KRCMAR [1998:1] beschreiben verschiedene Kategorien von Telekooperationswerkzeugen, die neue Gestaltungsmöglichkeiten für die verteilte Zusammenarbeit bieten. Die Kategorien umfassen:

- Gemeinsames Material
- Überbrückung von Raum
- Überbrückung von Zeit
- Steuerung von Abläufen

Werkzeuge aus allen vier Kategorien sind für eine verteilte Zusammenarbeit von Bedeutung. Gemeinsames Material ermöglicht es einer verteilten Gruppe, ähnlich wie bei konventioneller Gruppenarbeit ohne Computerunterstützung, gemeinsam Text oder Zeichnungen zu erstellen und zu bearbeiten. Alle Mitglieder eines verteilten Teams können anhand von Telekooperationswerkzeugen gleichzeitig Arbeit an dem gemeinsamen Material verrichten. Werkzeuge dieser Kategorie wurden bei den im Zusammenhang mit dieser Studie untersuchten Projekten vor allem in der Phase der Codeimplementierung beobachtet, wenn viele Entwickler gleichzeitig ein Modul bearbeiteten.

Werkzeuge zur Überbrückung von Raum erlauben es, über große Entfernungen hinweg zu kooperieren. Am häufigsten wurde in den untersuchten Projekten elektronische Mail oder das Telefon verwendet, wenn es sich um Zwei-Punkt-Szenarien handelte. Waren mehr Personen involviert, wurden Verteilerlisten für E-Mail, Telefonkonferenzen oder Videokonferenzen eingesetzt.

Besprechungen zwingen alle Beteiligten, sich auf einen Zeitpunkt zu einigen. Bei verteilter Entwicklung wird das um so schwieriger, über je mehr Zeitzonen ein Projekt verteilt ist. Telekooperationswerkzeuge für die asynchrone Zusammenarbeit helfen, die Arbeit von Gruppen zeitlich zu entzerren. Sender und Empfänger können Nachrichten bearbeiten, wann sie wollen. Zur Zeitüberbrückung wurden in den beobachteten Projekten am häufigsten Voicemail, eine Art in das Telefon integrierter digitaler Anrufbeantworter oder E-Mail verwendet. Voicemails können wie E-Mail auch an ganze Adresslisten verschickt werden. Empfänger wiederum können sich auf Tastendruck mit dem Sender verbinden lassen, können die Nachrichten speichern, weiterleiten, editieren, eigenes hinzufügen usw. Voicemails bieten eine ähnliche Funktionalität wie E-Mail, statt geschriebenem Text wird jedoch Sprache übermittelt.

Werkzeuge zur Steuerung von Arbeitsabläufen folgen definierten Prozessen, um Liegezeiten von Dokumenten zu reduzieren. Sie können dazu von einer zur nächsten Station automatisch weitergeleitet werden. In den untersuchten Projekten wurden Workflow-Systeme häufig im technischen Bereich zur Abarbeitung von Kundenanfragen wie im Folgenden Beispiel verwendet: Tauchte bei einem Kunden ein technisches Problem auf, wurde eine detaillierte Beschreibung in eine Datenbank eingegeben und von dort automatisch an die Gruppe geschickt, die für die Software verantwortlich war. Diese löste das Problem und schickte den Datensatz mitsamt der technischen Lösung an eine Testabteilung, die bei erfolgreicher Inspektion den Lösungsvorschlag zum Kundensupport zurückleitete. War das Resultat beim Kunden schließlich erfolgreich getestet, wurde es automatisch weltweit an alle Supportteams geschickt, die Kunden mit dem gleichen Produkt unterstützten. Auch im administrativen Bereich wurden Workflow-Systeme eingesetzt, vor allem im Bestellwesen. Während der Durchführung dieser Arbeit wurde firmenweit ein neues Workflowsystem installiert, daß das gesamte Formularwesen von Papier auf Computer verlegen soll, dessen Implementierung aber zum Ende dieser Arbeit noch nicht abgeschlossen war.

SCHILL [1995:33ff] sieht in verteilter Gruppenarbeit einen der wichtigsten Aspekte im Bereich der heutigen und künftigen Büroanwendungen. Für *asynchrone* kooperative Arbeit, d. h. Arbeit, an der mehrere Mitarbeiter gemeinsam Aufgaben ausführen, jedoch nicht unbedingt gleichzeitig aktiv sind, dienen Dokument- und Datenmodelle, Speicher- und Datenbankeinrichtungen sowie Standards für den Dokumentenaustausch und Multimedia-Erweiterungen. *Synchrone* kooperative Arbeit sind z. B. Telefonkonferenzen. Typische Anwendungen für verteilte Gruppenarbeit sieht er im Bereich der Konferenzen, Entscheidungsunterstützung, Multiuser-Editoren, Hypertext, komplexer Koordinationssysteme und komplexen Bürovorgängen. Neben grundlegenden Kommunikationstechniken für verteilte Gruppen betont er vor allem die Wichtigkeit von verteilter Schriftgutverwaltung und von Datenbanksystemen für verteilte Gruppen.

2.1.3 Einführung in „Cultural Diversity“

> *„Keine der holländischen Managementtechniken meines Vaters war in meiner französischen Familie sehr erfolgreich!“ (Trompenaars [1993:11])*

Mit kulturellen Unterschieden verschiedener Völker, oft auch als „Cultural Diversity“ bezeichnet, beschäftigen sich eine ganze Reihe von Autoren. Zu unterscheiden ist hierbei vor allem der eher theoretische Ansatz (TROMPENAARS [1993], HOFSTEDE [1997] und [1998], LICHTENBERGER AT AL. [1998], LICHTENBERGER / DOMSCH / SCHOLTZ / STICKSEL [1998], MACHAR-

ZINA / WELGE / KUTSCHKER / ENGELHARD [1998], MACHARZINA [1999]) und die in der Industrie häufig angetroffenen, eher humorvollen Auseinandersetzungen mit fremden Kulturen (LARSON [1980 und 1983], MOLE [1996], MURPHY [1991], KOSTNER [1996]), die oft für Schulungen von Mitarbeitern, denen ein Auslandsaufenthalt bevorsteht, verwendet werden. Die Herausgeber der Schriftenreihe mir-Edition (Management International Review) beabsichtigen die multidimensionalen Managementherausforderungen internationaler Unternehmenstätigkeit wissenschaftlich zu begleiten. Verschiedenen Autoren wird in der Schriftenreihe die Möglichkeit zur vertieften Auseinandersetzung mit unterschiedlichen Managementproblemen gegeben.

TROMPENAARS [1993:233ff] betrachtet dabei vor allem die für die Industrie wichtigen Themen wie den Abbau kultureller Barrieren, bezieht sich dabei jedoch mehr auf internationale Geschäftsbeziehungen und den globalen Vertrieb als auf eine gemeinsame Entwicklung, bei der verschiedene Kulturen über einen langen Zeitraum, meist außerhalb des Heimatlandes, sehr eng miteinander arbeiten müssen.

HERTWECK/KRCMAR [1991] erwähnen, daß für eine computerunterstützte Teamarbeit eine Betrachtung der Werkzeuge und Konzepte notwendig ist, daneben aber auch ein Verständnis von Teams, wie z. B. soziologische, psychologische und organisatorische Faktoren.

GERYBADZE/MEYER-KRAHMER/REGER [1997a:11] schreiben, das standortübergreifende Teambildung nicht einfach, interkulturell zusammengesetzte Projektarbeit jedoch oftmals noch eine Stufe schwieriger ist.

Jeder Mensch trägt in seinem Inneren Muster des Denkens, Fühlens und potentiellen Handelns, die er ein Leben lang erlernt hat. HOFSTEDE [1997:2] bezeichnet diese Muster als „mentale Programme“ oder Kultur. Eine Kultur zeichnet sich durch ihre Symbole, Helden, Rituale und Werte aus (HOFSTEDE [1998:8]). Symbole sind die Worte, Gesten und Bilder oder Objekte, die nur innerhalb einer Kulturgruppe verstanden werden. Helden sind tote oder lebende Personen, denen innerhalb einer Kulturgruppe eine besondere Bedeutung zukommt und die als Idole dienen. Rituale sind kollektive Aktivitäten, die innerhalb einer Kultur als notwendig erachtet werden, z. B. religiöse oder soziale Zeremonien. Wichtigster Teil einer Kultur schließlich bilden die Werte. Werte sind Tendenzen bezüglich verschiedener Ausprägungen, die innerhalb einer Kulturgruppe ähnlich betrachtet werden, z. B. böse/gut, schön/häßlich, rational/irrational oder moralisch/unmoralisch. Werte gehören zu den ersten Dingen, die Kinder lernen.

Eine Möglichkeit, mit der multinationale Unternehmen ihre Aktivitäten koordinieren können, besteht in der Entsendung von Führungskräften ins Ausland. Auch Nicht-Führungskräfte werden manchmal ins Ausland entsandt, werden dann aber üblicherweise mit technischen Aufgaben betraut. Die Manager dagegen werden oft mit dem ausdrücklichen Auftrag ins Ausland geschickt, mit einheimischen Kollegen umzugehen und zusammenzuarbeiten. (HOFSTEDE [1997:131]). Die Aufgaben sind nicht nur kurzfristig, sondern langfristige Interessen sollten ebenso gewahrt werden, einschließlich der Schulung einheimischer Kollegen. „Kulturelle Brückenbauer“ können sich dabei sehr ungeschickt verhalten und großen Schaden anrichten, der erst sichtbar wird, wenn sie das Land wieder verlassen haben.

Bei Menschen, die im Auftrag ihrer Firma für eine bestimmte Zeit in einer fremden kulturellen Umgebung leben, stellt HOFSTEDE [1997:298] die in Bild 20 dargestellte Kurve der kulturellen

Anpassung fest. Das Diagramm zeigt entlang der vertikalen Achse positive wie negative Gefühle und entlang der horizontalen Achse die Zeit. Die erste Phase ist eine Zeit der Euphorie, die normalerweise von kurzer Dauer ist: Das Reisefieber und die Neugier auf das neue Land. Phase 2 ist die des kulturellen Schocks, wenn der Alltag in der neuen Umgebung beginnt. Phase 3 wird Akkulturation, d. h. kulturelle Anpassung genannt, die dann einsetzt, wenn der fremde Besucher zu lernen beginnt, unter den neuen Bedingungen zu leben, wenn er einige der einheimischen Werte angenommen und verstärkt Selbstvertrauen gewonnen hat und in das soziale Netzwerk integriert wird. Phase 4 ist dann schließlich die Stabilität. Sie kann, verglichen mit dem Zuhause, mit negativen Gefühlen verbunden sein (a), z. B. wenn sich der Besucher weiterhin wie ein Fremder fühlt. Der Zustand kann genauso sein wie vorher (b), man kann von einer bikulturellen Anpassung des Besuchers sprechen, oder er kann sogar stabiler ausfallen (c).

Die Länge der Zeitachse in Bild 20 ist variabel, sie scheint sich der Zeitachse anzupassen, die man im fremden Land verbringt. So berichten Menschen, die nur drei Monate in ein fremdes Land geschickt wurden, über die gleichen Phasen wie Menschen, die mehrere Jahre im Ausland lebten. Nach HOFSTEDE [1997:296] ist es dabei sehr wichtig, die Sprache der fremden Kultur zu sprechen, denn wer die Sprache nicht kennt, wird von den Feinheiten einer Kultur vieles nicht mitbekommen und wird ein Außenseiter bleiben.

BILD 20: **Kurve der kulturellen Anpassung. [Quelle: Hofstede 1997:288]**

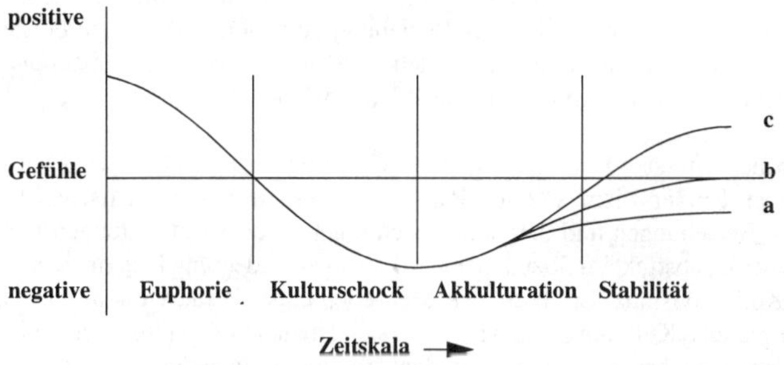

Das Erlernen interkultureller Kommunikation besteht nach HOFSTEDE [1997:320] aus drei Phasen: Dem Bewußtwerden, dem Wissen und den Fertigkeiten. In der Bewußtseinsphase erkennen Mitarbeiter, daß sie in der Umgebung, in der sie sich entwickelt haben, mit einer bestimmten Kultur aufgewachsen sind und daß andere, die in einer anderen Umgebung herangewachsen sind, eine andere Kultur haben. In der zweiten Phase sollte darauf das Wissen folgen. Wollen sie mit anderen Kulturen umgehen, müssen sie etwas über diese Kulturen lernen. Obwohl sie nie ihre Werte teilen werden, müssen sie ihre Symbole, Helden und Rituale kennenlernen und sie können versuchen zu begreifen, wie weit die Werte von den ihren abweichen. Die Fertigkeiten bauen auf Bewußtmachung und Wissen auf. Mitarbeiter erkennen die Symbole der anderen Kultur und wenden sie an. Die interkulturelle Kommunikation kann erlernt werden, z. B. durch interkulturelle Kommunikationskurse, die spezielles Wissen über eine andere Kultur vermitteln - dazu gehören unter anderem das Erlernen der einheimischen

Sprache, oder durch Kurse, die die Bewußtmachung und Vermittlung von allgemeinem Wissen über kulturelle Unterschiede zum Ziel haben.

Nach HOFSTEDE [1997:328] sind die Hauptunterschiede der Kulturen im Hinblick auf die Werte Macht und Ungleichheit, Verhältnis zwischen Individuum und Gruppe, erwartetes soziales Rollenverhalten und dem Umgang mit Ungewißheit zu finden. Tabelle 8 zeigt dabei die Wettbewerbsvorteile verschiedener Kulturprofile.

TABELLE 8: **Wettbewerbsvorteile verschiedener Kulturprofile. [Quelle: Hofstede 1997:334]**

Machtdistanz gering: Akzeptieren von Verantwortung	Machtdinstanz groß: Disziplin
Kollektivismus: Engagement des Mitarbeiters	Individualismus: Mobilität des Managements
Femininität: Persönliche Dienstleistung	Maskulinität: Massenproduktion, Effizienz
Unsicherheitsvermeidung schwach: Grundlegende Innovation	Unsicherheitsvermeidung stark: Präzision

TROMPENAARS [1993] untersucht in seinem Buch „Handbuch globales Managen" den kulturellen Unterschied zwischen den Völkern und wie dieser in der Praxis das Wirtschaftsleben und das Management beeinflussen. Er postuliert, daß sich jede Kultur von einer anderen durch die spezifische Art unterscheidet, wie sie mit gewissen Problemen umgeht und betrachtet diese unter drei Aspekten: Solche, die aus der Beziehung zu anderen Menschen entstehen, solche, die vom Verlauf der Zeit herrühren, und solche, die aus Umwelt und Umgebung erwachsen. Dies teilt er weiter auf in sieben fundamentale Dimensionen der Kultur.

Allein in der menschlichen Beziehung stellt er fünf Orientierungen fest, wie Menschen miteinander umgehen. Universalismus contra Partikularismus: In partikularistischen Kulturen wird menschlichen Beziehungen und den daraus sich ergebenden Verpflichtungen mehr Aufmerksamkeit geschenkt, abstraktem Sozialcode wird weniger Bedeutung beigemessen. Individualismus contra Kollektivismus: Erfahren sich Menschen eher als Individuum oder als Teil einer Gruppe? Für manche Kulturen ist es wichtiger, sich zuerst auf den einzelnen zu konzentrieren, während andere zunächst an das Kollektiv denken, da es sich aus vielen einzelnen zusammensetzt. Neutral oder Emotional: Sollen Interaktionen eher objektiv geprägt sein oder wird auch der Ausdruck von Gefühlen toleriert? In der westlichen Welt haben Geschäftsbeziehungen typischerweise einen instrumentellen Charakter und dienen vor allem der Erreichung von Zielen. Gefühle werden für Störfaktoren gehalten. In vielen südlichen Kulturen hingegen gehören Gefühle zum Geschäft, lautes Lachen, mit der Faust auf den Tisch schlagen oder vor Zorn das Konferenzzimmer während einer Besprechung zu verlassen sind dort alltäglich. Spezifisch contra Diffus: Wenn die ganze Person in die Geschäftsbeziehung einbezogen ist, entsteht persönlicher Kontakt statt einer spezifischen Beziehung. In vielen Ländern ist eine diffuse Beziehung Vorbedingung für ein Geschäft. Leistung contra Ansehen: Leistungsstatus bedeutet Beurteilung nach Erfolgen, Ansehen bedeutet Status durch Geburt, Verwandschaft oder Alter. Bild 21 zeigt die wichtigsten regionalen Kulturunterschiede.

BILD 21: **Regionale kulturelle Unterschiede. [Quelle: Trompenaars 1993:130]**

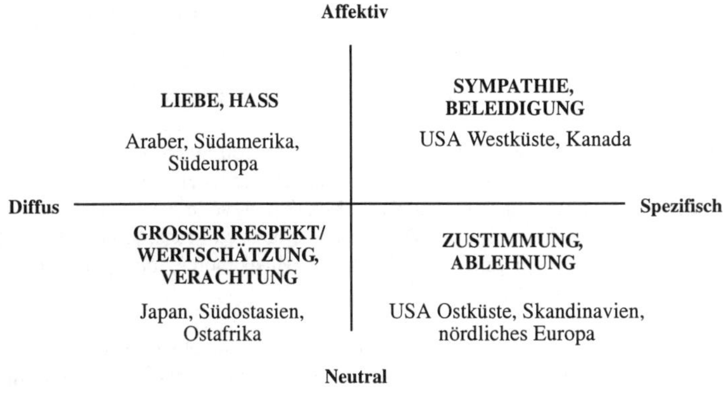

Wenn Westküstenamerikaner Begeisterung und Engagement zeigen, dann meist für spezifische Themen (im Bild ober rechts). „DA"-Kulturen (im Bild oben links) hingegen verknüpfen verschiedene Lebensbereiche miteinander: Schande für ein Familienmitglied entehrt die ganze Familie und muß gerächt werden. Nordeuropäer sind weniger spezifisch als Amerikaner, reagieren aber ablehnender auf offen gezeigte Emotionen (unten rechts). Viele asiatische Kulturen (unten links) zeichnen sich vor allem durch großen Respekt gegenüber Vorgesetzten aus.

BILD 22: **Vergangenheit, Gegenwart und Zukunft. [Quelle: In Anlehnung an Cottle 1967]**

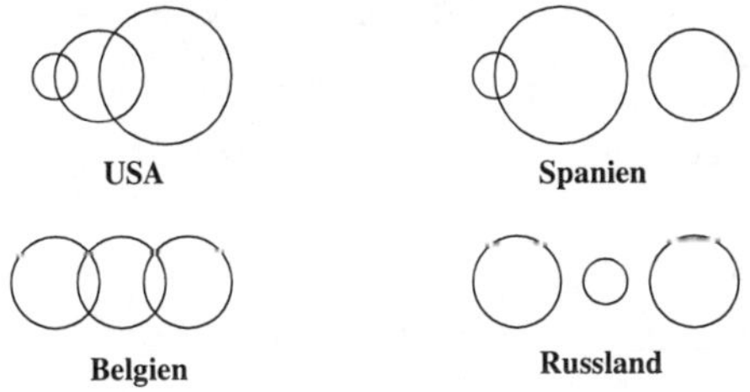

Das Zeitgefühl, die Art, wie Gesellschaften die Zeit bewerten, ist unterschiedlich. In manchen Gesellschaften ist nicht wichtig, was jemand in der Vergangenheit erreicht hat, sondern welche Zukunftspläne er entwickelt. Andere Gesellschaften achten eher auf die in der Vergangenheit erreichten Erfolge. Diese kulturellen Unterschiede können sich stark auf das Geschäftsleben auswirken. Amerikaner z. B. starten in der Regel bei Null, was zählt sind die augenblicklichen Erfolge und Pläne, die Franzosen hingegen haben einen ausgeprägten Sinn für die Vergangenheit und legen weniger Wert auf Gegenwart und Zukunft. COTTLE [1967] entwickelte dazu den Kreistest: Seine Probanden sollten sich Vergangenheit, Gegenwart und Zukunft als Kreise vorstellen. Sie sollten sie so anordnen, wie sie sich eine Verbindung von Vergangenheit, Gegenwart und Zukunft vorstellten. Cottle entdeckte vier mögliche Konstellationen. Die erste kennzeichnet das Fehlen von Wechselbeziehung, wie in Bild 22 zu sehen eine typisch russische Eigenschaft. Hierbei gibt es keine Berührungen zwischen Vergangenheit, Gegenwart und Zukunft. Die zweite Konstellation war eine Integration der Zeiten, die dritte und die vierte eine Berührung, aber keine Überschneidung.

Auch bei der Einstellung zur Umwelt zeichen sich starke kulturelle Unterschiede ab. Für einige Kulturen ist das persönliche Leben Maßstab, und das Individuum ist Quelle aller Fehler und Tugenden. Motivation und Wertvorstellung kommen von innen heraus. Andere Kulturen beachten die Welt stärker als die Einzelpersönlichkeit. Der Japaner Morita, Erfinder des Walkmans, erklärte sein Konzept: Er liebe klassische Musik und wollte sie gerne auf dem Weg zur Arbeit hören, ohne die Außenwelt dabei zu stören. Die meisten Menschen der westlichen Welt hingegen denken, sie können mit einem Walkman Musik hören, ohne von anderen dabei gestört zu werden, so TROMPENAARS [1993:24].

Deutliche Unterschiede in Betroffenheit und Engagement zwischen verschiedenen Kulturen zeigen auch Lewins Kreise (LEWIN [1936]). Er stellt die Persönlichkeit als eine Reihe konzentrischer Kreise dar, die die Persönlichkeitsebenen umschließen. Je nach Alter und Erfahrung werden die Gebiete spezifischer abgegrenzt. Abhängig vom Umstand, in dem eine Person sich befinden, z. B. Ruhe oder Streß, und Beziehung, z. B. befreundet, bekannt oder rein geschäftliche Beziehung, werden unterschiedliche Persönlichkeitsebenen für den Außenstehenden sichtbar. Trompenaars interpretiert den Unterschied der Persönlichkeit eines Amerikaners mit der eines Deutschen anhand der Kreise von Lewin im folgenden Bild.

BILD 23: **Unterschiede in der Privatsphäre. [Quelle: In Anlehnung an Trompenaars 1993:110]**

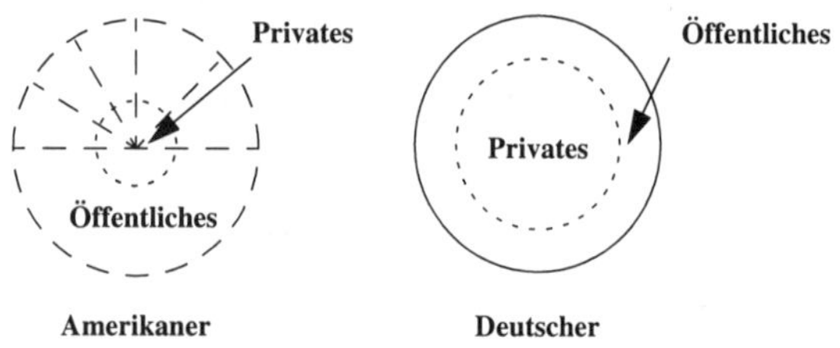

Die persönlichen und privaten Bereiche befinden sich dabei im Zentrum, die mehr öffentlichkeitsorientierten Bereiche an der Peripherie des Kreises. Bild 23 skizziert den Unterschied zwischen den Lebensbereichen eines Amerikaners und eines Deutschen. Die Skizze zeigt, daß Amerikaner weit mehr Öffentlichkeitsraum aufweisen, der in viele spezifische Segmente gegliedert ist. Ein Grund, warum die amerikanische Persönlichkeit so zugänglich ist, ist dadurch gegeben, daß der Eintritt in die öffentliche Sphäre eines anderen nicht mit besonderen Verpflichtungen verbunden ist (gestrichelter äußerer Kreis). Im Gegensatz dazu wird der Zugang zu den Lebensbereichen beim deutschen Typ von einer dicken Linie bewacht. Die öffentliche Sphäre ist relativ klein, Zutritt bedarf der Erlaubnis, die Privatsphäre ist groß und diffus, d. h. eine einmal geschlossene Freundschaft erlaubt Zugang zu fast allen Bereichen. Aus diesen Gründen werden Deutsche von den Amerikanern oft für verschlossen gehalten, für

Deutsche hingegen wirken Amerikaner oft sehr schwatzhaft oder oberflächlich, so erklärt TROMPENAARS [1993:109f].

2.1.4 Management verteilter Softwareentwicklung

Dieses Kapitel beschäftigt sich mit dem Management von verteilten Softwareprojekten. Die anfänglichen Vorbereitungen über internationale Firmen und internationale Forschung und Entwicklung dienen vor allem der Vorbereitung auf die Einordnung des in dieser Arbeit untersuchten Unternehmens. Das Kapitel schließt mit Ausführungen speziell über das Management von Softwareprojekten.

Internationale Unternehmungen

Die vergangenen Jahrzehnte zeichnen sich durch einen stetigen Anstieg der internationalen Verflechtung der Volkswirtschaften und grenzüberschreitender Geschäftstätigkeit von Unternehmen aus (OESTERLE/WOLF [1999]). Die Ziele internationaler Unternehmenstätigkeit können nach MACHARZINA [1999:683] in drei Gruppen eingeteilt werden:

1. Ökonomische und nicht-ökonomische Ziele,
   wie das Streben nach Gewinnerzielung oder Prestiegestreben,
2. defensive und offensive Ziele,
   wie zur Stabilisierung der Marktposition oder zur Verlängerung der Lebenszyklen eines Produktes,
3. Ressourcenorientierte, produktionsorientierte und absatzorientierte Ziele, wie die kostengünstige Sicherung der Rohstoffversorgung, günstigere Produktion im Ausland oder das Nachfolgen von Zulieferern zu ihren Hauptabnehmern.

NIESCHLAG/DICHTL/HÖRSCHGEN [1997:93] sehen den Anreiz im Auslandseinsatz eines Unternehmens in gewaltigen Absatzchancen, einer oft geringeren Konkurrenz und damit höheren Gewinnen, die im Ausland erzielt werden können. Auswahlkriterien für die Länder, in denen ein Unternehmen sich betätigen will, können Entfernung, Sprache, Vertrautheit mit dem Kulturkreis, Aufnahmefähigkeit eines Marktes, Konkurrenzdruck, Transferierbarkeit, politische Stabilität oder auch Rechtsschutz sein.

MACHARZINA [1999:697ff] beschreibt verschiedene internationale Markteintrittsstrategien, wie in Bild 24 dargestellt. Bei der Leistungserstellung im Inland werden die Produkte exportiert. Exporte bieten sich an, wenn eine geringe Auslandsnachfrage vorliegt oder wenn das Unternehmen eine monopolähnliche Marktposition besitzt. Sie werden häufig für den erstmaligen Markteintritt verwendet. Indirekte Exporte liegen vor, wenn inländische Handelsunternehmen die Mittlerfunktion zu den ausländischen Kunden übernehmen. Exportgemeinschaften stellen freiwillige Zusammenschlüsse von rechtlich selbständigen Unternehmen dar. Direkte Exporte sind eine Form des Direktvertriebs an ausländische Endverbraucher. Exporte unterliegen jedoch tarifären und nicht-tarifären Handelshemmnissen (NIESCHLAG/DICHTL/HÖRSCHGEN [1997:98]), die ersteren sind Zölle verschiedenster Art, unter dem zweiten versteht man Einfuhr- und Ausfuhrhandelsverbote, schwer überwindbare administrative Praktiken oder schleppende Abwicklung. Der Zugang zu einem Markt kann auch dadurch verhindert sein, daß ein ausländisches Unternehmen sich nicht des lokalen Distributionssystems bedienen kann, weil einheimische Wettbewerber dies vereiteln.

BILD 24: **Markteintrittstrategien internationaler Unternehmen. [Quelle: Macharzina 1999:697]**

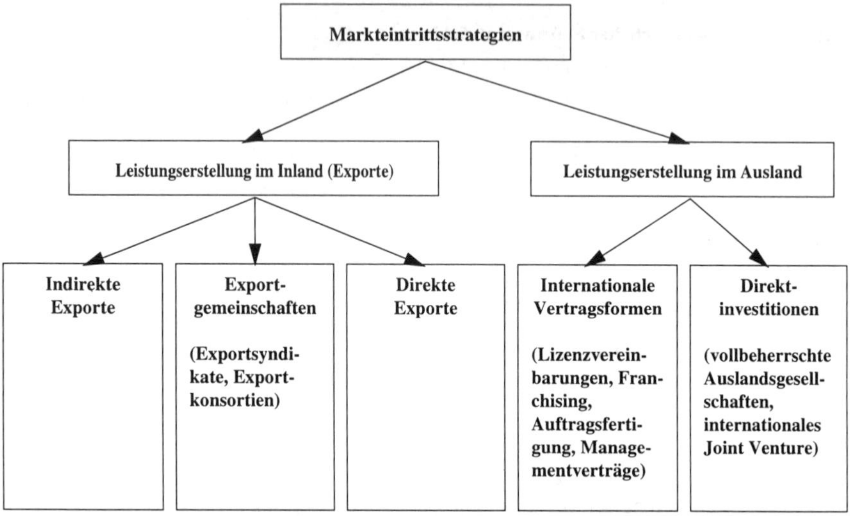

Bei der Leistungserstellung im Ausland stehen internationale Vertragsformen oder Direktinvestitionen zur Auswahl. Internationale Vertragsformen lassen sich als längerfristige Verbindungen zwischen international tätigen Unternehmen und einem ausländischen Partner charakterisieren, bei der ohne Kapitalbindung Technologie oder sonstiges Know-how transferiert werden. Internationale Direktinvestitionen bedeuten Ressourcenverlagerung zur Leistungserstellung ins Ausland. Motive können ein besserer Rohstoffzugang, kostengünstigere Produktion, sowie vereinfachte Bearbeitung ausländischer Märkte sein. Chance sind dabei Wettbewerbsvorteile, geringere Transport- und Verteilungskosten sowie Erhöhung von Lieferfähigkeit und Serviceleistungen und Imagevorteile. Ein weiterer Vorteil eines auf Investitionen gestützten Auslandsengagements liegt darin, daß das Unternehmen von Kursschwankungen unabhängiger wird, weil neben den Erlösen auch ein großer Teil der Kosten in Landeswährung anfällt (NIESCHLAG/DICHTL/HÖRSCHGEN [1997:99]). Nachteile sind jedoch die Notwendigkeit umfassender unternehmensinterner Anpassungen bezüglich Planungs- und Kontrollsystemen und ein hohes Investitionsvolumen (MACHARZINA [1999:701]).

LAUT NIESCHLAG/DICHTL/HÖRSCHGEN [1997:100] zahlt es sich fast immer aus, fremde Länder nicht nur zu beliefern, sondern „vor Ort Flagge zu zeigen". Die Erfahrung zeige, daß in Märkten mit eigenen Produktionsstätten vergleichsweise höhere Marktanteile erreicht werden als in solchen, in denen man sich mit der Einfuhr von Ware begnügt. Die Expansion eines Unternehmens kann nach LICHTENBERGER ET AL. [1998:1] nach drei Strategien erfolgen: Der Verlagerung einzelner Abteilungen ins Ausland, dem Aufkauf ausländischer Firmen oder der Gründung multinationaler Kooperationen mit ausländischen Firmen. HOFSTEDE [1997:314] gliedert dies auf fünf Strategien auf:

1. Durch den Aufbau einer neuen Niederlassung („greenfield start"),
2. durch eine ausländische Übernahme,

3. durch eine internationale Fusion,
4. durch ein internationales Joint Venture oder
5. durch eine Teilzusammenarbeit mit einem ausländischen Partner.

Der „Greenfield start" bedeutet, daß das Unternehmen im Ausland eine Tochtergesellschaft von Grund auf neu aufbaut. Normalerweise wird dazu ein kleines Team dorthin geschickt, um Einheimische Anzuwerben und Schritt für Schritt einen neuen Betrieb aufzubauen. „Greenfield starts" laufen recht langsam an, das kulturelle Risiko ist jedoch begrenzt. Die Erfolgsrate eines solchen Neuaufbaus ist hoch.

Die Übernahme im Ausland ist das genaue Gegenteil zum „Greenfield start": Ein Einheimischer Betrieb wird in seiner Gesamtheit von einem Käufer im Ausland aufgekauft. In diesem bestehenden Betrieb werden auf einmal sowohl eine andere Organisationskultur als auch Elemente der nationalen Kultur des fremden Landes zusammengebracht. Mit einer Übernahme im Ausland schreitet die Expansion sehr schnell fort. Weitere Vorteile einer Übernahme nach NIESCHLAG/DICHTL/HÖRSCHGEN [1997:98] sind der Genuß eines Eingeführten Namens, ein Kundenstamm, eine eingespielte Vertriebsorganisation und eine eingearbeitete Belegschaft. Die kulturellen Risiken sind jedoch enorm hoch. Kulturelle Konflikte werden oft auf brutale Art und Weise gelöst: Die Leute, die wichtige Positionen innehaben, werden durch eigene Leute im Unternehmen ausgetauscht.

Eine internationale Fusion ähnelt der Übernahme im Ausland, nur sind die Partner hier etwa gleich groß. Das kulturelle Risiko ist gleich hoch wie im Falle der Übernahme, die Probleme können hier jedoch nicht dadurch gelöst werden, daß eine Seite ihre Macht demonstriert. Internationale Fusionen haben aus diesem Grunde eine extrem niedrige Erfolgsrate, die wahrscheinlich nicht über 25% liegt (GRUNBERG [1981]).

Unter einem internationalen Joint Venture versteht man die Schaffung eines gemeinsamen Unternehmens, das zwei oder mehrere Partner ins Leben rufen und in das sie ihre Mittel einbringen, dies kann Kapital, Know-how, Produktionsanlagen, Zugang zu Behörden oder Aufträgen oder zum lokalen Kapitalmarkt sein. Ein solches Unternehmen kann als „greenfield start" beginnen oder der einheimische Partner kann einen Teil seiner Mitarbeiter in das neue Unternehmen einbringen. Im letzteren Fall transferiert er auch einen Teil seiner Kultur. Internationale Joint Ventures stellen ein geringeres Risiko dar als internationale Übernahmen oder Fusionen, vorausgesetzt es sind klare Abkommen getroffen, welcher Partner welche Mittel einbringt und mit welchen Führungsaufgaben er betraut ist. Amerikanische Unternehmen sehen in Joint Ventures vor allem Informationsvorteile und einen beschleunigten Zugang zu neuen Märkten (STOPFORD/WELLS [1972:103]). Die Joint Ventures, bei denen einem Partner das gesamte Management obliegt, sind erfolgsversprechender als diejenigen, in denen sich die Partner die Managementaufgaben teilen. Joint Ventures bieten die Möglichkeit, mit geringem Risiko in einem fremden Land und auf einem unbekannten Markt Fuß zu fassen. Nach MACHARZINA [1999:702] sind internationale Joint Ventures mit einem ganzen Spektrum an Führungsproblemen verbunden, die sich insbesondere aus den Phänomen der „geteilten Macht" ergeben. Unterschiedliche Zielsetzungen der Partner können das Konfliktpotential erhöhen und zu Schwierigkeiten bei der Strategieumsetzung führen. Die Lösung der Probleme hängt dabei stark von den Eigentumsverhältnissen und der Verhaltensweisen der kulturell fremden Partner ab.

Die auf bestimmte Projekte bezogene Zusammenarbeit mit einem ausländischen Partnerunternehmen ist die vorsichtigste Art und Weise, international tätig zu werden. Das Risiko ist auf das jeweilige Projekt begrenzt, es ist eine risikoarme Art, sich gegenseitig kennenzulernen.

Internationale Forschung und Entwicklung

Im Zuge der Internationalisierung haben Unternehmen nach Produkten, Marketing, Vertrieb und Logistik in den 80er und 90er Jahren auch verstärkt F & E ins Ausland verlagert. In früheren Expansionsperioden, während der 60er und 70er Jahre, wurde hauptsächlich der Verkauf in fremde Länder vorangetrieben. Um diese Niederlassungen zu unterstützen, folgten später auch F & E, anfangs jedoch nur mit der Aufgabe, lokale Anforderungen und Produktadaptionen zu implementieren. Diese Zentren wurden Ende der 80er Jahre stark ausgebaut und auch neue Entwicklungsaufgaben wurden dorthin abgegeben (GERYBADZE [1997c:9]). Je nach Art und Ausmaß der Innovation, und ob die Innovation vom Markt oder von F & E getrieben wird, ergeben sich typische Organisationsformen (GERYBADZE [1998a:19]). Die Unterscheidung in vier generische Typen, wie in Bild 25 und Bild 26 dargestellt, hat sich dabei als nützlich erwiesen. „Fast-cycle-Geschäfte" spiegeln eine hohe Innovationsdynamik wider. Im Gegensatz dazu stehen die „Slow-cycle-Geschäfte". Dynamische Innovationsregime unterscheiden sich weiterhin dadurch, an welchem Standort die besonders kritischen Ressourcen am höchsten entwikkelt sind, das sind einerseits wissenschafts- und F & E-getriebene Innovation, z. B. in der pharmazeutischen Grundlagenforschung, und eher markt- und anwenderinduzierte Innovation, erfolgsentscheidend ist hier die enge Interaktion mit innovationsorientierten Kundengruppen.

BILD 25: **Vier generische Typen transnationaler Kompetenzverteilung. [Quelle: Gerybadze 1998a:19]**

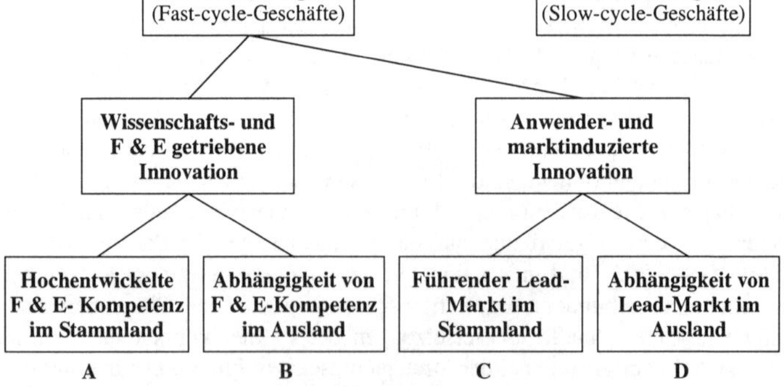

Dem **Typus A** angehörig sind Unternehmen mit forschungsbasierter Innovation wie beispielsweise die Gentechnik oder die Hochtemperatursupraleitung. Sie ziehen ihre wesentlichen Impulse aus der engen Zusammenarbeit mit führenden Universitäten und Forschungseinrichtungen, die zumeist an wenigen Standorten der Welt lokalisiert sind. Entscheidender Erfolgsfaktor eines Unternehmens des Typus A ist der unmittelbare Zugriff auf Forschungsergebnisse und Talente an diesen wenigen Spitzenzentren. Dafür ist es vorteilhaft, wenn ein Unternehmen aus einem großen Stammland kommt, das auf dem betreffenden Gebiet über führende Forschungsinfrastrukturen und höchstentwickelte Ressourcen verfügt. Unternehmen des Typus A sehen wenig Anreiz an mehreren Standorten der Welt F & E-Labors aufzubauen und sind infolgedessen durch einen recht geringen Auslandsanteil von F & E geprägt.

Unternehmen aus kleineren Staaten, z. B. der Schweiz oder Schweden, verfolgen demgegenüber in Forschungsgetriebenen Geschäftstypen notgedrungen eine Strategie des **Typus B**. Sie bündeln F & E-Labore an einem Spitzenstandort im Ausland. Dies gilt insbesondere für mehrere europäische pharmazeutische Unternehmen, die in den USA ihre führenden F & E-Zentren aufgebaut haben. Auch Unternehmen aus größeren Staaten, die in den relevanten Forschungsgebieten im Stammland nicht die bestentwickelten F & E-Ressourcen und -Bedingungen vorfinden, sind dazu übergegangen, Kernbereiche von F & E im Ausland zu konzentrieren.

BILD 26: **Generische Typen der Kompetenzverteilung. [Quelle: Gerybadze 1998a:24]**

	Typus A	**Typus C**
Großes Stammland / großer Anteil der kritischen Ressourcen im Stammland	• U.S.- Unternehmen im Bereich der Bio- und Gentechnologie • Japanische Elektronikfirmen	• Große Unternehmen im Markt für medizinische Implantate in den USA • Große Unternehmen im LCD-Markt in Japan
	Typus B	**Typus D**
Kleines Stammland und/ oder erheblicher Anteil der kritischen Ressourcen im Ausland	• High-tech Unternehmen aus kleinen Staaten • Deutsche Chemie/Pharmaunternehmen im Bereich Bio- und Gentechnologie • Deutsche Elektronikfirmen	• Erfolgreiche Strategie aus einem kleinen Stammland heraus • Auslagerung von Kompetenz
	Wissenschafts- und F & E-getriebene Innovation	Anwender- und Markt-induzierte Innovation

Wichtiger als der Zugang zur Spitzenforschung ist für bestimmte Arten von Innovation die Präsenz an den höchstentwickelten Märkten, hier dargestellt als Unternehmen des **Typus C**.

Unternehmen, die in solchen Feldern tätig sind, bündeln ihr Wissen am Front-end der Wertschöpfungskette und in den dynamischsten Ländermärkten. Produkte werden primär im Stammland entwickelt, hier in den Markt eingeführt und erst anschließend weltweit vermarktet.

Auch Firmen aus kleineren Ländern können erfolgreiche Lead-Markt-induzierte Innovationsstrategien entwickeln (**Typus D**). Sie können sich entweder auf eine Innovationsnische konzentrieren, in denen das betreffende Land vorteilhafte Bedingungen für Lead-User bietet. Dies gilt z. B. für Innovatoren im Mobilfunk oder für hochentwickelte Umweltmärkte. Zeichnet sich demgegenüber ab, daß der Locus-of-Innovation sich grundsätzlich auf bestimmte Auslandsmärkte verlagert, muß die Forschungskompetenz möglichst nah an den treibenden Auslandsstandort verlagert werden.

Um die Reife oder Qualität einer Softwareentwicklungsfirma zu beurteilen, hat sich das SEI-Capability Maturity Modell etabliert, das in Bild 27 skizziert ist. Ein Unternehmen kann einer der fünf Entwicklungsstufen zugeordnet werden. Auf der ersten Stufe gleicht die Organisation in vielen Zuständen dem Chaos. Firmen auf der zweiten Ebene sind dadurch gekennzeichnet, daß sie durch eingeübte und dokumentierte Praktiken in der Lage sind, Erfolge zu wiederholen. In Ebene 3 werden die Verfahren verfeinert. Ebene 4 führt neben den schon auf unteren Ebenen eingeführten Metriken zur Produktkontrolle auch Metriken zur Prozeßkontrolle ein. Anhand dieser Informationen soll die Qualität sowohl des Produktes als auch der Prozesse verbessert werden. Organisationen auf Ebene 5 haben durch die darunterliegenden Ebenen eine Basis für kontinuierliche Verbesserungen und Optimierung der Prozesse.

BILD 27: **SEI Capability Maturity Model. [Quelle: Thaller 1996:185]**

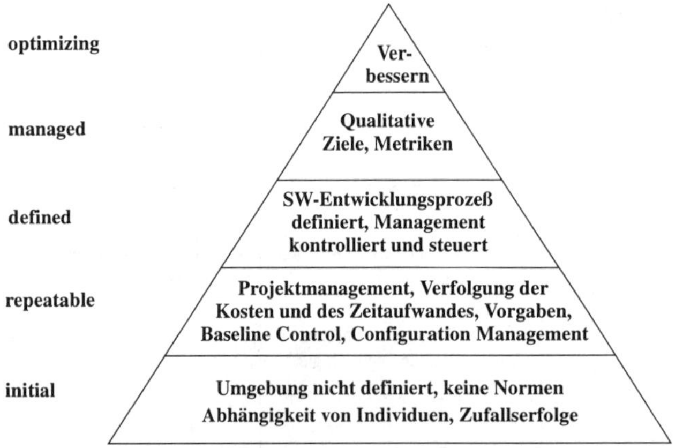

Management umfaßt alle Aktivitäten und Aufgaben, die von einem oder mehreren Managern durchgeführt werden, um die Aktivitäten von Mitarbeitern zu planen und zu kontrollieren, damit ein Ziel oder der Abschluß einer Aktivität erreicht wird, die durch die Mitarbeiter alleine nicht erreicht werden können, so BALZERT [1998:6]. Die fünf universellen Managementfunktionen sind dabei Planung, Organisation, Personalauswahl, Leitung und Kontrolle. Zuerst wird das Ziel oder der Zweck eines Vorhabens festgelegt. Dazu ist Planung erforderlich. Aufgabe der Organisation ist es, die Arbeit in verwaltbare Einheiten aufzuteilen. Danach ist qualifiziertes Personal zur Erledigung der Aufgaben auszuwählen. Leitung ist erforderlich, damit die festgelegten Ziele erreicht werden. Kontrolle dient dazu, die Ergebnisse mit der Planung zu vergleichen und Korrekturen durchzuführen. (MACKENZIE [1969]). THAYER [1990:17] faßt die hier in Tabelle 9 dargestellten fundamentalen Managementaktivitäten zusammen.

TABELLE 9: **Hauptaktivitäten des Managements. (Quelle: In Anlehnung an Thayer [1990:17])**

Planungsaktivitäten	Ziele setzen
	Strategien und Taktiken entwickeln
	Termine festlegen
	Entscheidungen treffen
	Vorgehensweisen auswählen und Regeln festlegen
	Zukünftige Situationen vorhersehen
	Budgets vorbereiten
Organisationsaktivitäten	Identifizierung und Gruppierung der zu erledigenden Aufgaben
	Auswahl und Etablierung organisatorischer Strukturen
	Festlegen von Verantwortlichkeitsbereichen und disziplinarischen Vollmachten
	Festlegen von Qualifikationsprofilen für Positionen
Personalaktivitäten	Positionen besetzen
	Neues Personal einstellen und integrieren
	Aus- und Weiterbildung von Mitarbeitern
Leitungsaktivitäten	Mitarbeiter führen
	Kompetenzen delegieren
	Aktivitäten koordinieren
	Kommunikation unterstützen
	Konflikte lösen
Kontrollaktivitäten	Prozeß- und Produktstandards entwickeln und festlegen
	Berichts- und Kontrollwesen etablieren

Laut GERYBADZE/MEYER-KRAHMER/REGER [1997a:12] sind die umfassende Entscheidungsbefugnis und Freiräume von räumlich zusammengefaßten Kernteams beim Projektmanagement verteilter Teams von zentraler Bedeutung.

Aufsetzen verteilter Projekte

International verteilte Software-Projekte können auf drei verschiedene Arten aufgesetzt werden:

1. Verteilung innerhalb einer Firma, das Projekt wird dabei zwischen den einzelnen Standorten aufgeteilt;

2. Verteilung zwischen zwei fremden Firmen, die im Zuge einer Kooperation ein gemeinsames Projekt bearbeiten, oder
3. aus einer Mischform dieser beiden.

BILD 28: **Mögliche Struktur einer global verteilten Firma. [Quelle: Eigene Darstellung]**

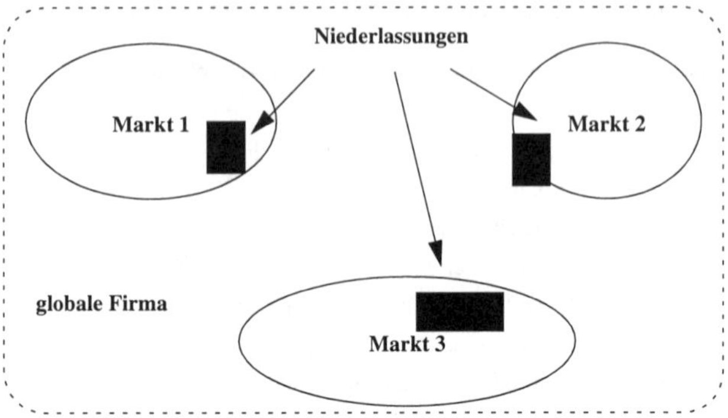

Schon innerhalb einer Firma kann es bei verteilter Entwicklung zu Phänomenen kommen, die in kleinen Projekten kaum beobachtet werden können und die in keinem klassischen Softwareentwicklungsmodell berücksichtigt sind. Der Schwerpunkt dieser Arbeit liegt auf Softwareprojekten innerhalb einer Firma. Projekte zwischen mehreren Firmen sind teilweise noch komplexer, teilweise jedoch auch einfacher zu handhaben und werden in den folgenden Kapiteln immer wieder angeschnitten.

BILD 29: **Zusammenspiel der Funktionsbereiche in verteilter Entwicklung. [Quelle: Eigene Darstellung]**

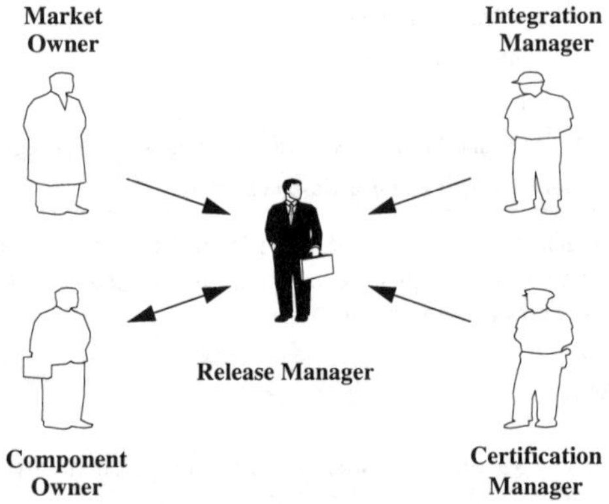

In Bild 28 ist die Struktur einer international verteilten Firma skizziert. Die einzelnen Niederlassungen sind in der Regel auf den lokalen Markt fokussiert, versuchen die jeweiligen Trends zu analysieren und entsprechende Produkte anzubieten. Auf der anderen Seite sind sie jedoch auch in einen globalen Entwicklungsprozeß einbezogen. Jede Niederlassung bringt dort ihre Anforderungen ein, ähnliche Requirements von mehreren Märkten werden gebündelt, bis schließlich der Inhalt eines verteilten Softwareentwicklungsprojektes definiert werden kann. Anschließend werden die Aufgaben auf die Entwicklungslabore verteilt. In der globalen Entwicklung nicht berücksichtigte Funktionen müssen von den einzelnen Niederlassungen mit eigener Kraft implementiert werden. Das erfordert eine große Flexibilität in der Softwarearchitektur: Sie muß es erlauben, global benötigte Funktionen zu bündeln und allen Märkten bereitzustellen, andererseits muß es möglich sein, marktspezifische Komponenten einzubinden. Bild 29 gibt einen Überblick über die wesentlichen Funktionsbereiche in verteilter Softwareentwicklung.

Das Release Management im Zentrum koordiniert und plant alle Vorgänge zur Entwicklung einer Softwareversion, eines *buckets*. Zu seinen Aufgaben gehören Risikoabschätzung sowie die Verteilung und Kontrolle von Entwicklungsaufgaben. Der Integration-Manager ist für Planung, Koordination und Kontrolle aller von allen Märkten gemeinsam genutzten Softwarebibliotheken verantwortlich. Er koordiniert seine Aktivitäten mit den einzelnen Component-Ownern. Der Market-Owner ist verantwortlich für die strategische Ausrichtung innerhalb eines Marktes. Zusammen mit den Market-Release-Managern koordiniert er alle Aktivitäten, um Softwareversionen für den eigenen Markt zu unterstützen. Der Component-Owner ist verantwortlich für Planung und Kontrolle einer Komponente. Hierzu gehört z. B. Sicherstellung der Integration einer Komponente mit der dazugehörigen Softwareversion. Der Certification-Manager ist verantwortlich für die Zertifizierung der entwickelten Software. In der Telekommunikationsindustrie müssen z. B. die externen Schnittstellen Standards wie ETSI oder ITU genügen, welches von ihm überwacht wird.

Bei den in dieser Studie untersuchten Projekten folgte das Projektmanagement dem in Bild 30 skizzierten Plan.

BILD 30: **Development Management Process. [Quelle: Eigene Darstellung]**

In der ersten Phase, der Strategiephase, werden Entwicklungsprogramme ausgehandelt und Prioritäten gesetzt. In der zweiten Phase wird ein detaillierter Projektplan erstellt, der in der dritten Phase ausgeführt und ständig überwacht wird. In der vierten Phase wird sowohl eine eventuelle Veränderung der Anforderung berücksichtigt als auch der Prozeß den Erfahrungen und neuen Aufgaben angepaßt. Für jede Phase ist im Prozeß genau beschrieben, welche Kriterien erfüllt sein müssen, bevor zur nächsten Stufe weitergegangen werden darf. Bild 31 zeigt beispielsweise die Meilensteine in der Softwareentwicklung.

BILD 31: **Meilensteine in der Softwareentwicklung. [Quelle: Eigene Darstellung]**

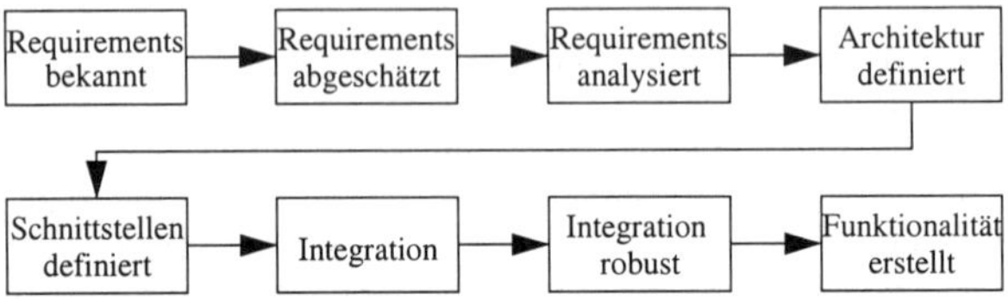

Im ersten Schritt einigen sich Kunde und Firma auf die zu entwickelnden Funktionen. Diese werden einem Designteam zugeteilt. Sind die Anforderungen analysiert, wird eine weitere Zustimmung vom Kunden erwartet. Danach wird die Architektur definiert und wiederum mit dem Kunden abgestimmt. Die nächsten Schritte beschreiben die Implementierung und den Test, bis in einem letzten Schritt alle Arbeitsprodukte erstellt sind.

2.2 *Forschungsmethodik*

Nach YIN [1994:3ff] gibt es drei Faktoren, die die Art der Forschungsmethode bestimmen. Diese sind erstens der Typ der Forschungsfragen, zweitens der Umfang der Kontrolle, die der Forschende auf die untersuchten Ereignisse ausüben kann, und drittens der zeitliche Fokus, d. h. inwieweit der Fokus auf gegenwärtige oder vergangene Vorgänge zielt. In den Sozialwissenschaften gibt es dabei laut Yin fünf grundsätzliche Forschungsmethoden: Experimente, Umfragen, Literaturanalyse, Geschichtsanalyse und Fallstudien. Der Zusammenhang der drei Faktoren und der fünf Forschungsmethoden skizziert Tabelle 10.

TABELLE 10: **Vergleich Forschungsmethoden. [Quelle: Yin 1994:6]**

Strategie der Forschung	Art der Forschungsfragen	Kontrolle der Ereignisse	Gegenwärtige Ereignisse
Experiment	wie, warum	ja	ja
Umfrage	wer, was, wo, wieviel	nein	ja
Literaturanalyse	wer, was, wo, wieviel	nein	ja / nein

TABELLE 10: **Vergleich Forschungsmethoden. [Quelle: Yin 1994:6]**

Strategie der Forschung	Art der Forschungsfragen	Kontrolle der Ereignisse	Gegenwärtige Ereignisse
Historische Analyse	wie, warum	nein	nein
Fallstudie	wie, warum	nein	ja

Der Typ der Forschungsfragen, sowie der Einfluß auf die untersuchten Ereignisse zusammen mit dem zeitlichen Fokus der beabsichtigten Arbeit geben nach Yin den Hinweis auf die am besten geeignete Forschungsmethode. Typische Fragen beginnen mit „wer", „was", „wo", „wie" oder „warum". Die dieser Arbeit zugrundeliegenden Fragetypen suchen nach Erklärungen; sie sind vom Typ „was" und „warum": Was zeichnet komplexe internationale Projekte aus, warum bzw. woran scheitern sie, und was für Empfehlungen lassen sich daraus ableiten? Die Beantwortung dieser Fragen soll Erklärungen liefern, was als Forschungsmethode auf Fallstudien, Experimente oder geschichtliche Analysen hinweist. Komplexe internationale Software-Projekte lassen sich jedoch wegen ihrer Größe kaum in Laborversuchen oder Experimenten überwachen; Experimente scheiden deswegen aus. International verteilte Projekte sind eine Projektform, die in der Softwareindustrie erst vor wenigen Jahren aufgekommen ist; es gibt daher nur sehr wenige Berichte oder Analysen erfolgreicher oder gescheiterter Projekte, die für diese Arbeit ausgewertet werden könnten.

Aus den hier vorgestellten Gründen wurde die Fallstudie als Forschungsmethode für diese Dissertation verwendet.

Ein großer Vorteil der Fallstudie gegenüber anderen Forschungsmethoden ist, daß mit ihr ein in der Gegenwart vorkommendes Phänomen inmitten der natürlichen Umgebung untersucht werden kann, vor allem auch wenn die Verbindungen zwischen Phänomen und Umgebung nicht gänzlich bekannt sind. D. h. die gesamte Umwelt der Fallstudie wird mit einbezogen, was oftmals sehr wichtig für die Erklärung von beobachteten Phänomenen ist. Im Gegensatz dazu wird bei Experimenten ein Phänomen absichtlich aus der natürlichen Umwelt herausgerissen, so daß sich der Forscher auf wenige Variablen konzentrieren kann. Literaturanalysen beschäftigen sich meist mit vergangenen Ereignissen, und auch mit Umfragen ist es sehr schwierig, den Kontext eines Phänomens mit einzubeziehen.

Da Ereignis und Kontext in natürlichen Situationen nicht immer unterscheidbar sind, bietet die Fallstudie hier noch weitere Vorteile: Eine Fallstudie kann sehr viele verschiedene Variablen berücksichtigen, sie verläßt sich auf verschiedenste Informationsquellen - die erhaltenen Daten können anhand einer Triangulierung verdichtet werden - und sie erlaubt ausgehend von einer theoretischen Basis, die Datenerhebung und Analyse zu steuern. Wenn die Daten aus Interviews gewonnen werden, haben die Forscher die Möglichkeit, Informationen zu diskutieren und so Fehler und Auslassungen zu korrigieren, so JONES [1996:3].

YIN [1996:9] nennt jedoch auch einige Vorbehalte gegenüber der Fallstudie als empirische Untersuchungsmethode. Der wahrscheinlich größte Einwand bezieht sich auf die Genauigkeit von Fallstudien: Schon sehr oft arbeitete der eine Fallstudie durchführende Forscher ungenau und berücksichtigte wichtige Hinweise nicht, die seine Folgerungen in Frage hätten stellen können. Verfälschungen können zwar auch in Experimenten oder Umfragen, z. B. durch die

Art der gewählten Fragen, oder in historischer Forschung vorkommen, sind in der Vergangenheit jedoch bei Fallstudien öfter aufgetreten.

Ein zweiter Einwand gegen Fallstudien ist, daß sie nur eine kleine Basis für Verallgemeinerung bieten. Viele Kritiker fragen, wie ausgehend von einem untersuchten Fall generalisiert werden kann. Ein Experiment kann unter vielen unterschiedlichen Konditionen wiederholt werden, was eine Generalisierung erlaubt. Yin stellt jedoch auch fest, daß Fallstudien bis zu einem gewissen Grad verallgemeinert werden können und daß sie wie Experimente meist nicht einen Einzelfall untersuchen. Das Ziel der Fallstudie ist dabei oft nicht eine statistische sondern eine analytische Generalisierung.

Ein dritter Einwand ist, daß Fallstudien zu lang sind. Als Ergebnis liegen oft umfangreiche, schwer zu lesende Berichte vor. Dieser Einwand mag für viele früher durchgeführte Fallstudien stimmen, muß jedoch nicht auch auf die zukünftigen zutreffen.

Ein letzter Einwand ist, daß es nicht einfach ist, eine gute Fallstudie durchzuführen. Das Problem liegt darin, daß es sehr schwer ist, die Fähigkeiten eines Forschers zu testen oder zu überprüfen. Menschen wissen, ob sie musikalisch sind oder mathematische Genies, und diese Fähigkeiten können einfach getestet werden. Für eine gute Fallstudie gibt es laut YIN [1994:10] jedoch noch keine Kriterien.

2.2.1 Vorbereitung der Fallstudie

Die dieser Dissertation zugrundeliegende Fallstudie orientierte sich dabei im Wesentlichen an den Vorschlägen von YIN [1994] und MILES/HUBERMAN [1994], die in den nächsten Abschnitten beschrieben werden.

Verteilte komplexe Softwareentwicklungen werden nur in sehr wenigen Industriezweigen durchgeführt. Hierzu gehören Entwicklungen in der Telekommunikationsindustrie, der Flugsicherung, in der Weltraumfahrt oder auch bei Betriebssystemen. All diese Softwareentwicklungen haben meist direkten Einfluß auf die ihr zugrundeliegenden Hardwareentwicklungen. Bei all diesen Bereichen ist es sehr schwierig, Zugang zu den Projektdaten zu bekommen, um einen objektiven Einblick zu erhalten, vor allem wenn es sich nicht um von öffentlicher Hand durchgeführte oder in Auftrag gegebenen Projekte handelt, sondern um in der Privatwirtschaft getätigte Entwicklungen.

Gescheiterte Softwareprojekte zu erforschen ist deshalb nicht einfach. JONES [1996:4] nennt vier Gründe, warum seiner Meinung nach in der Softwareliteratur nur sehr wenige Berichte über gescheiterte Projekte zu finden sind:

1. Firmen wollen keine Daten über gescheiterte Projekte veröffentlichen.
2. Durch den Abbruch eines Projektes werden auch alle Kosten- und Defekt-Messungen abgebrochen, Datenerhebungen sind deshalb oft nicht komplett.
3. Bei vielen großen Softwarekatastrophen wurde das gesamte Management entlassen, sie standen daher nicht mehr für Interviews zur Verfügung.
4. Viele gescheiterte Projekte haben ein gerichtliches Nachspiel, das zum Forschungszeitpunkt noch nicht abgeschlossen ist. Die Daten sind deshalb nicht erhältlich.

In dieser Dissertation konnte jedoch nur der erste Grund teilweise bestätigt werden - Details über gescheiterte Projekte sind keine gute Werbung und werden nicht gerne öffentlich präsentiert. Die untersuchte Firma war aber sehr interessiert daran zu verstehen, was genau zu einem Scheitern geführt hat und stellte intensive interne Nachforschungen und Analysen an. Viele Interviews konnten mit Mitarbeitern und Managern geführt werden, die an gescheiterten Projekten mitgearbeitet hatten. Der vierte Einwand konnte nicht verifiziert werden.

2.2.2 Der Fall

Im Rahmen dieser Studie war es möglich, Zugang zu Projektleitern, Managern und Direktoren von mehreren Telekommunikationsunternehmen zu bekommen und Interviews mit ihnen zu führen. Besonders interessant ist diese Studie, da bei den befragten Managern ein langjähriger breiter Erfahrungsschatz vorliegt - sowohl im Bereich der Telekommunikation als auch im Bereich der Raumfahrt. Das untersuchte Unternehmen investiert dabei jährlich mehr als 2 Mrd. Dollar in Forschung und Entwicklung. In den letzten Jahren wurde die Globalisierung stark vorangetrieben. Die Strategie war in hohem Maße auf die Erschließung neuer Märkte ausgerichtet. Soll das untersuchte Unternehmen in das SEI-Capability-Maturity-Modell eingeordnet werden, befindet es sich zwischen den Ebenen vier und fünf.

Die in dieser Arbeit untersuchte Firma hatte zuerst erfolglos versucht, mit einer eigenen Auslandsniederlassung in Deutschland Fuß zu fassen. Erst nach dem Zusammenschluß mit einer inländischen Firma in einem Joint Venture konnten jedoch Großkunden gewonnen werden.

Eingeordnet in das vorher vorgestellte Typen-Schema von GERYBADZE [1998a:19], entspricht das untersuchte Unternehmen am ehesten dem Typus C, d. h. es wird vor allem Anwender- und marktindizierte Innovation betrieben. Kompetenz- und Führungszentren befinden sich in einem Stammland, wobei Forschung und Entwicklung eng mit Marketing und Vertrieb zusammenarbeiten. Das Unternehmen findet sich dabei in einem radikalen Wandel: Waren noch vor wenigen Jahren die F & E-Aktivitäten auf das Stammland beschränkt, gab es in den letzten Jahren verstärkt Anstrengungen, F & E-Kapazitäten global zu verteilen. Die Basisentwicklungen werden dabei nach wie vor im Stammland durchgeführt, marktspezifische Anpassungen werden aber zunehmend in dem Land realisiert, in dem sich die Kundengruppe befindet.

Bei der in dieser Studie untersuchten Firma wurde im Laufe der Dissertation beobachtet, daß viele der Technologien, die nach der heutigen Literatur einen erfolgreichen Projektausgang versprechen - in dieser Arbeit zusammengestellt im Kapitel "Erfolgsfaktoren verteilter Softwareentwicklung" auf Seite 151 - zum Einsatz kamen und stets versucht wurde, nicht erfolgsträchtige Technologien zu vermeiden. Unter diesen Voraussetzungen schien mir die Frage äußerst interessant, warum Softwareentwicklungen dennoch scheiterten.

2.2.3 Vorgehen

Bild 32 zeigt die Übersicht über die Vorgehensweise in dieser Arbeit. Die erste Stufe, Basis für die spätere Analyse, sind Interviews.

BILD 32: **Übersicht Vorgehensweise. [Quelle: Eigene Darstellung]**

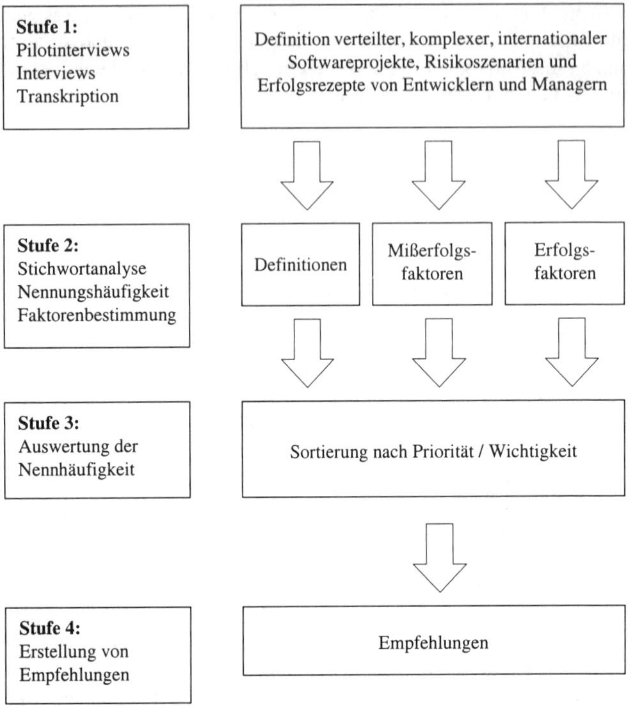

Ausgangspunkt der Datenerhebung war die zur Verfügung stehende Literatur und eigene langjährige Beobachtung und eigene Mitarbeit in international verteilten Softwareentwicklungsprojekten. Darauf aufbauend wurde ein Fragenkatalog entworfen, abgedruckt in Anhang A, der nach einigen Pilotinterviews und einer Studie von HERN [1996] noch einmal angepaßt und erweitert wurde. Die Fragen deckten sich dabei im wesentlichen mit einer Verfeinerung der ersten zwei Forschungsfragen :

- Wie können international verteilte Softwareprojekte klassifiziert werden?
- Woran können international verteilte Softwareprojekte scheitern?
- Was ist zu einem Gelingen von international verteilte Softwareprojekten notwendige Voraussetzung?

Die Auswahl der Interviewpartner erfolgte nach zwei Kriterien: Einmal sollten sie Erfahrung mit international verteilten Softwareprojekten besitzen. Denn trotz der Tatsache, daß das untersuchte Unternehmen ein „Global Player" ist, so sind doch viele Angestellte in Bereichen beschäftigt, die wenig Möglichkeiten zum Kontakt mit anderen Standorten bieten, z. B. im lokalen Service, der Wartung o. Ä. Die Interviewpartner sollten deshalb schon an mehreren international verteilten Projekten mitgearbeitet haben und an verschiedenen Standorten eingesetzt worden sein. Das zweite Kriterium war, eine möglichst große Bandbreite über die gesamte Hierarchie hinweg zu bekommen, d. h. sowohl Entwickler, auf der untersten Hierarchieebene angesiedelt, als auch deren Gruppenleiter, die Abteilungsleiter und schließlich Direktoren sollten zu den Interviewpartnern gehören, um ein möglichst breites Spektrum abzudecken.

BILD 33: Hiearchieebenen in der untersuchten Firma. [Quelle: Eigene Darstellung]

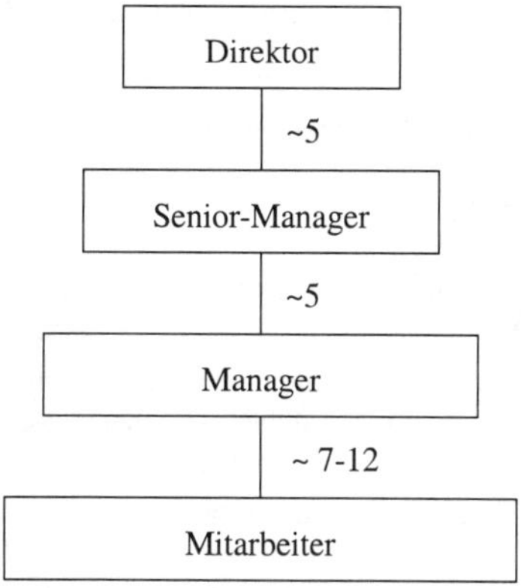

Bild 33 zeigt die Hierarchieebenen in der untersuchten Firma. Etwa 12 Mitarbeiter waren in Abteilungen zusammengefaßt, die von einem Manager (=Gruppenleiter) geleitet wurde. Ein „Senior-Manager“ (= Abteilungsleiter) war für etwa 5 Manager verantwortlich, und etwa 5 Senior-Manager-Gruppen berichteten an einen Direktor. Als durch die Interviews alle Hierarchieebenen genügend abgedeckt waren und die Antworten aus neuen Interviews sich immer mehr mit den schon erhaltenen Daten überschnitten und sich schließlich gänzlich nur noch Wiederholungen zeigten, ein klares Zeichen einer Sättigung, wurden keine weiteren Befragungen mehr durchgeführt. Zu diesem Zeitpunkt waren 21 Interviews durchgeführt worden, davon vier Pilotinterviews, vier Interviews mit Mitarbeitern, vier Interviews mit Gruppenleitern, sechs Interviews mit Abteilungsleitern und drei Interviews mit Direktoren.

Die Interviews fanden dabei stets „vor Ort“ statt, in Arbeitszimmern oder Besprechungsräumen. Die Dauer war auf eine Stunde angesetzt, wurde während mancher Interviews jedoch wesentlich überschritten. Für die Interviews wurde dabei ein Fragenrahmen definiert. Einige Kandidaten hangelten sich mit relativ kurzen Antworten von Frage zu Frage. Ein Gegenbeispiel dazu ist ein Direktor, der schon bei der ersten Frage begeistert von seinen Erfahrungen zu erzählen begann und fast zwei Stunden später, ohne Pause und ohne weitere Zwischenfragen, alle Kernbereiche des Fragenkataloges ausführlich und mit Beispielen unterlegt dargestellt hatte. Alle Kandidaten wurden animiert, vor allem von eigenen Erfahrungen in internationaler Softwareentwicklung zu berichten. Alle Interviews wurden dabei auf Band festgehalten und anschließend transkribiert. Die durchschnittliche Textlänge betrug 20 Seiten pro Interview.

Der in den Interviews verwendete Fragebogen findet sich in Anhang A.

2.2.4 Analyse der Fallstudie

Nach der Transkription wurden in der zweiten Stufe die erhaltenen Antworten nach dem Vorschlag von MILES/HUBERMAN [1984] und [1994:178/247] verdichtet und analysiert. Sie stellen fest, daß es nicht einfach ist aus der Fülle von Informationen, die aus Interviews gewonnen werden, sinnvolle Schlußfolgerungen zu ziehen. Sie empfehlen deshalb, das erhaltene Textmaterial iterativ in Matrizen zu verdichten. YIN [1994:103] faßt die einzelnen Arbeitsschritte wie folgt zusammen: Sammeln der Information in verschieden Feldern, Erstellung einer Matrix von Kategorien, Sammeln der Daten in Matrizen, Zählen der Häufigkeit verschiedener Einträge, Analyse und Sortierung der Matrizen.

Um die Matrizen zu erstellen, geben Miles/Huberman folgende Hinweise:

- Die erste Version der Matrizen sollte sich an den Forschungsfragen oder den hauptsächlich erwarteten Antworten orientieren.
- Die Matrizen sollten nicht zu groß sein, ein Überblick kann nur gewonnen werden, wenn sie nicht mehr als eine Seite überschreiten.
- Eine Matrix sollte nicht mehr als 12 Reihen und Spalten enthalten, bei einer größeren Datenmenge empfiehlt es sich, die Matrizen nach Themengebieten geordnet aufzuteilen.
- Die Matrizen sollten im Laufe der Forschungsarbeit stets an aktuelle Erkenntnisse angepaßt werden, mit jeder Iteration wird der Autor neue Ideen für ein besseres Format bekommen.

Steht das Format der Matrix, können die Daten eingetragen werden. Die Schlußfolgerungen, die aus den Matrizen abgeleitet werden sollen, können dabei nicht besser sein als die Daten, die in eine Matrix eingetragen wurden. Der Autor sollte sich deshalb im klaren sein

- über das Detail, das er in der Matrix wünscht. Mehr Detail macht die Analyse schwieriger oder unmöglich, zu wenig Detail kann bedeuten, daß relevante Aussagen verloren gehen.
- Die Matrizen helfen, Daten zu verdichten. Dies entspricht einer Selektion. Der Autor sollte bei der Selektion so vorgehen, daß er später nachvollziehen kann, welche Daten woher kommen.
- Wenn Daten fehlen, sollte dies aus der Matrix klar ersichtlich sein.

In dieser Arbeit wurden in der Transkription für wichtig erachtete Stichwörter hervorgehoben und anschließend in die Matrizen mit einer Referenz auf das entsprechende Interview eingetragen. Zu jeder Forschungsfrage wurde anfangs eine Tabelle erstellt, im Laufe der Arbeit jedoch wurden ähnliche Matrizen zusammengefügt oder große Matrizen aufgeteilt. Ähnliche Begriffe wurden in den Matrizen in einer Zeile zusammengefaßt.

Aus diesen Matrizen waren dann nach der Verdichtung die in der Praxis benutzen Definitionen für komplexe, international verteilte Projekte ersichtlich. Auch die Faktoren, die eine Softwareentwicklung günstig oder ungünstig beeinflussen, wurden aus den Mengen ähnlicher Begriffe gebildet. Alle Faktoren wurden schließlich den zwei Begriffen „Erfolgsfaktoren" und „Mißerfolgsfaktoren" zugeteilt.

Jedem gefunden Faktor ist dabei in dieser Arbeit ein Kapitel gewidmet, die einzelnen Kapitel sind immer gleich aufgebaut: Zuerst werden die erhaltenen Antworten mit der Literatur verglichen und Unterschiede, falls vorhanden, diskutiert. Dazu finden sich auch die interessantesten

Ausschnitte aus den aufgezeichneten Interviews. Am Ende jedes Kapitels finden sich die Tabellen und daraus abgeleitete Schaubilder, die eine Übersicht der ausgewerteten Stichworte präsentieren und die Antworten noch einmal zusammenfassen.

In der dritten Stufe wurden in jeder Gruppe die Nennhäufigkeit der einzelnen Faktoren gezählt und so eine Rangliste ermittelt. In den Auswertungstabellen sind die in den Interviews gefallenen Antworten in den einzelnen Zeilen aufgeführt, wie im Beispiel in Tabelle 11 zu sehen. Die Spalten sind in 1-4 aufgeteilt, ein Hinweis auf die Hierarchieebene des Interviewpartners. 4 bedeutet dabei die unterste Hierarchieebene, z. B. die Entwickler, Ingenieure und Designer (n=4), 3 ist die unterste Managementebene (n=4), 2 die nächsthöhere Managementebene, oft auch mit „Senior-Management" beschrieben, (n=6) und 1 beschreibt den Kreis der Direktoren (n=3). Jede Spalte enthält den Prozentsatz der Interviews, in der das betreffende Kriterium genannt wurde. Die letzte Spalte zeigt jeweils den Prozentsatz aller gegebenen Antworten (n=21), die die 4 Pilotinterviews mit einschließen. Die Tabellen sind dabei stets so sortiert, daß die häufigste Antwort oben erscheint.

Gab es in einer Gruppe keine Nennung, ist der betreffende Bereich leer. Da bei den Direktoren nur ein begrenzter Zeitrahmen für die Interviews zur Verfügung stand, konnte nicht der gesamte Fragenkatalog behandelt werden, einige Fragen wurden deshalb übersprungen. In den Auswertungsschaubildern ist dies durch „-" gekennzeichnet.

TABELLE 11: **Beispiel einer Auswertungstabelle. [Quelle: Eigene Darstellung]**

Beispiel	4	3	2	(1) 1	Σ
Eins					
Zwei	(2)				(3)
Drei					

(1.) Die Befragten wurden in 4 Gruppen aufgeteilt, die Zahlen geben die Hierarchieebene wider: 1 - Direktor, 2 - Bereichsleiter, 3 - Abteilungsleiter, 4 - Entwickler.

(2.) Anzahl der Antworten in Prozent, aufgesplittet nach Hierarchieebene der Interviewpartner, leer - keine Nennung, - - Gruppe nicht befragt.

(3.) Prozentuale Nennung von allen Interviewten = Mittelwert.

In der vierten Stufe werden die in der Analyse kategorisierten und nach Wichtigkeit sortierten Daten zu einer Liste von Empfehlungen konzentriert. Für die gefundenen Faktoren wurden drei Obergruppen identifiziert, in die sich alle Faktoren einteilen ließen. Einige Faktoren gehörten dabei mehr als einer Gruppe an. Die Empfehlungen orientieren sich dabei an den drei Obergruppen. An zukünftigen komplexen internationalen Softwareentwicklungen Beteiligte können diese für ihre Planung zugrundelegen.

2.3 *Klassifikation von Softwareprojekten*

Absicht dieses Kapitels ist es, Klassifikationsmerkmale von Softwareprojekten zu definieren und die untersuchten Projekte danach zu gruppieren. Das Kapitel ist dazu in vier Teile aufgeteilt. Der erste Teil untersucht die Ursachen, warum Softwareprojekte komplex sind. Dazu werden zuerst verschiedene Verfahren zur Komplexitätsermittlung vorgestellt und diese Verfahren mit den in den untersuchten Projekten verwendeten Verfahren verglichen. Der zweite Teil zeigt die wesentlichen Unterschiede zwischen komplexen und nicht komplexen Softwareprojekten auf. Der dritte Teil untersucht verteilt durchgeführte Projekte. Es ist offensichtlich, daß eine Zuteilung der Entwicklungspakete auf geographisch verteilte, weit auseinanderliegende Projektteams die Arbeit nicht vereinfacht. Hier soll geklärt werden, welche Ideen hinter einer verteilten Entwicklung stehen und welche Vorteile sich große Firmen davon versprechen. Der vierte und letzte Teil grenzt Softwareprojekte von anderen Projekten ab. Potentielle Unterschiede zwischen diesen Projekten werden aufgezeigt und analysiert. Außerdem soll eine getrennte Betrachtung gerechtfertigt werden.

2.3.1 Ursachen von Komplexität

Komplexität kann in Softwareprojekten aus zwei Perspektiven betrachtet werden. Einmal interessiert dabei die Komplexität der Software selbst, zum anderen die Komplexität der Entwicklungsprojekte zur Softwareerstellung. Es ist z. B. durchaus denkbar, ein sehr komplexes und schwieriges Projekt zu haben, daß die produzierte Software jedoch sehr einfach ist. Beide Aspekte sollen hier kurz erläutert werden. Anhand der Interviews wurden in dieser Arbeit

- Technologie,
- verteilte Entwicklung,
- die Projektgröße,
- die Anzahl der zu erstellenden Varianten,
- unklare Anforderungen,
- die Anzahl der Entwickler,
- die Modularität,
- unterschiedliche Organisationsformen,
- die Anzahl der Schnittstellen,
- Cultural Diversity,
- die Produktreife,
- die Erfahrung und
- politische Gründe

als Faktoren für Komplexität in Softwareprojekten ermittelt, die in den folgenden Abschnitten eingeflochten sind.

2.3.1.1 Komplexität der Software

Bei den im Rahmen dieser Arbeit untersuchten Projekten wurden im Vergleich zu den in Kapitel 2.1.1.2 aufgezählten Faktoren für Komplexität folgende Faktoren angetroffen:

- Verteilte Rechnerarchitektur
  Die Software läuft parallel auf vielen einzelnen unterschiedlichen Komponenten, die zusammen die Funktion des Systems erfüllen. Dabei interagieren die einzelnen Komponenten massiv miteinander. Die einzelnen Komponenten haben eigene Betriebssysteme und arbeiten mit unterschiedlichen Prozessoren.
- Fehlertoleranz
  Die Systeme müssen ausfallsicher sein, d. h. die Soft- und Hardware muß äußerst robust ausgelegt sein. Durch Verdoppelung aller Komponenten wird eine relativ große Sicherheit erreicht, die Synchronisation der aktiven und inaktiven Systeme ist jedoch sehr aufwendig.
- Modularisierung
  Die einzelnen Komponenten haben vielfältige Schnittstellen, einzelne Funktionsbereiche lassen sich nicht sauber isolieren oder kapseln. Komplexer wird es, wenn sich Softwareänderungen nicht auf einen Bereich beschränken sondern sich durch viele Module oder sogar Komponenten hindurchziehen.
- Echtzeit
  Die Softwaresysteme müssen auf äußere Einflüsse in Echtzeit reagieren. Eine auf Performance optimierte Software und eine saubere Struktur und Modularisierung sind oft gegensätzliche Anforderungen, die kaum beide gleichzeitig erfüllt werden können.
- Gleichzeitige Entwicklung von Software und Hardware
  Die Software wird nicht für etablierte Hardwareplattformen entwickelt, sondern zusammen mit ihr entsteht auch erst die neue Hardware.
- Unterschiedliche Entwicklungssprachen
  Die Software wird je nach Plattform oder Komponente in der dafür am besten geeigneten Programmiersprache entwickelt. Graphische Benutzerschnittstellen stellen z. B. ganz andere Anforderungen an die Entwicklungsumgebung als Fehlertoleranz oder Echtzeit.
- Schichten
  Um die Komplexität der Interaktionen in Grenzen zu halten, bietet es sich an die Software wie in Bild 34 gezeigt in Schichten zu zerlegen. Die unteren Schichten bieten dabei stets grundlegendere Funktionen an, die von den oberen Schichten aus aufgerufen werden können. Obere Schichten sind also stets von unteren Schichten abhängig. Wird an mehreren Schichten gleichzeitig weiterentwickelt, sind die Entwickler, die an Software in einer oberen Schicht arbeiten, zeitlich abhängig von der Fertigstellung der unteren Schicht.

BILD 34: **Schichtung der Software. [Quelle: Eigene Darstellung]**

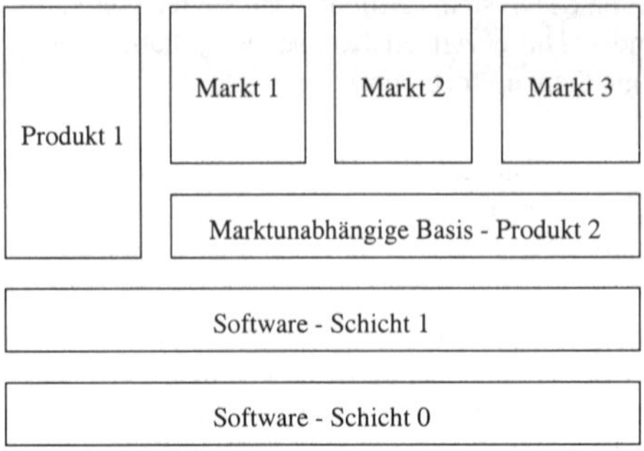

- Versionenverwaltung
  Viele Entwickler an einem Produkt führen zu vielen Versionen mit verschiedenen Entwicklungsständen. Die Handhabung der unterschiedlichen Versionen verlangt ein globales Versionsverwaltungssystem, bei dem alle Entwickler zu jeder Zeit Einblick in alle unterschiedlichen Versionen haben. Die Versionsverwaltung umschließt auch die Hardware, und alle unterschiedlichen Versionen müssen miteinander arbeiten können.
- Produktreife
  Der immense Funktionsumfang der Systeme läßt es nicht zu, daß sie immer wieder von Grund auf neu entwickelt werden, statt dessen werden in schon existierende Software und Hardware stückweise neue Funktionen eingebaut. Da ein Produkt über einen sehr langen Zeitraum „lebt", sind die ursprünglichen Entwickler für Erweiterungen so gut wie nie zur Hand. Für neu Hinzugekommene ist es unmöglich, bei Produkten mit 30 Millionen Codezeilen die schon entwickelte Software mit all ihren Funktionen und Interaktionen zu verstehen. Bei Erweiterungen muß der Entwickler daher stets darauf achten, bestehende Funktionen durch Änderungen nicht zu zerstören, was sehr schwierig ist, wenn Teile des Codes nur in fremden Märkten relevant sind. Ist das bestehende System schon sehr alt und sind nicht alle Funktionen ausführlich dokumentiert, werden selbst für kleine Erweiterungen langwierige Prozesse benötigt.

2.3.1.2 Organisatorische Komplexität

Wie die Untersuchungen in dieser Arbeit gezeigt haben, gibt es darüber hinaus noch weitere Ursachen, die die Komplexität eines Softwareprojektes erheblich wachsen lassen, hier „organisatorische Komplexität" bezeichnet. Hauptfaktor scheint dabei die Verteilung eines Softwareprojektes auf mehrere Standorte zu sein. Die Entwicklung einer Software kann sehr schwierig bzw. komplex sein, selbst wenn das Ergebnis eine wenig komplexe Software ist. Im folgenden finden sich die in dieser Arbeit beobachteten Ergebnisse:

Einig waren sich alle Befragten in einem Punkt: Verteilte Entwicklung trägt wesentlich zur Komplexitätssteigerung eines Softwareprojektes bei. Dazu zählt einerseits die Verteilung eines Projektes über mehrere Entwicklungsteams, als auch die geographische Verteilung der zusammenarbeitenden Teams, was Interaktionen aufgrund räumlicher Trennung und unterschiedlicher Zeitzonen wesentlich erschwert. Auch bei der im Rahmen dieser Arbeit durchgeführten Untersuchung ließ sich feststellen, daß die Kommunikation mit zunehmendem räumlichen Abstand im Team sank. Einige Aussagen hierzu:

> *"Nicht notwendigerweise die für die Softwareentwicklung benötigte Technologie macht ein Projekt komplex, sondern die Koordination, wer in einem global verteilten Team was wann entwickelt und wie ein Produkt daraus wird." [5]*

> *"Wenn Entwickler an verschiedenen Orten sitzen, selbst wenn es die gleiche Stadt ist, wird das Projekt komplexer. Es ist sehr einfach, miteinander zu kommunizieren, wenn man beieinander sitzt, und man kann sich abstimmen. Schon wenn man telefonieren muß, werden Interaktionen geringer. Wenn die Arbeitskollegen in einer anderen Zeitzone arbeiten, werden Interaktionen noch geringer. Also hat der Ort einen sehr großen Einfluß auf die Komplexität eines Projektes". [3]*

> *"Sitzen die Entwickler direkt beieinander, sind die Chancen für Interaktion sehr groß. Es wird komplizierter, wenn sie getrennt sitzen, schon wenn man innerhalb einer Stadt nur 20 Minuten auseinander liegt, scheint etwas zu zerbrechen, Leute sprechen nicht mehr so schnell miteinander. Für Labors in unterschiedlichen Städten wird es noch schlimmer. Ich arbeite an einem Projekt mit Laboren in Deutschland, Ottawa und der Westküste der USA. Die Zeitzonen sind verrückt. Es gibt kaum eine günstige Zeit für eine Besprechung. Das ist extrem. Typischerweise sind Projekte über drei Zeitzonen verstreut. Manchmal vier, wenn England involviert ist. Mein Projekt hat fünf unterschiedliche Zeitzonen. Ohne zu reisen, was sehr viel Zeit kostet und teuer ist, können Sie sich nie mit anderen treffen. Interaktionen werden schwierig - sie müssen mailen anstatt zusammen an einem Tisch zu sitzen und zu diskutieren. Oder Videokonferenzen benutzen, die leider auch heute noch nicht sehr effizient sind." [12]*

Zusätzlich zu erschwerter Kommunikation und unterschiedlichen Zeitzonen spielen auch die unterschiedlichen Prioritäten einzelner Labore eine große Rolle, wenn es z. B. mehr als einen zentralen Projektverantwortlichen gibt. Da jedes Entwicklungszentrum mit seiner Arbeit auf den lokalen Markt fokussiert ist, werden bei gemeinsamen Projekten unterschiedliche Schwerpunkte gesetzt, und das sind sehr oft auch politische Entscheidungen. Dies zu managen, auszuhandeln und zu koordinieren, erhöht die Komplexität ungemein. Wird eine Änderung am Code benötigt, der einem anderen Labor gehört, muß zuerst die Zustimmung des Code-Owners für die Änderung erreicht werden, was gesteigerten Kommunikationsaufwand bedeutet. Für jede Entwicklung muß ein Konsens gefunden werden.

Bild 35 zeigt, wie mit zunehmender Entfernung die *natürliche Kommunikation*, d. h. die Kommunikation, die zwischen den zusammen an einem Projekt arbeitenden Personen ohne äußeren Eingriff selbständig stattfindet, abnimmt. Die oberste Zeile zeigt in einem Raum sitzende Teammitglieder, die räumliche Entfernung der Personen zueinander ist gering (kurzer Balken: geringe räumliche Entfernung). Daher ist die Kommunikation nicht durch Barrieren behindert und kann jederzeit aufgesetzt werden, die Kommunikationsmenge ist also hoch (langer Balken: große Kommunikationsmenge). Sind die Kollegen in einem Gebäude verteilt, ist schon ein kurzer Gang oder ein Telefonat erforderlich, die Kommunikation nimmt merklich ab. In jeder der folgenden Stufen nimmt die Kommunikationsmenge weiter ab: Sind Teamkollegen am gleichen Standort in unterschiedlichen Gebäuden untergebracht, sind persönliche Treffen meist schon mit vorheriger Terminabsprache verbunden. Bei Verteilung innerhalb eines Landes müssen zwischen den verschiedenen Standorten Reisen organisiert werden, wenn persönliche Treffen durchgeführt werden sollen. Der dazu benötigte Aufwand reduziert die Kommunikationsmenge weiter. Bei einer global verteilten Firma werden die Reisewege länger, unterschiedliche Sprachen und Kulturen schränken die Kommunikation weiter ein. Bei Kooperationen zwischen unterschiedlichen Firmen, die „räumliche" Verteilung ist hier am größten (langer Balken: räumliche Entfernung groß), müssen außerdem politische Bedingungen und unterschiedliche Firmenstrukturen berücksichtigt werden, was einen freien Informationsfluß oft behindert. Nur die notwendige Information wird ausgetauscht, dies ist mit dem kurzen Balken für die Kommunikationsmenge dargestellt.

BILD 35: **Abnahme der Kommunikationshäufigkeit mit Entfernung. [Quelle: Eigene Darstellung]**

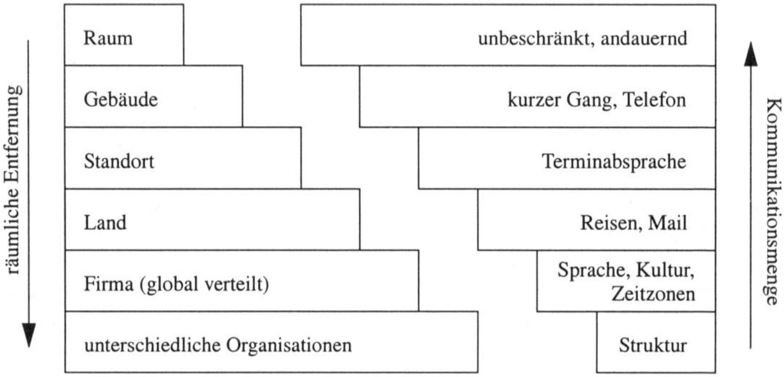

In den Interviews oft genannter Faktor für die Komplexität eines Projektes ist die Größe des Projektes selbst und damit verbunden die Anzahl der an ihm arbeitenden Entwicklungsingenieure.

> *"Mit wenigen Entwicklern sind Projekte wesentlich weniger komplex, da Ziele mit wesentlich weniger Interaktionen erreicht werden können. Wenn ein Entwickler alleine ein System kodiert, ist es am Ende seiner Arbeit per Definition integriert. Wenn 100 Entwickler daran arbeiten, muß es noch integriert werden, und das kostet sehr viel Zeit. Der Integrationsaufwand steigt nicht linear mit der Anzahl der Entwickler, er steigt fast exponentiell." [3]*

Komplexe Softwareprodukte im zivilen Bereich werden aus wirtschaftlichen Gründen global vertrieben. Einzelne Kunden oder Märkte verlangen jedoch spezifische Anpassungen für ihren Bedarf. Das Sammeln aller individuellen Anforderungen, deren Dokumentation und das Entwickeln einer flexiblen Software, die so viele Wünsche unterstützt wie möglich, bedeutet einen ungeheuren Aufwand und führt zur Entwicklung vieler marktspezifischer Varianten (siehe dazu auch Bild 34). Die Entwicklung und Unterstützung vieler Varianten macht ein Softwareprojekt komplex. Dazu ein Manager:

"Der Umfang der Software ist auch so groß, da sie in verschiedenen Märkten und verschiedenen Plattformen eingesetzt wird. Das zwingt zum Schichten in Ebenen, wobei die unteren Ebenen natürlich gemeinsam genutzt werden, bei den oberen geht es dann plattformspezifisch weiter oder marktspezifisch." [14]

Komplex wird ein Softwareprojekt auch dann, wenn zu Anfang nicht alle Anforderungen klar definiert sind oder definiert werden können:

"Das Softwareprojekt läuft über einen Zeitraum von einem oder eineinhalb Jahren. In der Zwischenzeit bringt der Markt oder der Kunde neue Anforderungen heraus, die man nachziehen muß, die aber natürlich am Anfang, beim ursprünglichen Entwurf, nicht berücksichtigt werden konnten". [4]

Selbst bei unteren Softwareschichten gibt es öfters einen Wechsel der Prioritäten bei der Implementierung, so daß benötigte Funktionen sehr viel später als geplant oder gar nicht zur Verfügung stehen. Oft gibt es so viele unterschiedliche Spezifikationen, so daß nicht alle implementiert werden können.

Die Anzahl der benötigten Entwickler hängt dabei einerseits vom zu implementierenden Funktionsumfang ab, andererseits von der dazu zur Verfügung stehenden Zeit. Bei vielen der untersuchten Projekte wurde dabei entgegen BROOKS [1995:25] Aussage, daß ab einer bestimmten Anzahl von Entwicklern die durch weiter hinzugefügte Personen gesteigerte potentielle Arbeitskraft durch die komplexeren Interaktionen völlig aufgebraucht wird, mit sehr großen Teams mit bis zu 1200 Entwicklern gearbeitet. Dazu ein Manager:

"Für dieses Projekt hatten wir etwa 1200 Entwickler. Der Aufwand, alle Arbeiten zu synchronisieren und zu organisieren, war größer als das Schreiben des Codes selbst. Meiner Meinung nach gibt es eine Maximalgröße für die Größe von Teams, und wenn jene überschritten wird, sollte das Projekt nicht durchgeführt werden. Sie liegt bei etwa 200 Personen. Wenn mehr als 200 Entwickler an einem Projekt arbeiten und nicht eine Unzahl von Prozessen, Kontrolle und Geld vorhanden ist, dann ist es sehr schwierig, das Projekt erfolgreich zu beenden." [3]

Gehören die global verteilten Entwicklungsteams, die zusammen an einem Projekt arbeiten, auch noch zu verschiedenen Organisationen mit unterschiedlichen Organisationsstrukturen, unterschiedlichen Führungsebenen und Prozessen, verschieden aufgegliederten Abteilungen und Aufgabenbereichen, ist nicht nur die fortlaufende Kontrolle sondern auch das Aufsetzen einer gemeinsamen Entwicklung ein äußerst komplexes Unterfangen:

"In diesem Joint Venture haben wir zwei völlig verschiedene Mutterfirmen, mit völlig verschiedener Infrastruktur. Unterschiedliche Personal- und Finanzverwaltung. Unterschiedliche Support-Gruppen mit unterschiedlichen Verantwortungen. Beide Firmen haben einen vollkommen unterschiedlichen Hintergrund, sie formen ein Joint Venture und bilden etwas Neues. Alle Entwicklungswerkzeuge waren verschieden. Wir mußten eine eigene Identität entwickeln mit Schnittstellen zu beiden Mutterfirmen. Die Arbeitsgewohnheiten waren unterschiedlich, z. B. Überstunden. In Amerika fragt niemand danach, Entwickler arbeiten oft bis an ihre physische Grenze, danach verschwinden sie und machen etwas vollkommen anderes. In Deutschland bleiben die Entwickler sehr lange bei einem Produkt. All dies muß eingeplant werden und trägt zur Steigerung der Komplexität bei." [12]

Dabei wurde versucht, durch eine geschickte Strukturierung und Schichtung der Software die Anzahl der Interaktionen zu minimieren und klare Schnittstellen zu schaffen.

> *"Wenn eine Millionen Zeilen von Code zu schreiben sind, dann wird es kompliziert. Die Struktur des Systems ist sehr wichtig. Wenn das System gut partitioniert ist, wird die Entwicklung weniger komplex." [13]*

Es ist jedoch nicht nur die Anzahl der Entwickler, die zur Komplexität eines Projektes beiträgt, sondern auch ganz wesentlich ihre Erfahrung, wie gut sie das Produkt verstehen und wie gut sie als Team zusammenarbeiten, sowie die „Reife" des Labors und der Entwicklungsumgebung. Hier die Erfahrung eines Projektleiters:

> *"Lassen Sie mich dies mit einem Beispiel illustrieren. In unserem ersten Jahr hier in Deutschland hatten wir für einen Kunden ein paar kleine Erweiterungen zu implementieren. Die technische Komplexität der Erweiterungen war vernachlässigbar gering. In einem etablierten Labor, mit einer ausgeprägten Support-Struktur und einem erfahrenen Team in einer funktionierenden Entwicklungsumgebung hätte ich das Projekt an einen Berufsstarter vergeben, der sich bei Problemen an seinen Mentor hätte wenden können. In vier Monaten hätte er alles erledigen können. Unsere Situation hier war jedoch ganz anders: Unser Labor war neu, die Leute lernten sich erst kennen, das Team war neu, die Entwicklungsumgebung wurde erst aufgesetzt. All dies trug dazu bei, daß es ein ziemlich komplexes Projekt wurde. Wir hatten keine Entwickler mit Erfahrung. Unsere Beziehungen zu anderen Labors wurde erst aufgebaut. Wir hatten noch keine Trainingsmöglichkeiten in Deutschland, so mußte ich meine Leute nach England schicken. Andere Teilaufgaben wurden an die Türkei vergeben. Die Komplexität in diesem Projekt kam zustande, da wir neu waren. Es war unser erstes Projekt in Deutschland." [6]*

Unterschiedliche Muttersprachen in den einzelnen verteilten Laboren führen immer wieder zu Mißverständnissen, deren Aufklärung viel Zeit in Anspruch nimmt.

Zusammenfassung „Komplexität"

Im folgenden findet sich eine tabellarische und graphische Zusammenfassung und Gruppierung der angetroffenen Gründe für die Ursache von Komplexität in Softwareprojekten:

Eine **geographisch verteilte** Softwareentwicklung erhöht die Komplexität, da unterschiedliche Zeitzonen und räumliche Entfernung den Kommunikationsfluß zwischen den einzelnen Standorten negativ beeinflussen. Außerdem hat jedes Labor unterschiedliche Prioritäten, abgestimmt auf den lokalen Markt. Zeitliche Abhängigkeiten zwischen den verteilten Entwicklungsteams erschweren die Koordination zusätzlich. Aussagen zur verteilten Entwicklung waren über alle Hierarchieebenen gleichmäßig verteilt.
Die zu entwickelnde **Technologie** macht Projekte komplex. Echtzeit, Fehlertoleranz, verteilte Plattformen, Parallelität, die hohe Anzahl der Schnittstellen sowie parallele Entwicklung von Hard- und Software sind gleichzeitig zu beachtende Faktoren.
Die **Größe des Projektes** hängt von der Anzahl der zu implementierenden Funktionen ab. Mit wachsender Anzahl muß mehr Code geschrieben werden, und desto mehr Entwickler werden benötigt, das Management wird komplexer.
Marktspezifische Anforderungen erfordern mehrere Varianten einer Software, d. h. je nach Einsatzort werden gleiche Funktionen geringfügig unterschiedlich ausgeführt. Ein großes Soft-

wareprodukt ist dabei nie fertig entwickelt, der Verkauf geschieht versionsweise. Von Version zu Version werden weitere Funktionen implementiert oder die vorhandenen Funktionen erweitert. Das erfordert eine komplexe globale Versions- und Variantenverwaltung. Gleichzeitig wird die Software auf verschiedenen Plattformen angeboten, d. h. die Software muß flexibel genug gestaltet sein, um eine leichte Anpassung an unterschiedliche Betriebssysteme zuzulassen. Dies trägt wesentlich zur Komplexitätssteigerung bei. Die Größe eines Projektes und die Anzahl unterschiedlicher Varianten waren vor allem für Direktoren wichtige Gründe für Komplexität. Einzelne Entwickler, die kleinere Arbeitspakete zugeteilt bekamen, erwähnten diese Faktoren seltener, wahrscheinlich weil sie keinen Überblick über die Gesamtgröße der Entwicklung hatten und nicht wußten, wieviele verschiedene Varianten global entwickelt wurden.
Eine weitere Ursache von Komplexität sind **unklare Anforderungen**. Wenn nicht gleich zu Beginn eines Projektes ein detailliertes Pflichtenheft erstellt werden kann oder Anforderungen von einigen Märkten zu Projektbeginn noch nicht bekannt sind, wird eine genaue Planung schwierig, da Änderungen des Designs zu erwarten sind. Jedes Land hat oft eigene Spezifikationen, die von der Software berücksichtigt werden müssen, die sich aber noch nach Projektbeginn ändern können.

TABELLE 12: **Ursachen der Komplexität in Softwareprojekten. [Quelle: Eigene Darstellung]**

Ursache	4	3	2	1	Σ
Verteilte Entwicklung	100	100	100	100	100
Technologie	67	75	83	100	88
Größe des Projektes	67	25	33	100	50
Varianten/Versionen	33	50	17	100	44
Unklare Anforderungen	33	50	50	33	44
Anzahl der Entwickler	67		50	67	44
Modularität	30		50	67	38
Projekte über Organisationen hinweg		50	33	33	31
Anzahl der Schnittstellen	33	25	17	33	25
Multikulturelle Ursachen		50		33	19
Produktreife			50		19
Erfahrung der involvierten Teams		25	17	33	19
Politische Gründe		50	16		19

Eine große **Anzahl von Entwicklern** sowie der Zwang zu einer möglichst kurzen Entwicklungszeit stellen hohe Anforderungen an die Projektorganisation. Oft werden auch mehr Entwickler als ursprünglich geplant benötigt, da keine Personen mit der gesuchten Erfahrung zur Verfügung stehen.
Wenn eine große Software **nicht einfach in einzelne Module** aufgeteilt werden kann, die relativ unabhängig voneinander sind, bzw. wenn es sehr viele Schnittstellen zwischen allen Programmbereichen gibt, so erhöht das die Komplexität. In der Telekommunikation gibt es im Vergleich zu anderen Entwicklungen extrem viele Schnittstellen zwischen den einzelnen Programmen. Schwieriger wird es noch, wenn Änderungen an vielen Schnittstellen gleichzeitig durchgeführt werden müssen, um neue Funktionen zu integrieren.
Viele Softwareprojekte werden **gemeinsam von mehreren Firmen** bearbeitet. Jeder der Teilnehmer im Entwicklungsteam trägt ein Stück zur Software bei. Haben die unterschiedlichen

Firmen jedoch auch unterschiedliche Organisationsformen, erschwert dies den Kommunikationsfluß - die Durchführung eines Entwicklungsprojektes wird komplexer.
Bei international verteilten Projekten spielt auch der **kulturelle Hintergrund der Mitarbeiter** bei der globalen Zusammenarbeit eine wichtige Rolle. Kulturelle Unterschiede können leicht zu Mißverständnissen führen und die Kommunikation in einem Team oder zwischen den verteilten Teams erschweren.
Komplexe Softwareprodukte werden **nicht in einem Entwicklungszyklus** erstellt. Hingegen wird in jedem Zyklus das bestehende Produkt mit neuen Funktionen bestückt oder an neue Anforderungen angepaßt, das Produkt reift langsam. Essentiell ist jedoch auch die **Rückwärtskompatibilität**. Bestehende Produkte zu erweitern, ist jedoch viel aufwendiger als etwas komplett Neues zu schreiben.
Die Dokumentation zu der Software ist wegen **dauernder Änderungen** oft veraltet oder gar nicht aufzufinden.

BILD 36: **Ursachen der Komplexität in Softwareprojekten. [Quelle: Eigene Darstellung]**

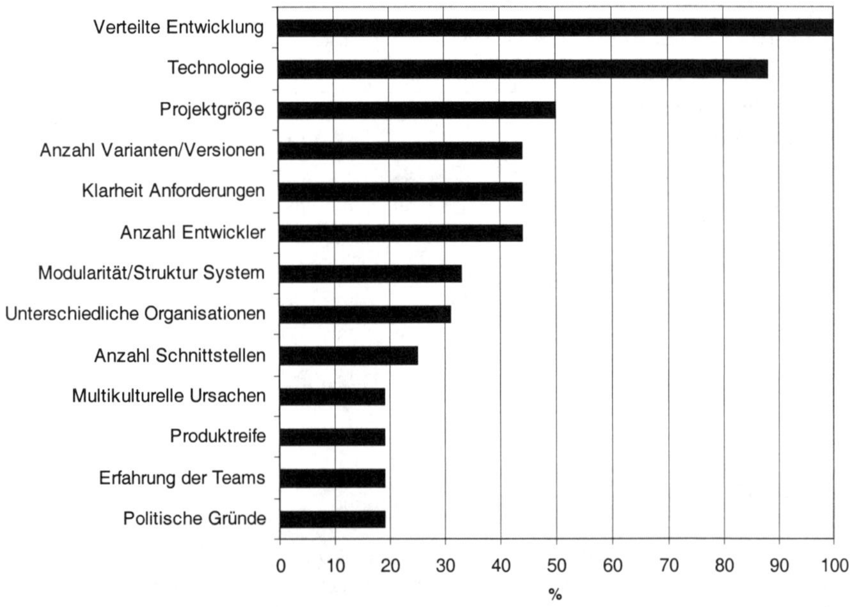

Je länger Teams in der Softwareentwicklung an einem Produkt arbeiten, desto erfahrener sind sie und desto weniger Zeit benötigen sie für die Entwicklung. In großen komplexen Projekten arbeiten oft **neu zusammengestellte Teams** miteinander, die Projektplanung und Projektkoordination wird dadurch komplexer.
Letzter Baustein, der zur Komplexität von großen Projekten beiträgt, sind **politische** Gründe. Im technischen Bereich kann dies plötzlich zusätzliche Entwicklungen bedeuten oder eine Änderung der schon laufenden Programme erfordern.

Die folgende Tabelle enthält die Antworten aufgesplittet nach genanntem Themengebiet und Hierarchieebene des Interviewten. Auffallend ist, daß fast alle Antworten relativ gleichmäßig über die Hierarchieebenen verteilt sind, d. h. Entwickler wie auch Bereichsleiter halten z. B. verteilte Entwicklung für einen der Hauptgründe für Komplexität.

Bild 36 zeigt die Ergebnisse aus Tabelle 12 grafisch, ausgewertet wurden dabei die Ursache und die Summe ihres Auftretens in den Interviews.

In der Literatur wird vor allem die technische Komplexität erwähnt. Brooks, Boehm und Yourdon zeigen auf, daß auch die Teamgröße, die Projektgröße und damit implizit die Anzahl der Versionen und Varianten sowie die Produktreife wichtige Faktoren für die Komplexität sind. Die verteilte Software-Entwicklung hingegen konnte nicht als Komplexitätsfaktor in der Literatur gefunden werden, wohl weil sie ein relativ neuer Ansatz zur Software-Entwicklung ist. Auch multikulturelle Ursachen werden erst in kulturell gemischten Teams bemerkbar, die bei nicht international verteilten Softwareprojekten scheinbar weniger oft anzutreffen sind.

2.3.2 Unterschiede zwischen komplexen und nicht komplexen Softwareprojekten

> *„Die Entwicklung großer Software wirft grundlegend andere Probleme auf und braucht andere methodisch-technische Unterstützung als die kleiner Programme. Große Software ist komplex. Von zentraler Bedeutung ist die Reduktion der Komplexität. Dies erfordert eine Architektur als System von miteinander verknüpften Komponenten, wobei sowohl die Verständlichkeit des Gesamtsystems als auch die der einzelnen Komponenten anzustreben ist. Große Software ist nicht für sich genommen verständlich. Sie besteht aus Programmen und umfangreichen definierten Texten, deren Konsistenz schwer zu gewährleisten ist, weil sie Sichtweisen verschiedener Beteiligter Widerspiegeln, die sich im Lauf der Zeit ändern. Große Software hat eine längere Lebensdauer. Dies führt zur Bildung von Versionen und bringt Änderungen mit sich." [Rechenberg/Pomberger 1999:764].*

Wie im vorherigen Kapitel aufgezeigt, kann „Komplexität" in einem Softwareprojekt bedeuten, daß es sich um

- die Erstellung einer Software mit großem Funktionsumfang handelt, oder
- daß die Organisation des Projektes zur Softwareerstellung komplex ist.

Im zweiten Fall, z. B. bei einer Softwareentwicklung mit verteilten Entwicklungsteams, kann auch eine Software mit geringem Funktionsumfang komplex sein. Findet die Entwicklung an einem Ort statt, wird die Organisation einfacher und das Projekt damit weniger komplex.

Je kleiner ein Softwareprojekt, desto größer die Chance, daß es erfolgreich beendet werden kann, so MELYMUKA [1998:1]. Seit 1994 untersuchte sie 23.000 Projekte in den Fortune-500-Firmen, bei denen zwischen 1994 bis 1998 die Erfolgsrate von 9% auf über 24% stieg und gleichzeitig die durchschnittlichen Kosten von $ 2.3 Millionen auf $1.2 Millionen sanken. Johnson, Präsident der Standish Group International, sagt: „Eine Verminderung des Umfang hat einen direkten Einfluß auf den Projekterfolg". Der beste Weg, ein Projekt durchzuführen, ist in kleinen iterativen Schritten, mit so wenigen Funktionen wie möglich". Weiterhin findet die Standish Group [1995] in ihrer Studie, daß der Projekterfolg invers proportional zur Größe ist. Projekte, die weniger als $ 750.000 kosteten, wurden zu 55 % erfolgreich beendet. Projekte zwischen $ 5 Millionen und $ 10 Millionen waren nur noch zu 7 % erfolgreich, wie in Bild 37 reflektiert.

BILD 37: **Wahrscheinlichkeit des Projekterfolges abhängig von Projektgröße. [Quelle: In Anlehnung an Melymuka 1998:1]**

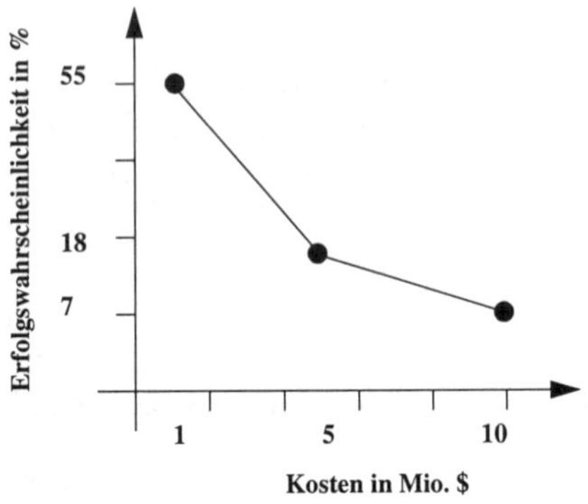

Die erfolgreichsten Projekte kosteten weniger als $ 750.000, dauerten weniger als 6 Monate und involvierten weniger als 6 Entwickler. Zu einem ähnlichen Ergebnis kommt JONES [1996:4], Vorstand der Software-Management Beratungsfirma „Software Productivity Research". Er untersucht die Erfolgsrate von 6700 Softwareprojekten seiner Kunden, von denen er die für ihn relevanten Daten anhand von Fragebögen erhielt. Das Ergebnis ist in Tabelle 13 zu sehen.

TABELLE 13: **Wahrscheinlicher Software-Entwicklungsausgang abhängig von der Projektgröße. [Quelle: Jones 1996:4]**

Projektgröße	Zeitgerecht	Verspätet	Abgebrochen
1 FP	83.16 %	1.92 %	0.25 %
10 FP	81.25 %	5.67 %	2.00 %
100 FP	74.77 %	11.83 %	7.33 %
1.000 FP	60.76 %	17.67 %	20.33 %
10.000 FP	28.03 %	23.83 %	48.00 %
100.000 FP	13.67 %	21.33 %	65.00 %

Bei mehr als 100.00 Funktionspunkten ist die Wahrscheinlichkeit eines Projektabbruches nach seiner Beobachtung 65 %, eine rechtzeitige Fertigstellung konnte nur bei 13 % der Projekte mit mehr als 100.000 FP festgestellt werden. Kleine Projekte bis 10 FP werden hingegen mit mehr als 80 %iger Wahrscheinlichkeit erfolgreich beendet und sind kaum verspätet oder werden abgebrochen. Er folgert daraus, daß die Wahrscheinlichkeit des Scheiterns bei großen Softwareprojekten sehr viel größer ist als bei kleinen Softwaresystemen. Die genaue Abschätzung der Projektgröße ist, wie bereits erwähnt, jedoch sehr ungenau und schwierig. Jones hat die Projektgröße stets im Nachhinein bestimmt. Auffallend an seinem Ergebnis ist ebenfalls, daß Projekte mit 10.000 FP eher verspätet fertiggestellt werden als Softwareentwicklungsprojekte mit 100.000 FP, wofür er keine Erklärung hat.

Gefragt, warum große Projekte dann nicht in viele kleine Arbeitsschritte zerlegt werden, schreibt er: In der Theorie mag dieser Vorschlag gut sein, in der Praxis gibt es jedoch bis heute keine wiederholbaren Methoden, wie ein komplexes Projekt in einzelne, parallel entwickelbare Bausteine zerlegt werden kann. Große Systeme sind so komplex, da sie einer sehr großen Anzahl von Anforderungen genügen müssen. Sie bestehen zwar aus einer großen Anzahl kleiner Komponenten, das Gesamtsystem erfordert jedoch, daß alle Komponenten mehr oder weniger zusammenarbeiten:

> *„Wenn ein Reeder die Anforderung bekommt, ein Transportmittel für 3000 Personen zu bauen, wird er wahrscheinlich ein großes Schiff mit 70.000 Tonnen und 250 m Länge empfehlen, wie z. B. moderne Kreuzfahrtschiffe oder die Queen Elizabeth II. Natürlich wäre es billiger und schneller, 750 kleine Kabinenboote zu bauen, aber 750 kleine Boote hätten nicht die gleiche Eigenschaft wie ein großes Schiff." [Jones 1996:61]*

Dieser Vergleich läßt sich auch auf UNIX, Windows 95 oder Telekommunikationsnetze übertragen. Diese Systeme sind so komplex, da sie reich an unterschiedlichen Funktionen sind.

Nach der Standish Group [1995:3] spielt auch die Größe einer Firma beim Scheitern von Softwareprojekten eine Rolle. Bei großen Firmen mit mehr als $500 Millionen Umsatz sind nach ihrer Beobachtung nur 9% der Softwareentwicklungen erfolgreich. Mittelgroße Firmen mit einem Umsatz zwischen $200 Millionen und $500 Millionen waren zu 16% erfolgreich, kleine Firmen mit einem Umsatz zwischen $100 Millionen und $200 Millionen sogar zu 28%.

Bei den im Rahmen dieser Arbeit interviewten Gesprächspartner konnten klare Tendenzen gefunden werden, was die Hauptunterschiede zwischen komplexen und nicht-komplexen Softwareprojekten betrifft. Dies betraf vor allem:

- Kommunikation und Koordination,
- Technische Probleme,
- Produkt-Management,
- dem zeitlichen Rahmen der Softwareprojekte,
- Qualitätskontrolle,
- die Anzahl von unbekannten Parametern sowie
- die Erfolgsrate.

Diese werden in den folgenden Abschnitten erklärt.

Durch die Anzahl der an einem Projekt beteiligten Entwickler und Teams und dem Umfang der durch sie zu erledigenden Arbeit muß sehr viel Wert auf reibungslos ablaufende Teamarbeit gelegt werden. Der Anteil der Kommunikation in komplexen Projekten in der täglichen Arbeit ist erheblich, um so mehr, wenn an geographisch verteilten Orten entwickelt wird. Kommunikation besteht dabei aus Statusberichten, Anfragen, Definitionen von Schnittstellen, Änderungswünschen in „fremdem" Code usw., kurzum vielen kleinen Tätigkeiten, die bei lokaler Entwicklung durch eine kurzfristig einberufene Besprechung oder dadurch, daß „sich zwei Ingenieure auf dem Flur treffen", erledigt werden könnten, die bei verteilter Entwicklung in unterschiedlichen Zeitzonen jedoch ein Vielfaches an Klärungszeit, Planung und Organisation benötigen. Bei verteilten Projekten muß Kommunikation sorgfältig geplant und von oben nach unten überwacht werden, da es sehr leicht passieren kann, daß bei Mißstimmigkeiten einzelne Projektteams auseinanderlaufen und nicht mehr kommunizieren. Bei räumlicher Trennung ist kontinuierliche Kommunikation das einzige Band, das die verteilten Teams miteinander verbindet. Um Kommunikation über Grenzen und Zeitzonen hinweg überhaupt bewerkstelligen zu können, bedarf es einer gut ausgebauten Infrastruktur wie z. B. Rechnernetzwerken, Telefonverbindungen, Videokonferenzmöglichkeiten und Werkzeugen für die Zusammenarbeit in verteilten Gruppen, die bei weniger komplexen Projekten nicht so wichtig sind, da sich meist alle Entwickler an einem Ort befinden. Dazu ein IT-Manager:

> *"Der Unterschied ist mehr Kommunikation zwischen den unterschiedlichen Gruppen und Entwicklern. Ein kleines Softwareprojekt, an dem nur ein oder zwei Leute arbeiten, ist immer einfacher. Dann kann ein Entwickler selbst entscheiden, er entwickelt nach seinen Vorstellungen. Sobald man Kompromisse zwischen verschiedenen Gruppen und Personen finden muß, wird es sehr komplex und langwierig, da getroffene Entscheidungen von allen Beteiligten unterstützt werden müssen." [1]*

Und zwei Projektleiter:

> *"Ich denke, der Unterschied liegt nicht so sehr in der Größe des Projekts. Man kann ein kleines Projekt mit drei Leuten an drei unterschiedlichen Orten haben, und ich würde es immer noch komplex nennen. Ein Projekt mit zehn Entwicklern an einem Ort innerhalb einer Organisation hingegen würde ich nicht als komplex bezeichnen. Und das begründet sich in den Kommunikationswegen, der Berichterstattung und unterschiedlichen Prioritäten." [5]*

> *"In komplexen Projekten dauert alles länger. Ursache dafür ist, daß die Kommunikation langsamer ist. Und jeder Entwickler verbringt viel Zeit beim „Kommunizieren". In sehr großen Projekten gibt es Leute, deren einzige Aufgabe es ist, die Kommunikation zwischen Teams aufrecht zu erhalten. Nicht nur im Management, sondern auch auf technischer Ebene. Ihre Aufgabe ist es, als Schnittstelle zu anderen technischen Bereichen zu fungieren." [7]*

Durch die räumliche Trennung und die unterschiedlichen Muttersprachen kommt es leicht zu Mißverständnissen, die für einen erfolgreichen Abschluß jedoch so schnell wie möglich beigelegt werden müssen. Dem steht jedoch entgegen, daß Mißverständnisse oft sehr spät im Projekt entdeckt werden. Dabei handelt es sich oft um Zusagen, bei denen ein Team von einem anderen mehr erwartet, als dieses tatsächlich entwickelt und zugesagt zu haben glaubte. Bei kleinen Projekten, die nur von einem Team an einem Ort entwickelt werden, gibt es schon aufgrund der Konstellation weniger Mißverständnisse, und treten sie doch einmal auf, werden sie meist früher entdeckt und schneller beigelegt.

Da für jedes der lokal verteilten Teams vor allem die für seinen Markt relevanten Anforderungen hohe Priorität haben, sind viele Kompromisse und Verhandlungen zwischen den Teams nötig, wer wieviel und was bis wann entwickelt, welches ebenfalls zum erhöhten Kommunikationsbedarf beiträgt. Das ist bei weniger komplexen Projekten, die komplett von einem Team abgewickelt werden können und meist nur für einen Markt oder eine spezifische Branchenlösung konzipiert sind, nicht der Fall.

Die verteilte Entwicklung von Teilkomponenten führt zu zeitlichen Abhängigkeiten zwischen den Teams. Software, die als Basis für viele Märkte dient, muß zwangsläufig vor den marktspezifischen Entwicklungen fertiggestellt sein. Dies führt zu einer globalen Koordination von Entwicklungsprogrammen, die bei nicht komplexen Projekten in diesem Ausmaß nicht zu finden ist. Die Integration der in vielen kleinen Teilprojekten entstandenen Software zu einem Produkt nimmt einen relativ langen Zeitraum ein; in nicht komplexen Projekten hingegen stellt die Integration nach genauer Schnittstellendefinition kaum noch ein Problem dar.

Technische Unterschiede zwischen großen und kleinen Projekten finden sich vor allem in der Anzahl unterschiedlicher Plattformen und Hardware, die eine Software unterstützen muß. Technische Probleme haben in einem komplexen Projekt jedoch, nach Meinung eines Abteilungsleiters, keine primäre Bedeutung:

> *"Natürlich brauchen wir die technisch besten Leute, um unsere technischen Probleme in den Griff zu bekommen. Aber diese Leute müssen auch verstehen, wie sich all die kleinen Teile zu einem Gesamtprodukt zusammenfügen. Und sie müssen wissen, wie sie mit anderen Leuten zusammen arbeiten. Das ist oft viel wichtiger!" [11]*

Das Entwickeln eines global vertriebenen Produktes für verschiedene Märkte mit unterschiedlichen Anforderungen führt zu einem intensiveren Produkt-Management gekoppelt mit dem schon vorher erwähnten Release-Management, durch das eine global einheitliche Strategie im Sammeln von Anforderungen und deren Gruppierung sowie Implementierung erreicht wird. Die hohe Zahl unterschiedlicher Parameter, von denen viele zu Projektbeginn noch unbekannt sind, führt zu einer weiteren Differenzierung großer komplexer und nicht komplexer Projekte anhand der Anzahl der Unbekannten:

> *"Bei einem kleinen System definiere ich die Anforderungen und einen Zeitplan, in dem ich sie implementieren kann. Das Pflichtenheft gebe ich einer kleinen Gruppe von Entwicklern, die von da an isoliert arbeiten kann. Drei oder vier Leute schließen die Tür hinter sich zu und öffnen sie erst wieder, wenn alle Anforderungen des Pflichtenheftes erfüllt sind. Das ist in meinen Augen ein kleines System. Bei einem komplexen System muß zuerst eine Architektur konzipiert werden, die Anforderungen werden in Kategorien unterteilt und dann Entwicklungsteams zugewiesen. Die Teams müssen ihre Aktivitäten ständig koordinieren, um das gewünschte Resultat zu erreichen. Es ist eine schwierige Aufgabe herauszufinden, wie die Aktivitäten günstig aufgeteilt werden können und wie die Teams koordiniert werden." [13]*

Um all die unterschiedlichen Punkte aus den verschiedenen Bereichen nicht vollkommen aus den Augen zu verlieren, bedarf es bei der Entwicklung komplexer Projekte eines sehr formalen Ansatzes mit ausgeprägten Prozessen und einer Kontrolle deren Einhaltung. Bei weniger komplexen Projekten fehlt dies oft:

> *"In großen Projekten gibt es viel mehr Prozesse, weil mehr Koordination gebraucht wird, weil mehr Qualitätskontrollen gebraucht werden, weil eine Methode gebraucht wird, die sicherstellt, daß ein Endprodukt gebaut wird, das den gestellten Anforderungen genügt. Das wird mit Größe und Komplexität eines Produktes zunehmend schwieriger. Um das zu kontrollieren, werden Prozesse benötigt. Bei einem kleinen Projekt, das für sich alleine steht, fällt das nicht so ins Gewicht. Und um Prozesse zu erstellen und zu überwachen, bedarf es noch mehr Leute als ein komplexes Projekt ohnehin schon benötigt, es wird noch weiter aufgebläht." [9]*

Dieser Aufwand muß bei komplexen Projekten jedoch investiert werden, da ein Scheitern kostspielig ist:

> *"Die Schönheit kleiner Projekte liegt darin, daß der Verlust bei einem Scheitern gering ist. Es ist besser, eine große Anzahl kleiner Projekte zu haben als nur wenige große Projekte. Wenn ein paar Kleine fehlschlagen, hat man einen gewissen Verlust. Hat man nur wenige große Projekte und eines scheitert, kann ein Drittel des gesamten Entwicklungsbudgets verschwendet worden sein. Je größer das Projekt, desto mehr sollte man sich dagegen sträuben, es durchzuführen." [3]*

Komplexe internationale Softwareprojekte ziehen sich meist über einen sehr langen Zeitrahmen hinweg. Es wird von einem „Produkt" gesprochen, an dem viele kleine Projekte ausgeführt werden.

Die lange Lebenszeit komplexer Produkte erfordert eine einwandfreie Architektur, die einfach und ständig erweitert werden kann. Nicht-komplexe Projekte mit Einmal-Charakter erzwingen keine so klare Architektur und Funktionsbereiche:

> *"Bei unserem Produkt hatten wir von Anfang an eine sehr gute Architektur. Und die Basis dieser Architektur gibt es heute noch. Die Fundamente stammen von 1977, sie wurden erweitert und Neues wurde hinzugefügt, aber die Basis ist geblieben. Wir haben so vieles hinzugefügt, das wir anfangs nicht einmal erahnt haben, aber da die Architektur von Anfang an gut war, konnten wir alles unterstützen. Weil das Design so gewählt war, daß es große Systeme, Modularität und viele Schnittstellen unterstützte, konnte unser Produkt bis zu dieser erstaunlichen Größe wachsen. Wäre es nicht so entworfen worden, hätten wir einen Zeitpunkt erreicht, bei dem eine weitere Entwicklung ohne große Umstrukturierung der gesamten Software unmöglich gewesen wäre. Also, das Fundament muß von Anfang an richtig gewählt sein. Das garantiert zwar keinen Erfolg, macht ihn aber erreichbar." [3]*

Einen klaren Start- und vor allem Endpunkt der Entwicklung zu bestimmen ist schwierig, da die vorhandene Software zyklisch erweitert, verbessert und versionsweise vermarktet wird. Es wird ein Release-Management benötigt. Vor allem die Erweiterung von bestehenden Systemen, die für komplexe Projekte typisch ist, ist ein deutlicher Unterschied zu nicht komplexen Projekten. Bei komplexen Projekten wird meist ein großes bestehendes System mit zusätzlicher Funktionalität versehen, neuer Code wird in schon vorhandene Software eingefügt. Bestehende Leistungsmerkmale nicht zu zerstören, erfordert von den Entwicklern fundierte Kenntnis der schon vorhandenen Software und ausgiebiges Testen. Die Entwicklung geht deshalb vergleichsweise langsam voran. Ein ausreichender Erfahrungsschatz, um an einem komplexen Projekt mitzuarbeiten, setzt in der Regel sechs Monate intensives Training voraus; während dieser Zeit ist ein Entwickler für die Firma noch „unproduktiv".

Die lange Produktlebensdauer von 20 und mehr Jahren führt auch dazu, daß kein Entwickler die gesamten Projekte, die an dem Produkt durchgeführt werden, betreuen kann. Es gibt ein ständiges „Kommen und Gehen", niemand hat alles Wissen in sich vereint, sondern jeder kennt nur einen kleinen Teilbereich, ein Spezialgebiet. Bei weniger komplexen Softwareprojekten hingegen gibt es meist einen Hauptverantwortlichen, der eine technische Gesamtübersicht über die gesamte Entwicklung hat.

Produkte in der Telekommunikationsindustrie, die millionenfach verwendet und ununterbrochen ausfallsicher im Einsatz sein müssen, bedürfen einer ganz anderen Teststrategie als Softwareprodukte mit Einmalcharakter. Der Aufwand, der für komplexe internationale Software in der Qualitätssicherung durchgeführt wird und etwa die Hälfte der gesamten Entwicklungszeit benötigt, ist bei vielen andern Softwareprojekten gar nicht bezahlbar:

> *"Das Testen gestaltet sich viel schwieriger. Alle arbeiten parallel, jeder hat seine Expertise in einem anderen Gebiet. Zum Testen muß aber jeder wissen und verstehen, was die anderen gemacht haben und wie man es testen kann. Und das, was die anderen gemacht haben, ändert sich spätestens zu dem Zeitpunkt, zu dem sie es dokumentieren. Auch dadurch dauert das Testen viel länger." [7]*

Die Unterschiede zwischen komplexen internationalen und nicht-komplexen Softwareprojekten faßt ein Manager mit wenigen Worten zusammen:

> *"Die Erfolgsrate ist der Unterschied. Große Projekte schlagen viel öfter fehl. Und viel spektakulärer. Es ist weithin sichtbar, wenn ein großes Projekt scheitert!". [3]*

Zusammenfassung

Tabelle 14 enthält die Zusammenfassung aller Antworten aus den Interviews bezüglich der Unterschiede komplexer und nicht komplexer Softwareentwicklung. Einhellig sind alle Befragten der Meinung, daß bei komplexen Softwareprojekten sehr viel mehr technische Probleme auftreten als bei nicht komplexen Softwareprojekten. Der erhöhte Kommunikationsbedarf ist jedoch eher für die Entwickler und das untere Management von Bedeutung. Im Gegensatz dazu stehen Planungsaufgaben, die vor allem das Top-Level-Management beschäftigen und bei den unteren Hierarchiestufen immer weiter abnehmen. Der zeitliche Rahmen komplexer Software-Projekte, der wesentlich länger ist als bei nicht komplexen Software-Projekten sowie die erhöhte Anzahl von Kompromissen, die bei verteilter Entwicklung eingegangen werden müssen, schlugen sich auf allen Hierarchieebenen ähnlich stark nieder. Ebenfalls gleichmäßig verteilt sind die Antworten zu gesteigerter Qualitätskontrolle und die erhöhte Anzahl von Unbekannten bei komplexen Projekten.

Die selteneren Erfolge komplexer Projekte sowie eine gut ausgebaute, jederzeit verfügbare Infrastruktur, die für komplexe Projekte unabdingbar ist, war vor allem für das Top-Level Management wichtig, in den unteren Hierarchieebenen gab es dazu keine Antworten, wahrscheinlich weil auf diesen Ebenen noch keine ausreichende Erfahrung gemacht worden war.

TABELLE 14: **Unterschiede komplexer und nicht-komplexer Softwareprojekte. [Quelle: Eigene Darstellung]**

Ursache	4	3	2	1	Σ
Technische Probleme	66	50	17	67	43
Kommunikation	66	75	33		43
Management		25	33	100	38
Zeitlicher Rahmen	33	25	33	67	38
Koordination	33	25	33	33	31
Kompromisse	33	50	17		25

TABELLE 14: Unterschiede komplexer und nicht-komplexer Softwareprojekte. [Quelle: Eigene Darstellung]

Ursache	4	3	2	1	Σ
Qualitätskontrolle	33	25		33	19
Anzahl unbekannter Parameter	33			33	13
Erfolg			33		13
Infrastruktur				33	6

Die Ergebnisse aus der Tabelle sind in Bild 38 noch einmal grafisch aufbereitet und nach Nennungshäufigkeit sortiert.

BILD 38: Unterschiede komplexer und nicht-komplexer Softwareprojekte. [Quelle: Eigene Darstellung]

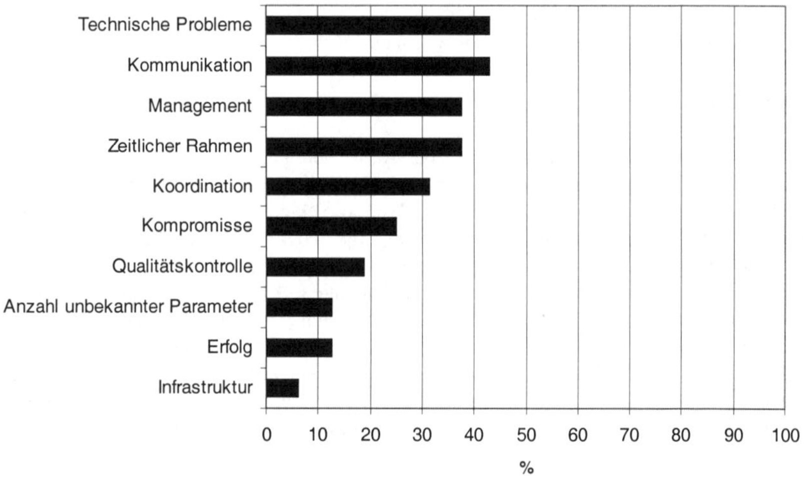

Die Literatur beschränkt sich beim Vergleich komplexer und nicht komplexer Software-Projekte auf relativ einfach meßbare Größen wie die Programmgröße, z. B. in LOC oder Function Points, der Anzahl der Mitarbeiter oder dem Funktionsumfang. Brooks und Boehm erwähnen auch das exponentielle Wachstum der Kommunikation der Entwickler untereinander in größer werdenden Entwicklungsteams.

2.3.3 Argumente für international verteilte Software-Entwicklung

> *„Forschung und Entwicklung im weltweiten Maßstab erzwingen grundsätzlich neue Mechanismen der Koordinierung.“* GERYBADZE *[1997a:10]*

Wie die ersten Abschnitte gezeigt haben, verbergen sich hinter der verteilten Entwicklung komplexer Softwareprojekte viele Probleme, deren letztendliche Auswirkung es ist, daß komplexe Projekte viel weniger häufig erfolgreich beendet werden können als einfacher strukturierte Softwareentwicklungen. Eine der meistgenannten Ursachen für die Komplexität war verteilte Entwicklung, die die Zusammenarbeit der Entwicklungsteams wesentlich erschwert, feste Kommunikationsmuster erfordert, sowie die Integrations- und Testphase verlängert und komplizierter macht. Warum werden bei diesen Aussichten die Projekte überhaupt international verteilt aufgesetzt? Eine auf der Hand liegende Alternative zu international verteilter Entwicklung wäre ja, die gesamte Softwareentwicklung zentral an einem Ort durchzuführen und das erstellte Produkt danach weltweit zu vertreiben, eventuell durch global verteilte Vertriebsniederlassungen.

In der Literatur werden vor allem fünf Gründe für international verteilte Softwareentwicklung aufgeführt (CARMEL [1997:1], KOPPENHÖFER et al. [1998a:1]):

- Talent der Entwickler.
- Transparenz des Entwicklungsortes.
- Ausnutzung unterschiedlicher Zeitzonen.
- globale Präsenz (auch durch Zukauf und Joint Ventures).
- Kosteneinsparung.

Viele Softwarefirmen wollen die besten Entwickler mit dem größten Talent für sich beschäftigen, unabhängig davon, wo sich diese befinden. Andererseits können nur wenige Firmen Programmierer aus ihrem Heimatland für ein Projekt in ein Labor in einem anderen Land locken - und zwar weder Billigkräfte aus Indien noch teuer bezahlte Spezialisten aus England.

Die Transparenz des Entwicklungsortes, möglich geworden durch z. B. E-Mail, erleichtert die weltweite Zusammenarbeit mit anderen Teams. Kritisch für verteilte Entwicklungsteams sind auch Versionskontrolle und Tracking-Datenbanken für Fehler. Besonders vorteilhaft bei diesen Werkzeugen ist auch ihre Asynchronität.

„Follow the Sun“: An einem ideal verteilten Projekt kann rund um die Uhr gearbeitet werden, was die Entwicklungszeit dramatisch senken kann. CARMEL [1997:1] berichtet von einem erfolgreichen verteilten Projekt bei IBM mit Standorten in Seattle, Lativa, Balearus, Indien und China. ZERBE [1998:273] beobachtet in seiner Arbeit jedoch, daß „24-h-Teams“ kaum eingesetzt werden, da der Aufwand für die Weitergabe kreativer Aufgaben oder in der Entwicklung zu groß ist. Allenfalls kleine abgeschlossene Arbeitspakete seien für eine problemlose Übergabe geeignet.

Durch globale Präsenz wird der Absatzmarkt erweitert, lokalen Anbietern kann Konkurrenz geboten werden. Vor allem viele US-Firmen konnten ihre Umsätze seit 1990 durch globale Entwicklungs- und Verkaufsstrategien erhöhen.

Durch die Verlagerung von Aufträgen in Billiglohnländer wie Indien, in denen Entwickler nur etwa 25% von denen in den USA kosten, wird versucht die Kosten zu senken. Hierbei dürfen jedoch die Kosten für Reisen und Infrastruktur nicht vernachlässigt werden. Der Overhead lohnt sich nur für große Teams.

GERYBADZE/MEYER-KRAHMER/REGER [1997a:6] sehen eine Verteilung der Innovationsaktivitäten an diejenigen Zentren in der Welt, in denen die stärksten Impulse von „Lead-Kunden“ vorliegen, wobei die Unternehmen sich zunehmend auf ein weltweites Kompetenzzentrum pro Produktgruppe bzw. Technologiefeld festlegen. D. h. Forschungs- und Entwicklungslabors werden primär dort aufgebaut, wo an einem bestimmten Standort zugleich die besten Bedingungen für die Forschung wie auch für die Umsetzung ihrer Ergebnisse sichergestellt werden. GERYBADZE [1997c:16f] faßt dies in 5 Motiven zusammen, die zur Globalisierung von Forschung und Entwicklung führen:

1. Firmen gründen Niederlassungen in den dynamischsten Märkten. Das Motiv ist, in „Lead Markets" zu lernen.
2. Forschung und Entwicklung wird nahe dem Verkaufspunkt lokalisiert, wo neue Konzepte vor Ort getestet und überarbeitet werden können.
3. Standards und regulatorische Anforderungen spielen eine große Rolle in der Standortfrage. Gerade gesetzliche Anforderungen geben Impulse für Innovation und bedeuten Vorteile für diejenigen Firmen, die von Anfang an in diesem Markt vertreten sind.
4. Für einige Produkte erfordern Forschung, Entwicklung, Produktion und Vertrieb eine enge Verkettung.
5. Forschungsintensive Firmen sehen im Zugriff auf einzigartige Ressourcen, Talent und Forschungsergebnisse eine Ursache für internationale Verteilung.

Nach GERYBADZE [1997c:17] sind nicht so sehr kosteneinsparende Faktoren maßgeblich für international verteilte Entwicklung, sondern eher wertsteigernde Effekte.

Nach GERYBADZE [1998a:31] gibt es für eine verteilte Projektdurchführung vier wichtige Kriterien, denen die Aufgaben und Kompetenzen genügen müssen. Sie beschreiben, inwieweit eine Zerlegung in Teilschritte möglich ist und inwieweit eine Verteilung von Aufgaben und Know-how-Trägern auf verschiedene Standorte technisch und wirtschaftlich sinnvoll ist:

1. Frage der Modularisierbarkeit
2. Grad der Seperabilität der Produktaufgaben
3. Frage der Ressourcenverteilung und Komplementarität von Wissen
4. Zugrundeliegender Wissensmodus

Die im Rahmen dieser Arbeit untersuchten Projekte genügten nicht immer all diesen Charakteristiken, welches sich oft später in auftauchenden Problemen zeigte.

Argumente für eine verteilte Entwicklung, die bei dieser Untersuchung auftraten, waren vor allem

- das Verständnis von Marktanforderungen,
- Kundennähe,
- besseres Vertreten unterschiedlicher Marktinteressen,
- Bildung von Kompetenzzentren,
- niedrigere Personalkosten,
- bessere Personalauswahlmöglichkeiten,
- politische Anforderungen,
- Zeitzonenausnutzung sowie
- Vorteile bei der Integration,

die in den folgenden Abschnitten erklärt werden. Bild 39 zeigt die Verteilung der größeren Entwicklungszentren der in dieser Arbeit untersuchten globalen Firma.

BILD 39: Globale Verteilung der Entwicklungszentren. [Quelle: Eigene Darstellung]

Einer der am häufigsten genannten Gründe für eine lokal verteilte Entwicklung komplexer Software ist das Verstehen der Marktanforderungen. Das heißt, es wird in den Märkten entwikkelt, in denen die Software später verkauft werden soll. Um die lokalen Anforderungen richtig und komplett zu sammeln, wird ein Team vor Ort benötigt, das alle technischen Anforderungen versteht. In der Telekommunikationsindustrie reicht dazu ein Marketingteam meist nicht aus. Einerseits liegt das an der technischen Komplexität, da die enorme Menge an Details oft nur mit fundierten Kenntnissen der Implementation verstanden werden kann, andererseits sollte die Anzahl der Schnittstellen zwischen Markt und Entwicklung minimal sein, um das Risiko von Mißverständnissen klein zu halten. Mit einer Softwareentwicklung vor Ort können sowohl die Kunden als auch die gesetzlichen Bestimmungen des lokalen Marktes besser verstanden werden, die von Land zu Land sehr unterschiedlich sein können. Gleichzeitig ist dazu eine globale Kooperation und Koordination notwendig, wie die folgenden Beispiele zeigen:

> *"Ein Team vor Ort hilft, die Anforderungen besser zu verstehen. Die lokalen Anforderungen. Es braucht seine Zeit, aber es ist notwendig. Es gibt hier ein Beispiel, bei dem wir unsere Leute jede Woche einmal zu unserem Kunden schicken, und sie unterhalten sich über seine Anforderungen und, wie wir sie implementieren können. Man könnte das auch Marketing nennen, aber es ist mehr ein Sammeln von Anforderungen direkt beim Kunden. Es ist auch nicht direkt Softwareentwicklung, aber eine sehr wichtige Aufgabe. Braucht man dazu ein lokales Entwicklungsteam? Bei einem ausgereiften Produkt wie dem unseren und das so gebaut ist, daß leicht funktionale Blöcke hinzugefügt werden können, ist eine verteilte Entwicklung einfacher. Ein Team in Deutschland wird Eigentümer für diesen Markt, sie können relativ autonom entwickeln und danach wird die Komponente eingebaut. Das funktioniert. Es gibt jedoch auch andere Beispiele von Produkten, die nicht so schön in Blöcke aufgeteilt sind. Dann werden meist die Basisfunktionen kopiert und weiterentwickelt, und dann verliert man alle Vorteile von global verteilter Entwicklung, da man plötzlich eine eigene unabhängige Entwicklungsgruppe ist. Dem müssen wir immer widerstehen. Hier ein Beispiel:*
> *In der Türkei standen wir einmal vor dieser Entscheidung. Wir entwickelten weltweit mit an einem Stream, mit dem gesamten komplexen Softwareentwicklungs-Prozeß. Wir dach-*

ten, das läuft nicht so gut. Der Prozeß ist zu langsam. Der globale Prozeß arbeitet gegen unsere Lieferzeiten, deshalb gingen wir „off-stream". Wir brauchten die Weiterentwicklung an der Basis nicht mehr, und die ersten zwei Jahre waren großartig. Der Rest der Welt kümmerte uns nicht mehr. Die neu entwickelten Funktionen, die wir nicht brauchten, störten uns nicht mehr, wir entwickelten unsere eigenen Systeme. Es gab nur Vorteile. Nach drei Jahren kam ein Kunde aus China und wollte zwei Erweiterungen. Beide waren mittlerweile in der Basissoftware entwickelt und integriert worden, im „main-stream", von dem wir unabhängig geworden waren. Und wir bekamen diese Software nicht mehr so einfach ohne eigenen Entwicklungsaufwand. Wir hätten alles noch einmal von vorne entwickeln müssen, und plötzlich machte unsere Entscheidung, mit unserer Software unabhängig zu sein, keinen Sinn mehr. Bis heute arbeiten wir daran, unsere eigenen Entwicklungen in den main stream zu reintegrieren. Man muß der Versuchung auf einen kurzfristigen zeitlichen Gewinn widerstehen. Dieser Fall war erschreckend, eine Katastrophe!" [11]

Zum Verstehen aller marktspezifischen Anforderungen gehört auch das Verstehen der Konkurrenz, die sich in einem Markt befindet. Ein Argument für verteilte Entwicklung vor allem aus der oberen Managementebene:

„Oft ist die Konkurrenz lokal vertreten. Hier ist z. B. Siemens unser Mitstreiter. In Kanada wissen wir nichts über Siemens, und auch in den USA kennen wir keine Details. Hier finden wir Leute, die schon für Siemens gearbeitet haben, die wissen, wie Siemens denkt, die die Verbindungen zu potentiellen Kunden kennen. Diese Daten sind nur lokal erhältlich. Vom Zuhören, vom Lesen in der Zeitung. Man muß lokal vertreten sein, um die Konkurrenz richtig zu verstehen." [12]

Ein weiteres tragendes Argument für global verteilte Softwareentwicklung ist die Kundennähe. In jedem Markt, in dem ein Softwareprodukt verkauft werden soll, muß lokale Präsenz gezeigt werden. Ohne einen lokalen Kundendienst wäre das Risiko für einen Kunden, bei Problemen nicht schnell genug oder überhaupt keine kompetente Hilfe zu bekommen, oftmals zu groß. Würde z. B. eine amerikanische Firma in Deutschland ein Produkt ohne lokalen Service vertreiben wollen, würden die potentiellen Kunden Angebote von Konkurrenten, die lokal vertreten sind, meist vorziehen. Dies gilt vor allem für technisch sehr komplexe Produkte, die eine dauerhafte Unterstützung bei Betrieb und Wartung benötigen. Für den Kunden ist es auch sehr wichtig, daß er Unterstützung in seiner Landessprache bekommt.

Weiterhin reicht es nicht aus, die lokalen Interessen jedes einzelnen zu beliefernden Marktes nur technisch zu verstehen. Gibt es nur eine zentrale Entwicklung, die die Interessen aller Märkte berücksichtigen muß, so werden die Anforderungen nach neuen Funktionen immer größer sein als die Entwicklungskapazitäten, d. h. es muß eine Auswahl der zu entwickelnden Software getroffen werden. Die Prioritätenliste, die nach Größe eines Marktes oder strategischer Wichtigkeit gewichtet wird, vernachlässigt kleine Märkte, d. h. diese haben keine Chance, ihre Anforderungen in kurzer Zeit in das Entwicklungsprogramm mit einzubringen. Hat jeder Markt jedoch ein eigenes Entwicklungslabor, so können eigene Interessen ganz oben auf der Prioritätenliste stehen, auf wichtige Kundenanforderungen kann viel schneller reagiert werden. Bild 40 verdeutlicht diesen Sachverhalt: Ein großer Markt A benötigt die Funktionen 1, 2, 3, der mittelgroße Markt B die Funktionen 2, 4, 5, der kleine Markt C die Funktion 6 und der ebenfalls mittelgroße Markt D die Funktionen 4 und 5. Basierend auf der Größe der Märkte erstellt die zentrale Entwicklung, links auf dem Bild, ein Entwicklungsprogramm, bei dem zuerst die Funkionen 1, 2, 3 dann 4 und 5 und zuletzt schließlich Funktion 6 entwickelt werden.

Bei verteilter Entwicklung, wie auf der rechten Seite des Bildes zu sehen, koordiniert eine Zentrale alle Entwicklungsaktivitäten, um redundante Entwicklungen zu vermeiden. Jedes der verteilten Labore entwickelt aber die für den lokalen Markt benötigten Funktionen und führt eine eigene Gewichtung der Prioritätenliste durch. Jeder Markt kommt durch verteilte Entwicklung schneller zu dem von ihm benötigten Funktionen. Ein Direktor verdeutlicht dies:

> *„Erfolg zu haben heißt, die Bedürfnisse der Kunden zu befriedigen. Das ist das Ziel. Was also immer sichergestellt werden muß, angefangen von dem Tag, wenn der Kunde seine Anforderungen einbringt bis zu dem Tag, wenn wir ihm das fertige Produkt liefern, ist, daß all seine Requirements im entwickelten Produkt enthalten sind. Das ist wirklich wichtig. Das ist auch ein Grund dafür, warum wir lokale Teams benötigen. Denn wenn ich persönlich zu einem Kunden spreche, weiß ich, was er will. Und wenn ich ihm danach ein System liefere, weiß ich auch, was es kann, da ich es selbst gebaut habe. Ich bin verantwortlich dafür, daß meine Kunden zufrieden sind und ihre Bedürfnisse gestillt sind. Jeden Schritt, den ich hiervon abrücke, habe ich sehr sorgfältig zu kontrollieren. Gebe ich z. B. Arbeitspakete nach England oder Ottawa oder auch nach Australien, so habe ich sicherzustellen, daß keine einzige Anforderung auf dem Weg dorthin verloren geht. Es ist ein großes Risiko, wenn ich Arbeiten außer Haus gebe. Ein spezifisches Beispiel: Ein Kunde möchte den Service 'Prepaid' und seinen Kunden dafür drei Zahlungsmöglichkeiten anbieten: Durch Überweisung, durch Kreditkarte oder durch eine Art Gutschein. Wir geben diese Arbeit nach Ottawa. Die dort sagen, o.k., ihr braucht drei Zahlungsmöglichkeiten, wir müssen aber auch für andere Länder entwickeln, die noch ganz andere Anforderungen haben, aber um alles zu berücksichtigen, haben wir nicht genügend Entwickler. Mit dem Gutscheinsystem decken wir die meisten Anforderungen ab - und plötzlich haben wir zwei von drei Anforderungen unseres Kunden verloren. Er wollte auch eine Überweisungsmöglichkeit und Bezahlung per Kreditkarte. Und das ist wirklich passiert! Was ich jetzt benötige, ist ein eigenes Entwicklungsteam. Dieses kann die fehlenden Zahlungsmöglichkeiten implementieren. In Ottawa wird das Gutscheinsystem realisiert, und unsere Entwicklung wird nach Fertigstellung ebenfalls nach Ottawa gegeben, so daß sie nun auch in anderen Märkten zur Verfügung steht. Wenn ich kein eigenes Team habe, ist das nicht möglich, dann habe ich nur politische Einflußmöglichkeiten. Ich kann versuchen, die Gruppen in Ottawa zu beeinflussen, aber wenn ich versage, habe ich nichts, was ich meinem lokalen Kunden anbieten kann. Mit einer eigenen Entwicklung kann ich das Problem abfedern.“ [11]*

BILD 40: Entwicklungsprioritäten bei zentraler und verteilter Entwicklung. [Quelle: Eigene Darstellung]

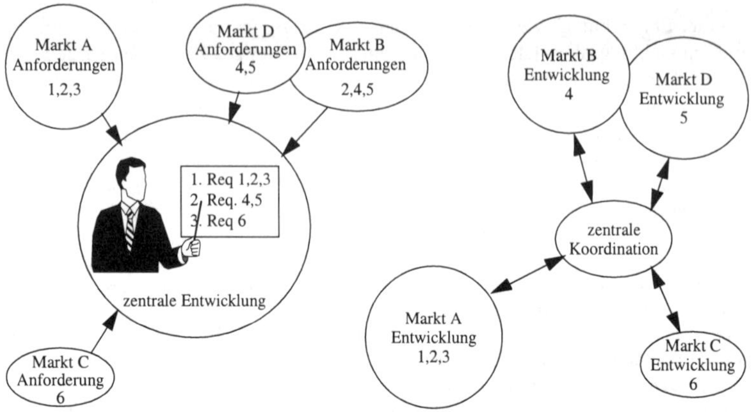

Bei ausschließlich zentraler Entwicklung würden die Kundenwünsche kleiner Märkte oft nicht berücksichtigt werden können. Dazu ein Manager:

> *"Warum wir verteilt entwickeln? Grund Nummer 1 ist „Customer Focus". Ein Beispiel: Wie haben hunderte von unseren Produkten in der Türkei. Sie werden dort von einer türkischen Firma verkauft, aufgebaut und gewartet. Es ist offensichtlich, daß ein türkischer Kunde im Falle eines Falles nicht in Kanada anrufen möchte, um eine Antwort oder Hilfe zu bekommen. Das macht keinen Sinn. Also wurde ein lokales Serviceteam in der Türkei aufgebaut. Und das war alles, was es dort anfangs gab. Wenn es neue Entwicklungsanforderungen vom Kunden gab, wurden diese vom lokalen Serviceteam in die Zentrale weitergeleitet. Das Problem war nun, daß in der Zentrale nur eine begrenzte Zahl von Entwicklern arbeitete, und diese bekamen Anforderungen aus aller Welt. Nach einiger Zeit merkte das lokale Serviceteam, daß seine Anforderungen in der Zentrale nicht ganz vorne auf der Prioritätenliste standen. Sie standen ganz unten. Die Lösung dazu war, in der Türkei eine eigene Entwicklung aufzubauen. Lokale Anforderungen würden dann ganz oben beim eigenen Entwicklungsprogramm stehen. Und das hat das Serviceteam in der Türkei gemacht. Für die von ihm betreuten Märkte, die Türkei und Rußland, sind sie nun die erste Anlaufstelle und dort wird fast die gesamte Entwicklung gemacht. Und sie sind wirklich schnell! Dort gibt es nun einen „Center of Competence" für diese Märkte." [11]*

> *„Ohne ein Entwicklungsteam in Deutschland wären wir gegen eine Wand gelaufen. Weil man die örtlichen Dinge nicht versteht, die Gegebenheiten, die Anforderungen. Durch die Unabhängigkeit, die wir hier haben, und durch die Eigenständigkeit in der Entscheidung, was wir entwickeln, machen wir es auch erst möglich, deutsche Anforderungen in kurzer Zeit zu implementieren. Was man sich allerdings dadurch erkauft, daß die gesamte Entwicklung schwieriger wird. Also rein softwaretechnisch ist es schwieriger, gesamtheitlich gesehen ist es der bessere Weg.*
> *Man muß bedenken, wie es üblicherweise funktioniert, wenn eine zentrale Entwicklung weltweit für x Märkte entwickeln muß. Wer legt wie fest, was eigentlich entwickelt wird. Die Anforderungen, die Requirements sind immer n mal größer als die Entwicklungskapa-*

zität, davon kann man ausgehen, d. h. es muß zwangsläufig zu einer Priorisierung kommen. Wer macht diese Priorisierung aufgrund welcher Fakten? Aus wirtschaftlicher Sicht muß das Kriterium Umsatz oder Umsatzerwartung sein, d. h. wenn ich irgendwo konkurrierende Anforderungen von einem Markt ABC habe und der Markt A macht hundert mal so viel Umsatz wie der Markt B und C macht fünfzig mal so viel wie B, dann wird B niemals seine Requirements bekommen. Der Markt wird eingehen. Wobei es dann natürlich auch Dinge zu beachten gibt wie, ob es heute einen kleinen Umsatz in B gibt, um morgen einen ähnlichen Umsatz wie A zu machen. Da kommt wieder der strategische Ansatz dazu, aber es findet der Wettbewerb der Märkte statt, und das ist heute immer noch so, nur mit dem Unterschied, daß wir die obere Schicht der Anforderungen von Deutschland selber abfangen können. Das machen wir selbst." [14]

Ein weiterer Grund für die verteilte Entwicklung ist das Verhältnis der Ingenieure zum lokalen Markt. Die in den verteilten Entwicklungsteams beschäftigten Ingenieure, die immer zu einem Großteil aus dem lokalen Markt kommen, haben ein anderes Verständnis für die benötigten Funktionen, da sie selbst potentieller Nutzer sind. Für einen Entwickler in den USA ist es z. B. schwerer nachzuvollziehen, wie eine bestimmte Funktion der Software in Deutschland genau aussehen muß, da er keine Erfahrung mit der bisherigen Verwendung oder dem Umfeld hat. Seine einzige Entwicklungsgrundlage sind die Spezifikationen, die, wie schon vorher erwähnt, in komplexen Softwareprojekten zu Projektbeginn selten vollständig sind. Dem nicht lokal ansässigen Entwickler fehlt so der Kontext für das zu entwickelnde Produkt. Schwieriger noch wird es in Situationen, in denen bestimmte Funktionen nur im Zusammenspiel mit seiner Software relevant sind, die in seinem Markt jedoch keine Bedeutung haben und deshalb gar nicht vorhanden sind. Im Labor werden diese Funktionen unter der Vielzahl der Details leicht übersehen.

Durch verteilte Entwicklung gehen schon in einer sehr frühen Projektphase sehr viele unterschiedliche Perspektiven der einzelnen Entwickler in den lokal verteilten und zusammenarbeitenden Laboren in die Entwicklung ein. Das trägt wesentlich zu einer späteren Erweiterbarkeit, globalen Einsatzfähigkeit und Robustheit des Softwareproduktes bei.

Verteilte Softwareentwicklung ermöglicht sogenannte „Centers of Competence" oder „Leading houses" (GERYBADZE [1997b:4]), d. h. jedes Entwicklungslabor hat einen Schwerpunkt seiner Entwicklungsarbeit, meist im Zusammenhang mit dem lokalen Markt. Da für jeden technischen Bereich eine "kritische Masse" an Entwicklungsingenieuren notwendig ist, um sinnvoll entwickeln zu können, kann nicht jede einzelne Niederlassung Experte für alles sein. Für die meisten Aufgaben werden spezielle Entwicklungswerkzeuge oder Testgeräte benötigt, die sich nur bei voller Auslastung rentieren. Entwicklungen, die diese besonderen Ressourcen benötigen, werden vorzugsweise gebündelt und in einem Labor entwickelt. Für alle diese Ressourcen betreffenden Fragen ist somit der dazugehörige „Center of Competence" verantwortlich, der seine Erfahrung und sein Wissen bei Bedarf anderen Entwicklungsteams zur Verfügung stellt.

Die Kosten von Arbeitskräften sind ein weiteres Argument für lokal verteilte Entwicklung. Einfacher strukturierte Aufgaben oder scharf abgegrenzte, relativ abgeschlossene Entwicklungsaufgaben, die wenig Input eines Marktes benötigen, werden gerne in Billiglohnländer wie Indien abgegeben, um dort implementiert und getestet zu werden. Ein Direktor war jedoch genau gegenteiliger Meinung: Für ihn waren die Kosten, ein Produkt mit einem definierten Funktionsumfang zu entwickeln, vollkommen unabhängig vom Entwicklungsort. Zwar sei in einigen Ländern der Arbeitslohn geringer, wenn man jedoch die Produktivität mit den kumulierten Kosten vergleiche, ergäbe sich kein Unterschied:

> *„Bei reiner Produktion könne ich sagen: Okay, der Arbeitslohn ist dort viel geringer. Bei Softwareentwicklung glaube ich nicht, daß das stimmt. Die Gehälter in Kanada, den USA, Deutschland oder England sind fast gleich. Die Zahlen sehen zwar unterschiedlich aus, aber die Kosten für eine Firma sind fast gleich. Wenn die Gebäudemiete, Heizung, Wasser, Strom, Infrastruktur, Licht usw. eingerechnet werden, dann sind die Kosten gleich. Für eine Softwarefirma macht es keinen Sinn, die Entwicklung nach Rußland zu verlegen, nur weil es dort augenscheinlich billiger ist. Für internationale Entwicklung brauche ich eine 'business-reason', weil es viel teurer ist, international zu entwickeln." [12]*

Für komplexe Softwareentwicklungen, die tausende von Ingenieuren benötigen, ist es für eine Firma auch wichtig, weltweit die Besten jedes relevanten Faches einzustellen. Da das Arbeitsangebot für Top-Entwickler sehr groß ist, herrscht zwischen den Arbeitsplatzanbietern harte Konkurrenz. Verteilte Entwicklungslabore folgen dem Motto „Wenn Ihr nicht zu uns kommt, kommen wir zu Euch", d. h. in jedem Land können potentiell auch die besten Leute für ein Unternehmen gewonnen werden, die ihr Heimatland nicht für eine Arbeitsstelle im Ausland verlassen möchten, die aber gerne in einer Vertretung vor Ort forschen und entwickeln. Ein Direktor dazu:

> *"Talent. Leute, die ihr Fach verstehen. Leute, die Software schreiben und entwickeln können. In Nordamerika ist der Bedarf an diesen Leuten extrem hoch, es gibt einen extrem harten Kampf um diese Leute, und wenn wir eine Niederlassung in einem Land wie Deutschland eröffnen, bekommen wir plötzlich Zugriff auf deutsches Wissen, eine ganze Menge deutscher Vordenker, von denen wir einige zwar auch im Ausland anwerben könnten, von denen aber wahrscheinlich viel mehr in Deutschland bleiben wollen. Nur mit lokalen Niederlassungen bekommen wir Zugriff auf die Talente in Deutschland. Und davon machen wir Gebrauch." [12]*

Ein für das Top-Management sehr wichtiger Punkt für die lokale verteilte Softwareentwicklung sind politische Anforderungen. So ist in vielen Ländern ein Vertrieb von großen Softwareprodukten ohne Präsenz vor Ort zwar theoretisch erlaubt, praktisch aber nicht möglich. Aufträge von staatlichen Stellen oder Ländern, die bei Projekten dieser Größenordnung oft involviert sind, werden in modernen Industrienationen fast nur an Firmen vergeben, die auch im Land selbst Arbeitsplätze schaffen und reinvestieren. Ein Beispiel:

> *"In vielen Ländern können sie ohne Präsenz kein Geschäft machen. Punkt. China ist ein exzellentes Beispiel. Oder Deutschland. Hier ist es sehr schwer für eine ausländische Firma Fuß zu fassen. Anderes Beispiel: Frankreich. Das richtige Spiel mit den Politikern zu spielen und rechtzeitig liefern zu können, sind wesentliche Faktoren für den Verkauf eines komplexen Softwareproduktes in der Telekommunikationsindustrie, wichtiger als technische Eigenschaften. Und das ist leider wahr. Es ist notwendig, in einem Land präsent zu sein und politische Rückendeckung zu haben. In der Türkei. Hier, in Frankreich oder in Israel. Diese Entscheidungen sind fast immer politisch. Strategische Allianzen erlauben, Zugriff zu den lokalen Märkten zu bekommen." [11]*

Durch weltweit verteilte Entwicklung kann sich auch ein Zeitvorteil ergeben. Wenn in einem Labor ein Fehler entdeckt wird, kann über Nacht in einem anderen Labor mit versetzter Zeitzone an der Lösung dieses Problems gearbeitet werden. Voraussetzung ist aber eine leichte

Übergabemöglichkeit des Produktes und der dazugehörigen Fehlerbeschreibungen, welches in der Softwareindustrie meist keine Probleme bereitet. Oft ist das Problem schon zu Beginn des nächsten Arbeitstages beseitigt. Bild 41 zeigt dies anschaulich: In einem Entwicklungslabor in Europa wird zu den normalen Arbeitsstunden an einem Arbeitspaket gearbeitet. Kurz vor Feierabend erfolgt eine Übergabe an das Labor in den USA. Während in Europa nun früher Abend ist, wird in den USA an dem Arbeitspaket entwickelt, dort zu den ganz normalen Arbeitszeiten.

BILD 41: Weiterreichen von Arbeitspaketen. [Quelle: In Anlehnung an Zerbe 1998:23]

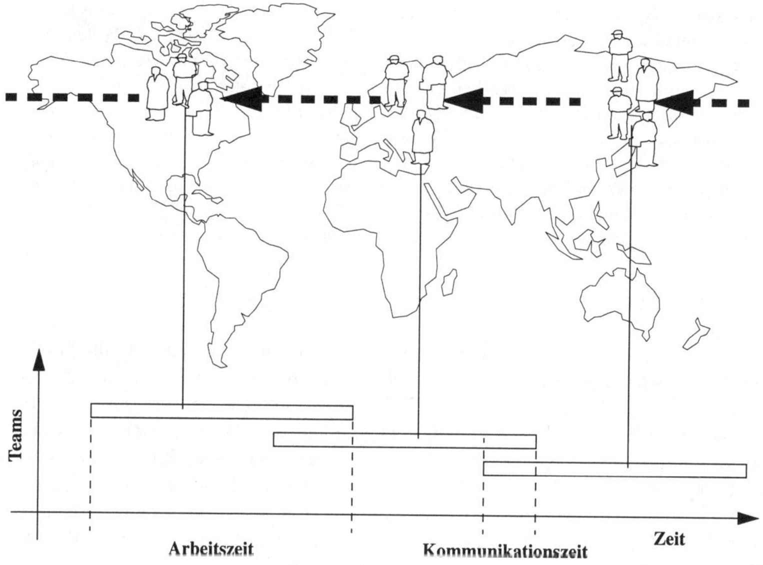

Auch das Labor in den USA macht kurz vor Feierabend eine Übergabe an ein Labor im asiatischen Raum. Zu Beginn des nächsten Arbeitstages in Europa ist das Arbeitspaket zwei ganze Tage lang bearbeitet worden. Dies ist eine ungeheure Effizienzsteigerung, so lange ein Paket leicht weitergegeben werden kann und der Kommunikationsoverhead nicht zu groß ist. Vor allem zur Lösung von technischen Problemen ist dies eine beliebte Arbeitsweise, die in vielen Projekten der untersuchten Firma vorgefunden wurde.

Ein Projektleiter faßt alle Argumentationen für eine verteilte Entwicklung zusammen, indem er sagt, daß zum Verstehen der Anforderungen und zum Integrationstest mit den lokal vorhandenen Infrastrukturen Marktpräsenz notwendig ist, zwei Arbeitspunkte, die im Entwicklungsprozeß den größten Teil des Aufwandes darstellen. Die Implementierung selbst benötigt relativ gesehen einen so kleinen Zeitaufwand, daß die zusätzlich notwendige Kommunikation, die zu zentraler Implementierung notwendig wäre, den Gewinn kompensieren würde:

„Es beginnt bei der Spezifikation. Die Spezifikation eines Systems muß verstanden und aufgeschrieben werden. Um in der Telekommunikationsindustrie, und nur über die Telekommunikationsindustrie möchte ich sprechen, Spezifikationen genau zu definieren, werden Leute im Land benötigt, weil die marktspezifischen Spezifikationen außerhalb eines Landes nicht verstanden werden. Und sie sind außerhalb auch nicht einfach erhältlich, z. B. einige der alten analogen Schnittstellen in Deutschland sind weder gut dokumentiert noch verständlich. Leute, die sich mit den Spezifikationen auskennen, und Leute die im betreffenden Land wohnen, müssen zusammen arbeiten. Also, der erste Punkt waren die Spezifikationen. Ich glaube nicht, daß Spezifikationen zentral erstellt werden können, wenn das Produkt weltweiten Anforderungen genügen soll.
Wenn das Produkt implementiert ist, muß es getestet werden. Die Geräte, die zum Testen notwendig sind, sind nicht in allen Laboren gleich. Also muß der Integrationstest im lokalen Markt durchgeführt werden, weil dort Zugang zu einer realen Umgebung möglich ist. Dies ist z. B. für Integrationstests mit anderen Netzwerken sehr wichtig. Diese können nicht von außerhalb gemacht werden. Sowohl die Spezifikationen als auch die Integrationstests müssen also lokal durchgeführt werden. Die Implementierung könnte möglicherweise zentral geschehen, sie benötigt prozentual jedoch nur einen sehr kurzen Zeitraum in einem Softwareentwicklungsprojekt. Spezifikation benötigt ca. 30%, Testen ungefähr 40%, bleiben also noch etwa 30% übrig, abhängig vom zu entwickelnden Produkt. Aber nur die Implementierungsphase im Designprozeß zu exportieren, so daß ein Labor diese Aufgabe zentral für alle übernimmt, macht keinen Sinn. Spezifikation, Implementierung und Testen sind keine sequentiellen Phasen. Alles ist iterativ. Dies führt zu dem Schluß, daß die größte Effizienz und Qualität erreicht wird, wenn global verteilt entwickelt wird." [13]

Zusammenfassung

Tabelle 15 enthält eine Zusammenfassung von Gründen für international verteilte Softwareentwicklung, kumuliert über alle Antworten und aufgesplittet nach Hierarchieebenen der interviewten Personen. Auffällig an dieser Tabelle ist die sehr inhomogene Struktur. Als wichtigstes Argument auf allen Hierarchieebenen ergab sich das Verstehen von Anforderungen, dicht gefolgt von der Kundennähe. Die Kundennähe war dabei vor allem für das untere und mittlere Management wichtig, nicht so sehr für die Entwickler selbst, die in großen Projekten weniger Kundenkontakt haben, als auch für die Direktoren, die scheinbar auch weniger kundenbezogene Aufgaben hatten. Das Verstehen von Marktinteressen ist mit 70% Nennung vor allem für den unteren Managementbereich sehr wichtig, gerade für jenen Teil der Hierarchieebene, der die verteilte Entwicklung plant, durchführt und überwacht. Sowohl der „Center of Competence" als auch die vermeintlichen geringeren Personalkosten sind für das untere und mittlere Management attraktive Gründe für international verteilte Softwareentwicklung, aber weder für Direktoren noch für Entwickler selbst haben diese Faktoren eine Bedeutung. Den Entwicklern fehlt zu diesem Argument wahrscheinlich der Überblick, die geringe Nennhäufigkeit auf Direktorenebene war jedoch nicht erwartet worden. Bessere Möglichkeiten in der Personalauswahl wurden hingegen von allen Ebenen als deutlicher Vorteil gewertet.

Politische Anforderungen als auch die Integration waren Gründe, die dem Top-Level Management wichtig erschienen, die jedoch auf den unteren Ebenen nicht genannt wurden. Eine effektive Zeitzonenausnutzung ist vor allem für Entwickler und das untere Management interessant, ebenso die Möglichkeit der Entwicklung einer globalen Softwarebasis, die von allen beteiligten Entwicklungslabors gemeinsam genutzt wird.

TABELLE 15: **Argumente für international verteilte Softwareentwicklung. [Quelle: Eigene Darstellung]**

Ursache	4	3	2	1	Σ
Requirements verstehen	67	100	67	100	81
Kundennähe	33	100	100	33	75
Marktinteressen	33	75	33	33	44
Kompetenzzentrum		25	83		38
Personalkosten		25	50		25
Personalauswahl	33		33	33	25
Politische Anforderungen		25		67	19
Zeitzonenausnutzung	33	25			13
Integration				33	6
Software-Base		25			6

Bild 42 zeigt eine grafische Zusammenfassung der genannten Gründen für international verteilte Softwareentwicklung.

BILD 42: **Argumente für international verteilte Softwareentwicklung. [Quelle: Eigene Darstellung]**

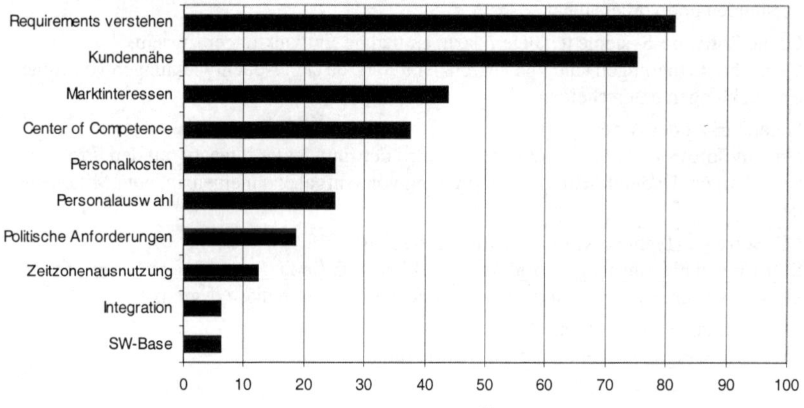

Argumente wie das Verstehen der Requirements, die Kundennähe, Kompetenzzentren, niedrige Personalkosten und gleichzeitig bessere Personalauswahl sowie die bessere Ausnutzung der Zeitzonen werden auch schon von Carmel, Koppenhöfer und Gerybadze erwähnt. Neu ist jedoch das Argument der Marktinteressen, daß nämlich für einen kleinen, strategisch nicht so wichtigen Markt Entwicklungen nur dann durchgeführt werden, wenn diese lokal abgefangen werden können.

2.3.4 Abgrenzung von Softwareprojekten gegenüber anderen Projekten

„...we can ship our product over the wires“ [7]

Gibt es Unterschiede zwischen einem Softwareprojekt und anderen Projekten, z. B. dem Bau eines Staudammes oder der Entwicklung eines Automobils? Diese Frage soll in diesem Kapitel beantwortet werden. JONES [1996:xiii] erwähnt, daß

„kein anderes Artefakt so fehleranfällig und unzuverlässig wie Software ist.“

BALZERT [1998:4f] unterscheidet acht Besonderheiten vom Software-Management zum Management aus anderen Ingenieurbereichen:

1. Das Produkt ist immateriell.
   Man sieht es nicht, man kann es nicht berühren. Der Manager ist abhängig von der Dokumentation, um den Entwicklungsfortschritt zu überprüfen.
2. Der Entwicklungsfortschritt ist objektiv nicht zu ermitteln.
   Es ist schwer festzustellen, ob ein Teilprodukt fertig ist oder nicht. Um festzustellen, ob ein Programm verwendbar ist, ist eine genaue Untersuchung durch einen Experten erforderlich. Um die Qualität zu überprüfen, ist fast derselbe Aufwand nötig wie bei der Entwicklung. Es fehlen einfache und billige Kontrollmittel.
3. Eine Software-Entwicklung verläuft nicht-deterministisch.
   Neue Erkenntnisse während der Entwicklung haben Auswirkungen auf die bisherigen Ergebnisse. Ein bestimmtes Teilprodukt ist deshalb immer nur bedingt fertig.
4. Es gibt noch kein klares Verständnis vom Entwicklungsprozeß.
   Andere Ingenieurdisziplinen haben eine lange Historie, die Entwicklungsstufen dort sind verstanden und vorhersagbar.
5. Große Software-Systeme tendieren dazu, einmalige Entwicklungen zu sein.
   Gemachte Erfahrungen sind von begrenztem Wert, da sich Neuentwicklungen von früheren Entwicklungen unterscheiden.
6. Unteilbarkeit der Arbeit.
   Um ein Software-Problem zu lösen, muß sich der Entwickler intensiv mit dem Problem beschäftigen. Dadurch wird die Übertragung von Aufgaben an einen anderen Mitarbeiter teuer.
7. Die Software-Technik ist keine Naturwissenschaft.
   Software ist ein künstliches Produkt menschlichen Erfindungsgeistes und basiert nicht auf physikalischen Prinzipien und wird daher auch nicht durch diese begrenzt.
8. Hoher Grad an Abstraktion,
   bei gleichzeitig niedrigem Grad der Normierung.

FEYHL [1996:3] unterscheidet zwischen DV-Projektmanagement und herkömmlichen Projektmanagement wie in Tabelle 16 dargestellt. Zwar gäbe es viele Gemeinsamkeiten, eine so große Unsicherheit in der Aufwands- und Kostenabschätzung sei bei herkömmlichen Projekten jedoch nicht so häufig anzutreffen.

TABELLE 16: **Abgrenzung von Softwareprojekten zu anderen Projekten. [Quelle: In Anlehnung an Feyhl 1996:3]**

Gemeinsamkeiten	Unterschiede
Ziel	Aufwand- und Kostenabschätzung schwierig
Planung	Qualitätssicherung schwierig
Kontrolle	Ergebnisse für Laien oft nicht nachvollziehbar
Enges Budget	Akzeptanz der Benutzer schwer einschätzbar
Knappe Termine	Management und Mitarbeiterführung
Qualitätssicherung	
Berichtswesen	

In der dieser Arbeit zugrundeliegenden Studie war die erste spontane Antwort von fast allen Befragten zu Unterschieden zwischen dem Managen von Softwareprojekten und anderen Projekten: Es gibt keine Unterschiede, aus Sicht des Managements seien alle Projekte gleich. Erst nach kurzem Überlegen zeigten sich gravierende Differenzen, die im folgenden beschrieben werden. Als wichtigste Punkte wurden

- die Ortsunabhängigkeit,
- die anhaltend schlechte Planbarkeit,
- die Anzahl der zu berücksichtigenden Parameter,
- die Testphilosophie,
- die hohe Anzahl an verschiedenen Versionen und
- die Fehlerbehebungsmöglichkeiten

von Softwareprojekten genannt.

Software ist kein physikalischer Gegenstand. Der gesamte Code und die dazugehörige Dokumentation können über Telefonleitungen oder per Satellit an jeden Teil der Erde verschickt werden. Einzelstücke können ausgetauscht oder in einem anderen Land entwickelt und für Endanwender unmerklich eingefügt werden.

Diese Ortsunabhängigkeit von Softwareprodukten macht international verteiltes Arbeiten im Gegensatz zu Projekten, deren Ziel die Erstellung eines physikalischen Produktes ist, effektiv und relativ einfach möglich:

> *„Nicht jedes Produkt hat die Vorteile, die wir bei Software haben. Wir können unser Produkt über eine Telefonleitung versenden. Wir können es hin und her schicken. Ein Produkt, bei dem halbfertige Teile einfach ausgetauscht werden können, vereinfacht verteilte Arbeit.“ [7]*

Die Planbarkeit und Abschätzung der benötigten Entwicklungszeit scheinen mit den derzeitigen Methoden nicht zufriedenstellend genau möglich zu sein. So gibt es immer wieder Verschiebungen bei Lieferterminen oder Einschränkungen in der gelieferten Funktionalität. Für die Aufwandsberechnung komplexer internationaler Softwareprojekte gibt es weder einen theoretischen funktionierenden Hintergrund noch detaillierte Untersuchungen; alle Interviewpartner waren sich einig, daß relativ gute Abschätzungen nur mit langjähriger Erfahrung möglich sind, und auch dann nur für kleinere Teilprojekte an einem stabilen Softwareprodukt. Dazu ein Bereichsleiter:

> *"Den größten Unterschied zwischen Softwareprojekten und anderen Projekten sehe ich im Fehlen von Determinismus. Wenn sie als Projekt einen Hausbau nehmen und der Architekt erstellt den Plan, kann er alle benötigten Einzelteile aufführen, alle verwendeten Materialien, Beton, Stahl, und sie können Bücher erwerben, die die Abschätzungen beschreiben, und der Architekt kann sehr genau Preis und Arbeitsaufwand kalkulieren. Und die Kalkulation ist so genau, weil sie schon tausendfach überprüft wurde. Dasselbe funktioniert auch bei Hardware. Ein Ingenieur kann sagen: Für dies brauche ich zwei Wochen, dann noch drei Wochen hierfür, und von Projektbeginn bis zum Ende brauche ich 18 Monate, um dieses ASIC herzustellen. Es können zwar plötzlich unerwartete Probleme auftreten, die die Entwicklung um ein paar Wochen verlängern, aber alles in allem wird man sich auf die ursprüngliche Planung verlassen können. Die Materie ist gut erforscht und verstanden. Und alles ist sehr prozeßorientiert. Auch wenn Kreativität und Innovation involviert sind, kann man doch mit dem Prozeß sehr genaue Schätzungen machen.*
> *Software ist anders. Software ist keine Wissenschaft. Trotz all der Entwicklungsmethoden, strukturiertem Design, OO, usw. ist es mehr eine Kunst als eine Wissenschaft. Wie lange dauert diese Entwicklung? Sechs Wochen. Oder sechs Monate. Oder so. Entwickler können relativ genau schätzen, wenn sie es oft üben und wenn sie ein paar Jahre in einem Gebiet gearbeitet haben. Und sie werden mit der Zeit immer besser mit diesen Berechnungen. Aber in einem ganz neuen Projekt ist die anfängliche Abschätzung stets unglaublich falsch. Und das gilt generell für die gesamte Softwareindustrie. Warum war Windows 95 eineinhalb Jahre zu spät? Weil sie keine Ahnung hatten, wie der Entwicklungsaufwand abgeschätzt werden sollte. Und niemand kann das. Niemand kann den Aufwand komplexer Projekte richtig berechnen. Es gibt keine theoretische Grundlage, die Planung wird mehr nach dem Gefühl gemacht. Es wurden schon sehr viele Versuche für eine wissenschaftliche Aufwandsabschätzungsmethode unternommen, aber es gibt heute noch keine zuverlässige, und es ist auch keine in Sicht. Das ist für mich der wichtigste Punkt, der das Planen so schwierig macht. Softwareentwicklung ist nichtdeterministisch. Andererseits macht das Managen von Softwareprojekten deshalb auch viel mehr Spaß, da man nie vorhersagen kann, was passieren wird." [3]*

Ebenso ein weiterer Bereichsleiter:

> *"In komplexen Softwareprojekten sind wir nicht in der Lage vorherzusagen, wie lange wir für die Entwicklung brauchen. Wir sehen keinen Unterschied zwischen einem Prototypen oder einem fast fertigen Produkt. Hier arbeiten wir mit Release-Zyklen, wo wir nicht den Zeitpunkt der Fertigstellung variieren, sondern den Inhalt eines Releases. Wir sind sehr gut darin abzuschätzen, welche kleinen Projekte innerhalb eines Release-Zyklus implementiert werden können. Aber für neue komplexe Projekte sind wir nicht in der Lage, die Meilensteine zu definieren. Ich habe bei vielen neuen Projekten mitgearbeitet, bei denen wir genau wußten, was wir erstellen sollten, aber der Fertigstellungszeitpunkt wurde immer wieder nach hinten geschoben. Bei einem stabilen Produkt hingegen kann man sehr gut mit Release-Zyklen arbeiten. Wenn man Projekte in anderen Bereichen, z. B. in der Hardware, anschaut, dann ist das alles viel besser planbar." [5]*

Oder:

> *"Es ist nicht vorhersehbar, wie groß der wirkliche Arbeitsaufwand sein wird oder die Art der auftretenden Probleme bei komplexen Softwareprojekten vorherzusagen." [6]*

Die schwierige Planung rührt auch daher, daß die Anzahl der zu berücksichtigenden Parameter sehr hoch ist. Für eine genaue Abschätzung werden sehr viele Details benötigt, die bei der Projektplanung noch nicht bekannt sind, mehr als bei den meisten nicht mit Software zusammenhängenden Unternehmungen. Ebenso werden Fehler, die bei Softwareprojekten in der Planung gemacht werden, oft viel zu spät entdeckt, da harte Kriterien zum Erreichen von Meilensteinen schwierig oder gar nicht zu überprüfen sind. Bei so gut wie allen anderen Projekten kann der Status genau abgelesen und mit der Planung verglichen werden:

> *"Die Anzahl der Parameter ist bei Software etwas höher, Fehler in der Definition am Anfang können sich unter Umständen verheerend auf das Resultat am Ende auswirken. Bei anderen Projekten kann man da eher etwas abbiegen. Wenn bei Softwareprojekten 50% der Projektzeit zu Ende ist, dann ist eigentlich nichts mehr zu machen." [4]*

> *"Die Softwareindustrie folgt nicht so vielen Standards wie andere Industriezweige, so hat jeder Entwickler einen großen Entscheidungsspielraum. Dadurch wird alles ein wenig schwieriger. Das kann einerseits mit dem geringen Alter der Softwareindustrie zu tun haben, oder mit der Anzahl der Details und der tausenden verschiedenen Möglichkeiten, wie etwas implementiert werden kann. So wie wir heute arbeiten, glaube ich nicht, daß wir unsere Möglichkeiten voll ausgeschöpft haben. Jede Industrie hat Wahlmöglichkeiten, meistens sind die Auswirkungen verschiedener Alternativen aber besser erforscht als in der Softwareindustrie. Und die Anzahl der Kombinationen, die entstehen, wenn alles integriert wird." [7]*

Einige Eigenschaften von Software wie „einfache Änderung" schlagen sich auch auf die Arbeitsweise der Entwickler nieder. Oft dem landläufigen Irrtum folgend, daß kleine Änderungen schnell gemacht sind, wird in letzter Sekunde und an vielen Stellen noch etwas repariert oder eine weitere Funktion hinzugefügt, was der Qualität des Softwareproduktes schadet. Es ist z. B. vorgekommen, daß nach der Testphase noch Code mit neuen Funktionen eingefügt wurde, ohne daß alle Testfälle noch einmal wiederholt wurden. In Hardwareprojekten so einfach technische Änderungen durchzuführen, ist nicht möglich. Dazu kommt, daß in komplexen Softwareprojekten 100%iges Testen der erstellten Software nicht durchgeführt werden kann. Es gibt viel zu viele Seiteneffekte und Interaktionen im Feld, die im Labor nicht bekannt sind. Andere Produkte können meist viel besser getestet werden. Dazu ein Entwickler:

> *"Viele denken, es ist einfacher einen Software- als einen Hardwarefehler zu beheben. Manchmal stimmt das, aber nicht immer. Genau wegen diesem Denken ist der Prozeß in Softwareprojekten oft weniger streng als in Hardware. Oder wie z. B. in der Bauindustrie. Wenn die Grundmauern für ein Gebäude gelegt werden, dann sollte dort kein Fehler gemacht werden, weil es sehr schwierig sein wird, ihn zu reparieren. Das gleiche gilt für Hardware. Und das gleiche sollte auch für große komplexe Softwareprojekte gelten. Ein sehr guter Entwicklungsprozeß ist nötig, und er muß auch streng eingehalten werden." [8]*

> *"Hardware ist längerfristig. Sie wird einmal gebaut, und das ist es. Niemand kann einen Patch schreiben und ihn einfügen." [9]*

Was bei den in dieser Arbeit untersuchten Softwareprojekten ebenfalls auffällig war, ist die Tatsache, daß es ständig und regelmäßig über einen langen Zeitraum hinweg Verbesserungen, Fehlerkorrekturen und Funktionserweiterungen gibt. Ein Produkt wird ständig weiterentwikkelt und die technischen Neuerungen oder „Patches" können von den Kunden leicht zusätzlich erworben werden und in schon früher erworbene Systeme integriert werden. „Patche" sind einzelne Softwaremodule, die in der untersuchten Firma verwendet wurden um schwerwiegende Fehler, die beim Kunden aufgetreten waren, zu beseitigen. Das fehlerhafte Softwaremodul wurde dazu einfach mit dem korrigierten Modul ersetzt, eine Neuinstallation der gesamten Software war nicht nötig. In diesem Umfang und in dieser Ausprägung ist ständiges Nachbessern und Erweitern bei anderen Produkten, z. B. mechanischen, gar nicht möglich. Hier müssen Erweiterungen von vorneherein geplant sein, ein nachträgliches Einfügen wird ansonsten sehr teuer. Auch fehlerhafte Produkte lassen sich nicht so einfach mit einem „Patch" reparieren.

Zusammenfassung

Tabelle 17 enthält eine Zusammenfassung aller in dieser Arbeit beobachteten Unterschiede zwischen Softwareprojekten und Projekten anderer Natur, wieder aufgesplittet nach Hierarchieebene des Interviewpartners und Antworten. Wegen der knapp bemessenen Zeit, die für Interviews mit den Direktoren zur Verfügung stand, wurde die Frage nach Unterschieden zwischen Softwareprojekten und Projekten anderer Natur auf jener Ebene übersprungen. Dies ist in der Auswertungstabelle mit „-" gekennzeichnet. Die Aussage „keine Unterschiede" war meist spontan und wurde danach durch die in der Tabelle weiter unten aufgeführten Nennungen revidiert. Vor allem für das mittlere und das untere Management macht sich die schlechte Planbarkeit von Softwareprojekten bemerkbar. Eine gegenüber anderen Projekten weniger durchdachte, saloppere Arbeitsweise, im Hinterkopf die vermeintlich leichte Reparaturmöglichkeit von Software, schätzen vor allem die Entwickler. Die hohe Anzahl der zu berücksichtigenden Parameter ist für alle unteren Ebenen bis hin zum mittleren Management ein wesentlicher Unterschied. Eingeschränkte Testmöglichkeiten, viele unterschiedliche Versionen ein- und desselben Produktes und auch die Art der Fehlerbehebung sind Merkmale, die sich ebenfalls im unteren bis mittleren Management auswirken.

TABELLE 17: **Abgrenzung von Softwareprojekten zu anderen Projekten. [Quelle: Eigene Darstellung]**

Ursache	4	3	2	1	Σ
Keine Unterschiede	77	50	33	-	50
Schlechte Planbarkeit		25	67	-	42
Ortsunabhängigkeit	67			-	17
Anzahl Parameter	33		17	-	17
Testen			17	-	8
Versionen		25		-	8
Fehlerbehebung			17	-	8
Leicht änderbar		25		-	8

Bild 43 zeigt die grafische Zusammenfassung der Abgrenzung von Softwareprojekten zu Projekten anderer Natur.

BILD 43: Abgrenzung von Softwareprojekten zu anderen Projekten. [Quelle: Eigene Darstellung]

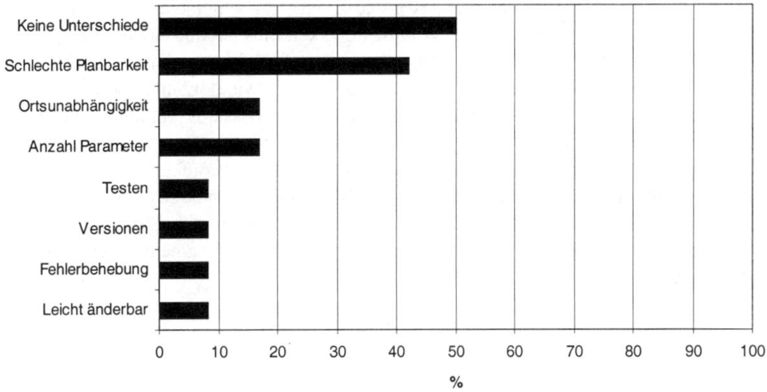

Die in dieser Arbeit gefundenen Unterschiede zwischen Softwareprojekten und anderen Projekten unterscheiden sich zum Teil wesentlich von dem, was in der Literatur genannt wurde. Die Ortsunabhängigkeit ist eine der Voraussetzungen, die ein international verteiltes Arbeiten an einem Softwareprojekt erst ermöglicht. Die hohe Anzahl der Parameter und die vielen unterschiedlichen Versionen und Varianten sind auch ein Grund für die schlechte Planbarkeit, die auch schon von Feyhl und Balzert erwähnt werden.

2.4 Zusammenfassung

Der erste Teil der Arbeit hat die methodischen und begrifflichen Grundlagen gelegt und Klassifikationsmerkmale von komplexen international verteilten Softwareprojekten erläutert.

Von einer verteilten Softwareentwicklung kann gesprochen werden, wenn ein Projekt über mehrere geographisch voneinander getrennte Standorte abgewickelt wird. Neben Projektmanagement und reinen Softwaretechniken müssen in verteilten Teams auch soziale Faktoren berücksichtigt werden.

Als Forschungsmethode wird für die vorliegende Arbeit die Fallstudie verwendet. Ein großer Vorteil von Fallstudien gegenüber vielen anderen Forschungsmethoden ist, daß mit ihr ein Phänomen in der originalen Umgebung untersucht werden kann, vor allem wenn die Verbindungen zwischen Umwelt und Phänomen nicht bekannt sind. Die Datenerhebung findet durch Interviews mit Kandidaten aus allen Hierarchieebenen einer global präsenten Telekommunikationsfirma statt, die danach in einem mehrstufigen Prozeß verdichtet und ausgewertet werden.

Die Komplexität von Softwareprojekten setzt sich aus der Komplexität der Software selbst, z. B. durch Funktionsumfang, Datenumfang und die zur Ausführung zur Verfügung stehende Zeit, und durch organisatorische Komplexität zusammen. Für die Entwicklung sind die wichtigsten Faktoren, die die Komplexität beeinflussen, eine Verteilung des Projektes, die zugrundegelegte Technologie und die Größe des Projektes. Die Projektgröße kann in der Programmgröße, Funktionspunkten oder „Feature Points" gemessen werden, die die meisten der genannten Faktoren berücksichtigen. Komplexe Projekte unterscheiden sich wesentlich von nicht komplexen Softwareprojekten. Wichtigste Erkenntnis ist, daß sie viel häufiger scheitern. Ursache können technische Probleme, schwieriges Projektmanagement und der Faktor Kommunikation im Entwicklungsteam, der bei steigender Entwicklerzahl exponentiell wächst, sein. Vorteile einer verteilten Softwareentwicklung sind ein besseres Verständnis der lokalen Anforderungen zu bekommen, die Kundennähe und die Marktinteressen, die oft nur durch eine lokale Entwicklung abzufangen sind. Im Gegensatz zu anderen Projekten ist der Verlauf von Softwareprojekten kaum vorhersagbar. Die Arbeitsweise der Entwickler ist oft weniger systematisch als z. B. die eines Architekten, da Softwareentwicklungs-methoden für komplexe Arbeiten weniger gut erforscht sind. Auch die hohe Anzahl der Parameter macht eine detaillierte Planung schwierig.

KAPITEL 3

Faktoren für Erfolg und Mißerfolg von Softwareprojekten

Hauptanliegen dieser Arbeit ist es, ausgehend von Beobachtungen komplexer internationaler Softwareprojekte, einerseits Risikofaktoren für die Projektdurchführung zu identifizieren und andererseits Voraussetzungen zum Gelingen verteilter Softwareprojekte aufzuzählen, die bei erfolgreichen Software-Projekten beobachtet werden konnten.

Dieses Kapitel gibt zuerst eine Zusammenfassung der bisherigen Forschung, die darauf folgend mit den Ergebnissen der aus dieser Arbeit gewonnenen Daten verglichen wird. Dabei ist jedoch zu beachten, daß es bisher relativ wenige Untersuchungen zu komplexen international verteilten Softwareprojekten gibt. Die meisten Berichte befassen sich mit Einzelerscheinungen, so z. B. DRUMMOND [1996] oder VAUGHAN [1996]. JONES [1996] untersucht systematisch den Erfolg von Softwareprojekten anhand einer statistischen Analyse, deren Ergebnis hier ebenfalls kurz wiedergegeben wird.

3.1 Definition von Erfolg und Scheitern

Das American Heritage Dictionary definiert Scheitern als „den Zustand des Nicht-Erreichens eines gewünschten Endzustandes", den Erfolg als „das Erreichen von etwas Geplantem, Gewünschtem oder Versuchten". Der folgende Abschnitt beschreibt verschiedene Ansätze, wie „Erfolg" und „Scheitern" von Softwareentwicklungsprojekten definiert werden können.

FAIRLEY [1985:70] bzw. BOEHM [1981] basieren ihre Definition von Scheitern und Erfolg auf der erforderlichen Zuverlässigkeit der Software. Sie definieren die Zuverlässigkeit als „die Wahrscheinlichkeit, daß eine Funktion unter gegebenen Umständen für eine gegebene Zeitspanne erfüllt wird". Die Zuverlässigkeit kann dabei auch mit Genauigkeit, Konsistenz, Robustheit und Vollständigkeit beschrieben werden. Je nach Einsatzort eines Softwareproduktes, kann dies wie in Tabelle 18 einer Zuverlässigkeitskategorie zugeordnet werden. Die Kategorie „sehr gering" bedeutet dabei, daß ein Fehler bzw. ein Ausfall der Software nur sehr geringe Unannehmlichkeiten für die Benutzer bedeutet. Die Kategorie „hoch" beschreibt die Klasse von Software, deren Ausfall hohe finanzielle Einbußen für die Benutzer bedeutet, z. B. der Ausfall von einem Telefonvermittlungssystem, einer Banksoftware oder einem Börsensystem. Die Kategorie „sehr hoch" bedeutet, daß bei einem Ausfall der Software menschliches

Leben bedroht ist, wie z. B. bei Software in einem Flugzeug oder in lebenserhaltenden Systemen in der Medizin.

TABELLE 18: **Zuverlässigkeitskategorien. [Quelle: In Anlehnung an Fairley 1985:71]**

Kategorie	Fehlerwirkung
Sehr gering	Leichte Unannehmlichkeiten
Gering	Leichte Verlusten
Mittel	Mittlere Verluste
Hoch	Hohe finanzielle Einbußen
Sehr hoch	Bedrohung von menschlichem Leben

In der Telekommunikationsindustrie kann ein Ausfall oder Fehler eines Systems die Bedrohung menschlichen Lebens bedeuten, z. B. beim Ausfall von Flugleitsystemen oder ein Ausfall von Notrufsäulen, ganz sicher bedeutet es immer einen großen finanziellen Verlust, wenn ein Vermittlungssystem nicht verfügbar ist. Die Zuverlässigkeit und Qualität für die in dieser Fallstudie untersuchten Projekte mußte also stets sehr hoch sein.

BOEHM [1991:33] spricht im Zusammenhang mit dem Projektrisiko von verschiedenen Faktoren. Das Risiko ist dabei die Wahrscheinlichkeit, daß ein Projekt ein „unbefriedigendes Ergebnis" hat. Je nach Standpunkt ist das gewünschte Ergebnis eines Projektes unterschiedlich: Für Kunden und Entwickler ist ein Projektergebnis unbefriedigend, wenn Ziele der Kosten- und Zeitplanung überschritten werden. Für die Endanwender ist ein „unbefriedigendes Ergebnis" falsche Funktionalität, ungenügende Benutzerschnittstellen oder geringe Zuverlässigkeit. Für die Wartung schließlich ist geringe Softwarequalität ein Bewertungsmaßstab.

Die Standish Group [1995] definiert drei Klassen von Projektausgängen, hier in Tabelle 19 widergegeben.

TABELLE 19: **Projektausgänge. [Quelle: In Anlehnung an die Standish Group 1995]**

Typ	Bezeichnung	Beschreibung
1	„success"	Projekt innerhalb der geplanten Zeit und innerhalb des geplanten Budgets abgeschlossen und enthält alle anfangs spezifizierten Funktionen.
2	„challenged"	Projekt abgeschlossen und lauffähig, jedoch über dem Budget, außerhalb der geplanten Zeit und mit weniger Funktionen als ursprünglich geplant.
3	„impaired"	Projekt während der Entwicklung abgebrochen.

HERTWECK/KRCMAR [1991:2] bezeichnen ein Softwareprojekt als gescheitert, wenn es „weit jenseits der Planungsziele liegt", d. h. die Kosten mehr als 89%, die Zeit mehr als 222% vom Planziel abweichen oder die Funktionalität weniger als 65% beträgt.

JONES [1996:xxiii] identifiziert 6 Bereiche, die in die Bewertung eines Projekterfolges eingehen sollten:

1. Zeitgerechte Fertigstellung der Software

2. Kosten und Personal befinden sich innerhalb des Budgets
3. Qualität und Zuverlässigkeit der Software ist ausreichend
4. Die Handhabung ist leicht erlernbar
5. Kundensupport und Service ist ausreichend
6. Die Software erlaubt Modifikation und Wartung

Nur wenn ein Softwareprojekt diesen 6 Kriterien genügt, möchte er von einem „Erfolg" sprechen. Von einem Scheitern wird meist gesprochen, wenn die Software den ersten drei Kriterien nicht genügt. Jones unterscheidet zusätzlich zwischen absolutem und relativem Scheitern: Bei einem absoluten Mißerfolg wird das Projekt vor Fertigstellung abgebrochen. Beispiele seien z. B. ein Abbruch mitten in der Softwareentwicklungsphase wegen exzessiver Kosten- bzw. Zeitüberschreitungen, die Software hat keine ausreichende Qualität oder so viele Fehler, so daß sie nicht wie beabsichtigt eingesetzt werden kann. Relative Mißerfolge sind Projekte, die zwar fertiggestellt werden, die die geplanten Kosten oder die veranschlagte Entwicklungszeit aber wesentlich übersteigen. Für 1970 - 1980 sei dies die Norm gewesen, aber auch in den 90ern komme dies trotz neuer Software-Management-Werkzeuge immer wieder vor. Beispiele umfassen Projekte, die zwar ausgeliefert werden, deren Kosten und Zeitplan aber um mehr als 50% überschritten werden oder Software, die zeitgerecht geliefert wird, deren Qualität aber so mangelhaft ist, daß sie erst nach mehr als 6-monatiger Nachbesserung für den Kunden voll einsetzbar ist.

In dieser Studie betrachtete ein Direktor eine Softwareentwicklung dann als gescheitert, wenn das gewünschte Produkt zu spät fertiggestellt oder in der Entwicklung zu teuer geworden ist, da ein erfolgreicher Absatz der Software dann oft nicht mehr möglich war. Entweder, weil die Konkurrenz ein ähnliches Produkt viel früher geliefert hat und der Markt, für den entwickelt wurde, mittlerweile schon gesättigt ist, oder weil der erzielbare Verkaufspreis die Entwicklungskosten nicht mehr decken kann. Bei komplexen internationalen Softwareprojekten ist vor allem das zweite Argument sehr wichtig, da ein fertiggestelltes Produkt in der Telekommunikationsindustrie nicht als Massenware millionenfach vervielfacht und verkauft werden kann, sondern der Kundenkreis oft nur 10-100 Abnehmer umfaßt. Dabei wird davon ausgegangen, daß das Softwareprodukt eine ausreichende Qualität und Zuverlässigkeit besitzt.

> *„Ein Projekt ist für mich gescheitert, wenn es wesentlich länger bis zu seiner Fertigstellung benötigt als ursprünglich angenommen, z. B. 3 Jahre statt einem Jahr, oder wenn ich viel mehr Entwickler benötige als ursprünglich angenommen, z. B. 100 statt 50. In beiden Fällen ist das Projekt für mich gescheitert, da es nicht meinen Erwartungen entsprach. Ich glaube, mit genügend Geld und genügend Zeit wird man nicht scheitern, eine Software zu produzieren. In der Zwischenzeit werden aber entweder die Kunden nicht mehr interessiert sein oder die Konkurrenz hat die gleiche Funktionalität viel früher geliefert. Also ist das Projekt gescheitert." [13]*

3.2 Mißerfolgsfaktoren verteilter Softwareentwicklung

3.2.1 Stand der Forschung

Im Jahre 1996 wurden 73% der in den USA abgewickelten Softwareprojekte abgebrochen, waren verspätet oder hatten ihr Budget überschritten. Diese Fehlschläge kosteten die Softwareindustrie mehr als 145 Milliarden Dollar. In ihrem Artikel identifiziert KING [1996:1] das Projektmanagement - erfahrene Projektmanager scheinen bessere Ergebnisse zu liefern - und sich schleichend ändernde Benutzeranforderungen als Hauptursache für die hohe Rate an Projektabbrüchen.

Die Standish Group (O.V. IN COMPUTERWORLD [1998:1]) befragte 365 IT-Manager zu Faktoren, die zu einem Scheitern in Projekten führen können. Die fünf in Tabelle 20 aufgeführten Gründe wurden als die Hauptursache für das Scheitern von Softwareprojekten angesehen. Allem voran führt dieser Umfrage zufolge mangelnder Input der Endanwender zu einem Scheitern.

TABELLE 20: **Gründe für das Scheitern von Softwareprojekten. [Quelle: In Anlehnung an o.V. 1998:1]**

Mangelnder Input der Endanwender	12,8 %
Inkomplette Spezifikationen	12,3 %
Sich ändernde Spezifikationen	11,8 %
Mangelnde Unterstützung des Vorstandes	7,5 %
Andere Faktoren	55,6 %

Im CHAOS-Report unterscheidet die Standish Group [1995:5] „challenged"-Projekte, d. h. Softwareprojekte die zwar fertig gestellt wurden, nicht jedoch innerhalb des geplanten Zeitrahmens, innerhalb des geplanten Budgets und mit der geplanten Funktionalität, und „impaired"-Projekte, die während der Entwicklung komplett abgebrochen wurden. Die Unterschiede der Gründe für das Scheitern sind in Tabelle 21 zu sehen.

TABELLE 21: **Gründe für das Scheitern von Softwareprojekten. [Quelle: Standish Group 1995:5]**

„challenged"-Projekte	„impaired"-Projekte
Fehlender Input der Endanwender	Inkomplette Spezifikation
Inkomplette Spezifikation	Fehlender Input der Endanwender
Sich ändernde Spezifikationen	Nicht genügend Ressourcen
Keine Unterstützung des Vorstandes	Unrealistische Erwartungen
Inkompetenz in der Technologie	Keine Unterstützung des Vorstandes
Nicht genügend Ressourcen	Sich ändernde Spezifikationen
Unrealistische Erwartungen	Ungenügende Planung
Unklare Erwartungen	Produkt wurde nicht mehr benötigt
Unrealistische Zeitpläne	Ungenügendes Management
Neue Technologie	Inkompetenz

Eine sehr detaillierte Einzelfallstudie über Taurus hat DRUMMOND [1996] verfaßt. Taurus sollte das antiquierte Abwicklungsverfahren an der Londoner Börse durch ein hochmodernes System ersetzen. Nach drei Jahren wurde das Projekt jedoch ergebnislos abgebrochen. In Ihren Folgerungen empfiehlt Drummond, ein Scheitern komplexer Projekte nicht durch ein einfaches Grund-Ursache Szenarium zu erklären, sondern daß dazu komplexere Betrachtungen notwendig sind. Nur eine bestimmte Kombination von Faktoren wirke sich verheerend auf ein Projekt aus. Im Fall von Taurus seien die letztendlichen Ursachen des Scheiterns eine Überbewertung der Wichtigkeit des Projektes, ungenügende Kenntnis der Materie und die Illusion, die Entwicklung unter Kontrolle zu haben, gewesen. Ein neu einberufener Projektleiter wollte die gesamte Entwicklung für Taurus schon nach einem Jahr beenden, da er keine Chance sah, daß das System jemals den gestellten Anforderungen würde genügen können. Sein Vorschlag wurde jedoch abgelehnt, weil schon zu viel Geld investiert worden war und ein Erfolg für die Zukunft der Börse unverzichtbar wäre. Neben den technischen Problemen mußten bei Taurus aber auch politische Fragen geklärt werden, wie der elektronische Finanzverkehr rechtlich gültig sei, deren Klärung sich immer wieder verzögerte. Viele Endanwender waren zudem mit den angestrebten Funktionen des Systems nicht zufrieden und verlangten ständig Nachbesserungen. Wichtige Entscheidungen wurden nicht bei Projektbeginn gefällt, sondern immer wieder verschoben, z. B. ob das neue System das alte komplett ersetzen sollte oder ob beide Systeme parallel existieren könnten. Das technische Team bildete dabei die ersten Softwareblöcke, noch bevor die Architektur definiert war. Durch dauernde Design-Änderungen, schlechte organisatorische Kontrolle und schlechte Kommunikationsmittel hatten die Entscheidungsträger keinen adäquaten Einblick in das Projektgeschehen. In ihrem Schlußwort schreibt Drummond: „Die wahnsinnige Komplexität war ein Grund, warum Taurus kollabierte“. Ein Projekt, für dessen Entwicklung ursprünglich DM 45 Millionen vorgesehen waren, und das zur Erleichterung von Vielen abgebrochen wurde, nachdem die Kosten DM 1.5 Milliarden überschritten hatten.

MURPHY [1996:1], Präsident von ObjectIntelligence, macht in seiner Untersuchung über gescheiterte Softwareprojekte alleine das Management für das Scheitern seines Projektes verantwortlich. Die Annahme des Managements, ein neues komplexes objektorientiertes System könne an einem Stück komplett erstellt werden, sei vollkommen unrealistisch gewesen. Außerdem sei es ein großer Fehler gewesen, einer schwerpunktmäßig auf relationalen Datenbanken fokussierte Firma mit der Entwicklung eines objektorientierten Systems zu betrauen, einer Technologie, mit der sie kaum Erfahrung hatte.

Eine weitere Untersuchung eines komplexen Entwicklungsprojektes, das in einer Katastrophe endete, ist der Bericht über das Challenger-Unglück von VAUGHAN [1996:387ff]. Die NASA hatte sehr hohe Erwartungen zu erfüllen. Sie repräsentierte die Vorstellung von unbegrenzten Möglichkeiten in den Vereinigten Staaten von Amerika -Abenteuer, Technologie und Wissenschaft. Anfang der 80er Jahre wuchs jedoch angesichts innenpolitischer Probleme wie zunehmender Gewalt, Armut und Drogen der Druck auf die Weltraumbehörde, da Geld, statt für die Erforschung anderer Planeten, für andere Zwecke benötigt wurde. Mit der Challenger-Mission sollte gezeigt werden, daß Ausflüge in den Weltraum zur Routine gehörten. Besonderes Interesse der Medien wurde dadurch erreicht, daß eine Lehrerin aus „dem Volk“ teilnehmen durfte. Beide zur Klärung des Unglücks durchgeführten Untersuchungen machten den Ursprung des Desasters im wirtschaftlichen und politischen Umfeld aus. Das Weiße Haus hatte weniger Mittel für die Forschung der NASA genehmigt, die ursprünglichen Sicherheitsstandards mußten wirtschaftlicheren Gesichtspunkten weichen. Um die Zukunft der NASA zu sichern, wurden

Abstriche bei der Struktur, Kultur und den Zielen gemacht. Trotz der Warnung vieler Techniker, die Weltraumtechnologie befände sich noch im Forschungsstadium, hoben Manager immer wieder den Routinecharakter der Shuttleflüge hervor. Die Untersuchungen zeigten ferner, daß das genaue Verhalten der Dichtungsringe zum Startzeitpunkt der Fähre noch nicht grundlegend erforscht war. Weiterhin gab es einige Spezifikationen, die dem Design-Team nicht bekannt gemacht worden waren. Die letztendliche Ursache läßt sich also nicht auf die durch die Medien weit verbreitete Meinung zurückführen, daß allein ein fehlerhafter Dichtungsring Auslöser der Katastrophe war.

JONES [1996:6] listet nach einer Untersuchung von 2800 Softwareprojekten Faktoren auf, die immer wieder in erfolgreichen bzw. gescheiterten Projekten aufgefunden wurden. Tabelle 22 gibt diese Faktoren wieder.

TABELLE 22: **Faktoren erfolgreicher und gescheiterter Projekte. [Quelle: Jones 1996:6]**

Negative Faktoren	Erfolgsversprechende Faktoren
Keine Analyse vergangener Projekte	Genaue Softwaremessungen
Keine Verwendung automatisierter Abschätzungswerkzeuge	Früher Einsatz von Werkzeugen für Abschätzungen
Keine Benutzung automatisierter Planungswerkzeuge	Dauerhafte Benutzung von Werkzeugen für die Planung
Keine Kontrolle	Formales Berichtswesen
Keine effektive Architektur	Formale Architektur
Keine effektiven und formalen Entwicklungsmethoden	Formale Entwicklungsmethoden
Keine Design-Reviews	Design-Reviews
Keine Code-Inspektionen	Code-Inspektionen
Kein Risikomanagement	Risikomanagement
Unadäquates Testen	Formale Testmethoden
Manuelles Design	Automatisiertes Design und Spezifikationen
Keine formale Konfigurationskontrolle	Automatisierte Konfigurationskontrolle
Mehr als 30% Änderung der Anforderungen	Weniger als 10% schleichende Änderung der Anforderungen
Unangemessene Benutzung von Programmiersprachen	Moderne Sprachen
Hohe Komplexität	Messung und Kontrolle der Komplexität
Keine Wiederverwendung	Wiederverwendung von Software
	Formale Benutzung von Datenbanken

Bei einer Beschränkung auf Projekte, sich mit der Erstellung von Systemsoftware befaßten, z. B. Software wie DOS, Windows oder UNIX, oder Telefonvermittlungssystemen, kommt er zu den Faktoren wie sie hier in Tabelle 23 zu sehen sind.

TABELLE 23: **Faktoren für das Scheitern von Systemsoftwareprojekten. [Quelle: Jones 1996:64]**

Faktor
Unzuverlässige Software mit geringer Qualität
Nicht ausreichende Leistungsfähigkeit der Software
Minimaler, mit der Konkurrenz nicht zu vergleichender Funktionsumfang
Zu großer Umfang
Überschreitung der Entwicklungszeit
Keine Kontrolle der Kosten
Keine Kontrolle der Anforderungen
Nichtbeachtung von Industriestandards
Hoher Grad an Inkompatibilität
Firmenspezifische Schnittstellen und Verbindungen

Da Systemsoftware Hardwarekomponenten direkt steuert, wie z. B. medizinische Geräte oder Flugzeuge, wird von der Software eine sehr hohe Zuverlässigkeit und oft auch eine 24-Stunden Verfügbarkeit gefordert. Komplexe Systeme werden meist für Echtzeitanforderungen oder für Anwendungen, die eine hohe Leistungsfähigkeit benötigen, eingesetzt. Wegen algorithmischer Komplexität, hoher Zeit- und hohen Speicheranforderungen wird ein kompakter Code benötigt. Die Qualitätskontrolle steht wegen dieser Anforderung meist an erster Stelle. Wird die Suche nach Faktoren für das Scheitern von Softwareprojekten von Systemsoftware auch auf andere Softwarekategorien wie Applikationen erweitert, ergibt sich ein sehr unterschiedliches Bild, welches in Tabelle 24 widergegeben ist.

TABELLE 24: **Faktoren für das Scheitern von Softwareprojekten. [Quelle: Jones:108]**

Faktor
Einige Benutzeranforderungen wurden nicht verstanden
Wichtige Zulieferer wurden ignoriert
Die Applikation hat eine schlechte Qualität
Die Applikation ist inkompatibel zu anderen Applikationen
Der Verkauf der Applikation muß subventioniert werden
Die Applikation degradiert Anwenderfähigkeiten
Die Applikation ist schwierig zu warten
Die Applikation ist schwierig zu transferieren
Die Applikation hat eine eigentümliche Benutzerschnittstelle
Die Applikation kann durch ein Softwarepaket ersetzt werden
Die Software hat einen minimalen Funktionsumfang
Die Software berücksichtigt keine Industriestandards
Kostenschätzungen sind ungenau
Die Software ist nicht leistungsfähig genug

TABELLE 24: **Faktoren für das Scheitern von Softwareprojekten. [Quelle: Jones:108]**

Faktor
Die Software stürzt während der Benutzung oft ab
Eigentumsrechte sind nicht geklärt
Die Software ist zu groß für vorhandene Speichermedien
Die Software hat proprietäre Schnittstellen
Das Produkt erreicht keinen akzeptablen Marktdurchsatz
Das Produkt generiert keinen Umsatz
Das Produkt wird von anderen imitiert
Einsatz des Produktes produziert Verlust
Dem Produkt fehlen wichtige Anforderungen
Das Produkt wird nicht eingesetzt
Das Produkt erhöht die operativen Kosten
Andauernde Änderungen der Anforderungen
Dem Zeitplan kann nicht gefolgt werden
Konkurrenz ist schneller
Die Benutzerzufriedenheit ist minimal

Jones beobachtete auch einige Ursachen für den Abbruch von Softwareprojekten, die außerhalb des Wirkungskreises von Projektmanagement und der Firma standen. Dazu gehörten z. B. Übernahmen durch die Konkurrenz oder Bankrott. Externe Faktoren sind schwer vorhersagbar und schwer erforschbar, wurden bei ihm jedoch in etwa 30% der Projektabbrüche beobachtet.

PRAKKEN [1997:1] untersucht Dienstleistungsunternehmen, die in den letzten 25 Jahren für 80 % der Investitionen im Softwareentwicklungsbereich verantwortlich waren. Nur etwa 50 % der Softwareprojekte wurden erfolgreich beendet. Außerdem ist nur 1.4 % der entwickelten Software von Anfang an verwendbar, ungeachtet der Projekte, die schon in einer sehr frühen Phase wieder abgebrochen werden. Auf der anderen Seite werden 67 % der Kosten in die Wartung investiert, nur 8% dagegen in Analyse und Design. Prakken identifiziert Faktoren, sogenannte „kritische Faktoren für den Erfolg", die bei vielen gescheiterten Projekten anzutreffen waren:

- Projektmanagement
- Kommunikationsprobleme zwischen Entwicklern und Anwendern
- Akzeptanz bei Benutzern
- Unerwartete Kosten in der Wartung
- Fehler in der Implementierung
- Budgetüberschreitung
- Ungenügende Übersicht

Das Projektmanagement schließe nicht nur die Durchführung des Projektes selbst ein, sondern auch die Organisationen, in denen komplexe Software eingesetzt werde und die oft von den Konsequenzen der Automatisierung oder Restrukturierung betroffen seien, bedürfen einer

Berücksichtigung. Durch unterschiedliche Ausbildung oder Hintergrundwissen bestehen oft Lücken zwischen Anwendern und Entwicklern, d. h. die beiden Gruppen verstehen sich nicht, da sie auf unterschiedlichen Ebenen kommunizieren. Viele Benutzer akzeptieren neue Softwaresysteme nicht. Da Anwender oft erst sehr spät Einblick in die Softwareentwicklung bekommen, Softwareentwickler sich andererseits an den Spezifikationen orientieren, können oft Lücken zwischen benötigter und implementierter Funktionalität bestehen.

Nachträgliche Änderungen verursachen Kosten. Die Änderungen sind jedoch oft nötig, da Benutzer erst nach einer Einlernphase fehlende Funktionalität identifizieren können. Viele Fehler in einem System werden erst entdeckt, wenn es implementiert und im Einsatz ist. Bei Softwareentwicklungen wird immer wieder beobachtet, daß die ursprünglich geplante Entwicklungszeit und das Entwicklungsbudget unrealistisch waren. Viele Projekte werden durchgeführt, ohne daß die planende Instanz einen Gesamtüberblick über das zu lösende Problem hat, d. h. die Softwarelösung deckt nur einen Teilbereich ab, der oft zu Lösungen von anderen Teilbereichen inkompatibel ist.

HERTWECK/KRCMAR [1991:3] identifizieren 15 Indikatoren für ein mögliches Scheitern von Softwareprojekten, die hier in Tabelle 25 widergegeben sind.

TABELLE 25: **Mißerfolgsfaktoren. [Quelle: Hertweck/Krcmar 1991:3]**

Nr.	Faktor
1	Keine saubere Bedarfsanalyse
2	Unrealistische Aufwandsabschätzung
3	Festpreisprojekte ohne Erfahrung
4	Kein sauberes Phasenmodell der Entwicklung
5	Kein Pflichtenheft
6	Fehlendes Risiko-Management
7	Keine Meilensteine
8	Unklare Verträge
9	Projektleitung mit zu wenig operativem Entwicklungs-Know-How
10	Keine ganz dem Projekt zugeordneten Mitarbeiter
11	Kein handlungsfähiger Lenkungsausschuß
12	Fehlen von Qualitätssicherung, Integrationstest, Audits, Reviews
13	Auftreten eskalierender Effekte, z. B. hohe Personalfluktuation, „Umkippen des Kunden“
14	Fehlender Mut zum Projektabbruch
15	Keine Lehren aus gescheiterten Projekten, d. h. fehlende Weitergabe des Gelernten an die Mitarbeiter

BOEHM [1991:32] untersuchte Softwareprojekte in 600 Firmen und stellte fest, daß mindestens 35% von ihnen Projekte hatten, die die geplante Entwicklungszeit überschritten hatten. Seine Ergebnisse sind in Tabelle 26 zusammengefaßt.

TABELLE 26: **Top 10 Risiken für eine Softwareentwicklung. [Quelle: Boehm 1991: 35]**

Nr.	Risiko
1	Ungeeignetes Personal
2	Unrealistische Zeitplanung und unrealistisches Budget
3	Entwicklung der falschen Funktionen
4	Entwicklung einer falschen Benutzerschnittstelle
5	Entwicklung nicht notwendiger Einzelheiten
6	Andauernde Änderung der Anforderungen
7	Verspätung extern entwickelter Komponenten
8	Verspätung an extern vergebener Aufgaben
9	Echtzeitanforderungen nicht erfüllt
10	Ungenügende technische Erfahrung

Seine Ergebnisse basierten jedoch hauptsächlich auf Softwareprojekten in der Rüstungsindustrie, in der Zwischenzeit haben sich die Technologie als auch die Organisationsformen stark verändert. KEIL ET AL. [1998:76ff] interviewten daraufhin Softwareentwicklungsprojektleiter in drei Ländern, um Risikofaktoren für die Softwareentwicklung zu identifizieren und um zu erforschen, wie Projektleiter die Wichtigkeit der einzelnen Faktoren einschätzten und welche Kontrolle sie über die einzelnen Faktoren haben. Ihre Risikofaktoren sind in Tabelle 27 zu sehen.

TABELLE 27: **Risikofaktoren geordnet nach relativer Wichtigkeit. [Quelle: Keil et al. 1998:78]**

Nr.	Risikofaktor
1	Keine Projektunterstützung des Top-Level Managements
2	Keine Endbenutzerunterstützung
3	Mißverstehen der Anforderungen
4	Endbenutzer nicht genügend involviert
5	Erwartungen der Endanwender nicht beachtet
6	Änderungen des Bereiches / der Absichten
7	Nicht genügend Wissen/Erfahrung der im Projekt beteiligten Mitarbeiter
8	Kein Einfrieren der Anforderungen
9	Verwendung neuer Technologien
10	Ungenügende Anzahl von Ressourcen
11	Konflikte zwischen Abteilungen

Interessanterweise betrifft nur einer der 11 Faktoren Technologie. Die Risiken mit den größten Auswirkungen waren meist außerhalb der direkten Kontrolle der Projektmanager. Keil et al. entwickelten aufgrund der Beobachtung, daß die mögliche Kontrolle eines Faktors mit der

Einschätzung seiner Wichtigkeit zusammenhängt, einen Rahmen für die Kategorisierung von Risiken, wie in Bild 44 zu sehen. Eine Dimension des Gatters bewertet die Einschätzung der Wichtigkeit eines Risikos, d. h. die relative Wichtigkeit eines Risikofaktors verglichen zu den andern Risikofaktoren. Die Wichtigkeit ist dabei eine Kombination aus der Häufigkeit (d. h. wie oft tritt der Faktor auf) als auch der Auswirkungen (d. h. wie schwerwiegend sind die Auswirkungen des Faktors) eines Risikofaktors. Die zweite Dimension bewertet die Einschätzung der Kontrolle über einen Faktor, d. h. inwieweit die befragten Projektmanager annahmen, einem Risiko durch eigene Aktionen begegnen zu können.

BILD 44: **Rahmen für Risikokategorien. [Quelle: Keil et al. 1998:80]**

Viele der genannten Risiken fallen in den 1. Quadranten. Dazu gehören z. B. die Verpflichtung des Senior-Managements zu einem Projekt, ebenso die Verpflichtung und Involvierung der Benutzer. Risiken in diesem Quadranten können nicht von einem Projektmanager kontrolliert, wohl aber beeinflußt werden. Der 2. Quadrant repräsentiert den Umfang des Projektes und die Anforderungen. Risikofaktoren hier sind die richtige Einschätzung der Prioritäten der zu entwickelnden Funktionen und das richtige Verstehen der Anforderungen. Risiken dieses Quadranten können größtenteils durch Projektmanager kontrolliert werden. Der 3. Quadrant betrachtet die Ausführung des Projektes, d. h. des traditionellen Projektmanagements. Kann die Komplexität der Entwicklung erfolgreich gehandhabt werden, gibt es genügend Ressourcen, eine gute Kostenschätzung. Risiken dieses Quadranten können ebenfalls vom Projektmanager kontrolliert werden. Der 4. Quadrant schließlich, betrachtet die Projektumgebung innerhalb und außerhalb der Organisation. Dies schließt beispielsweise die Änderung der Entwicklungsstrategie einer Firma ein. Über Risiken dieses Quadranten hat der Projektmanager kaum Kontrolle.

Keils et al. Ergebnis ist, daß die Faktoren mit der höchsten Risikoeinschätzung meist außerhalb der direkten Kontrolle von Projektmanagern liegen. Gegenüber der Methode, einzelne Risikofaktoren zu untersuchen, sehen sie in ihrem Modell den Vorteil, daß die Risiken von einer anderen Ebene her betrachtet werden und deshalb auch andere Strategien entwickelt werden können, diesen Risiken zu begegnen. Wichtigste Erkenntnis dabei ist, daß Projektmanager sich nicht nur auf die Ausführung eines Projektes (Quadrant 3) konzentrieren sollten, sondern auch die Unterstützung aller relevanten Seiten (Quadrant 1), Beseitigung der Unklarheiten und Managen der Änderungen (Quadrant 2) und die Projektumgebung (Quadrant 4) beachten müssen.

KEIL ET AL. [1995a:65ff] identifizieren nach Laborversuchen zwischen 1992 und 1994 auch „escalating commitment" als eine Ursache, warum IT-Projekte scheitern können.

Nach CHURCHMAN/SCHAINBLATT [1965:69ff] und IVES/OLSON [1984:586ff] sind ein gegenseitiges Verständnis von Kunde und Entwickler und die Mit-Einbeziehung von Endbenutzern in den Entwicklungsprozeß wichtige Faktoren für eine erfolgreiche Softwareentwicklung. KEIL/CARMEL [1995:33ff] untersuchten daraufhin Methoden, wie Kunden in den Software-Entwicklungsprozeß mit einbezogen werden können. Sie unterscheiden dabei die Entwicklung von Softwarepaketen und Software, die auf einen Kunden zugeschnitten wird. Softwarepakete zeichnen sich durch folgende Eigenschaften aus: Sie werden meist für externe Kunden entwikkelt, es gibt sehr viele externe Kunden, die räumliche Distanz zwischen Endbenutzer und Entwickler ist typischerweise groß und der Erfolg eines Projektes wird in den Verkaufszahlen gemessen. Auf Kundenbedürfnisse zugeschnitten ist hingegen oft Software für den internen Gebrauch, die räumliche Distanz zwischen Entwickler und Endbenutzer ist klein und der Erfolg wird eher in Kundenzufriedenheit und Akzeptanz gemessen.

In dieser Unterscheidung fehlt jedoch die Betrachtung typischer Software-Großprojekte. In der Telekommunikationsindustrie, beispielsweise, wird eine Basissoftware meist speziell auf einen externen Kunden zugeschnitten. Der Erfolg wird bei ihnen sowohl in Verkaufszahlen als auch in Kundentreue gemessen, d. h. die Wahrscheinlichkeit, daß ein Kunde auch die nächste Software wieder bei derselben Firma bezieht.

Um Anforderungen zu definieren benötigen Entwickler direkten oder indirekten (z. B. über die Marketingabteilung) Kundenkontakt. Keil/Carmel beobachten anhand einer Untersuchung von 31 Softwareprojekten, daß die Anzahl der Verbindungen zwischen Entwickler und Kunde, über die Informationen ausgetauscht werden können, mit dem Erfolg eines Softwareprojektes zusammenhängen. Erfolgreiche Projekte weisen dabei nach Ihren Beobachtungen mehr Verbindungen auf. Weiterhin beobachten sie, daß indirekte Verbindungen weniger wünschenswert sind als direkte, da Informationen, die nicht auf direktem Wege ausgetauscht werden, ungenau sein können. Sie empfehlen daher direkte Verbindungen zwischen Kunde und Entwickler.

Zusammenfassung

In Tabelle 28 ist eine Übersicht der bisher in der Literatur durchgeführten Studien zu Erfolgs- und Mißerfolgsfaktoren von Softwareprojekten zu sehen. Die einzigen Fallstudien, die dabei auch explizit komplexe Projekte untersuchen, sind JONES [1996] sowie VAUGHAN [1996] und DRUMMOND [1996] mit Einzelfallstudien über ein gescheitertes Projekt. Bei den Ergebnissen der einzelnen Studien ist zu sehen, daß immer wieder schlechtes Projektmanagement und ungenügende Kenntnis der Anforderungen - aus verschiedenen Gründen - als Hauptfaktoren für ein Scheitern genannt werden. Eine Untersuchung von Faktoren für den Erfolg und Mißerfolg in komplexen global verteilten Projekten und ob diese eventuell zu Ergebnissen aus anderen Softwareprojekten unterschiedlich sind, ist nirgends erwähnt. Auf gerade diese Projekte soll in dieser Arbeit der Fokus gerichtet werden.

TABELLE 28: Übersicht über Studien zu Erfolgs- und Mißerfolgsfaktoren in Softwareprojekten. [Quelle: Eigene Darstellung]

Untersuchungs-gegenstand	Forschungs-methode	Forscher	Hauptfaktoren
Softwareprojekte allgemein	unbekannt	King, 1971	• Projektmanagement • Sich ändernde Benutzeranforderungen
Softwareprojekte allgemein	Befragung von 365 IT-Managern	Standish Group, 1995	• Mangelnder Input von Endanwendern • Inkomplette Spezifikation • Änderungen der Spezifikation
Taurus	Einzelfallstudie	Drummond, 1996	• Komplexität • Ungenügende Kenntnis • Keine Kontrolle
ObjectIntelligence	Einzelfallstudie	Murphy, 1991	• Projektmanagement
Challenger	Einzelfallstudie	Vaughan, 1996	• Zu hohe Erwartungen • Zu geringes Budget • Ungenügende Spezifikation
Softwareprojekte allgemein	Fragebogen für 2800 Projekte	Jones, 1996	• Mangelhafte Qualität • Ungenügende Leistungsfähigkeit • Zu geringer Funktionsumfang
Softwareprojekte im Dienstleistungssektor	Fragebogen	Prakken, 1997	• Projektmanagement • Schlechte Kommunikation • Schlechte Akzeptanz
Laborexperiment	Beobachtung	Hertweck/ Krcmar, 1991	• Keine saubere Bedarfsanalyse • Schlechte Aufwandsabschätzung • Festpreisprojekte ohne Erfahrung
Softwareprojekte in der Rüstungsindustrie	600 Softwareprojekte	Boehm, 1991	• Ungeeignetes Personal • Unrealistische Zeitplanung • Falsche Funktionen

TABELLE 28: Übersicht über Studien zu Erfolgs- und Mißerfolgsfaktoren in Softwareprojekten. [Quelle: Eigene Darstellung]

Untersuchungs-gegenstand	Forschungs-methode	Forscher	Hauptfaktoren
Softwareprojekte	Verteidigungs-industrie	Keil, 1998	• Fehlende Unterstützung des Top-Level Managements • Fehlender Benutzerinput • Mißverstehen der Anforderungen
Softwareprojekte allgemein	31 Softwareprojekte	Keil / Carmel, 1995	• Keine Einbeziehung des Kunden
IT-Projekte	5 Laborversuche	Keil / Mixon / Saarinen / Tuunainen, 1995	• Escalating commitment

3.3 Ergebnisse der Fallstudie

Um die Frage zu klären, warum komplexe internationale Softwareprojekte scheitern können, wurden in dieser Fallstudie internationale Projekte in einer global verteilten Telekommunikationsfirma untersucht. Die Fallstudie verwendete Interviews zur Datenerhebung, der den Interviews zugrundegelegte Interviewleitfaden findet sich in Anhang A. In der Transkription der Interviews wurden für wichtig befundene Aussagen markiert und wie anfangs erläutert tabellarisch zusammengetragen. Die Tabellen wurden in einem zweiten Arbeitsschritt verdichtet, wobei ähnliche Aussagen zusammengefaßt und ihre Häufigkeit gezählt wurde. Die zusammen gruppierten ähnlichen Aussagen wurden schließlich mit einem Stichwort beschrieben, weiterhin „Faktor" genannt, die wiederum in Erfolgs- und Mißerfolgsfaktoren eingeteilt wurden.

So wie auch die Aussagen verschiedener Interviewpartner nie identisch waren und sich oft überschnitten, verhält es sich mit den identifizierten Faktoren. Es wurde versucht, die Stichworte möglichst genau voneinander abzugrenzen, es wurden jedoch Aussagen gefunden, die sich nicht eindeutig einer Gruppe zuordnen ließen. Einige Faktoren mögen deshalb ähnlich sein aber doch leicht unterschiedliche Sachverhalte beschreiben.

Einzelne Projekte scheiterten immer wieder an neuen Kombinationen einiger Faktoren. Tabelle 29 zeigt die in den untersuchten Projekten gefundenen Faktoren, die zu einem Erfolg oder Mißerfolg beigetragen haben.

TABELLE 29: Ein komplexes verteiltes Software-Projekt beeinflussende Faktoren. [Quelle: Eigene Darstellung]

Faktor	Erklärung
Kommunikation	Die Kommunikation zwischen den einzelnen Entwicklungslaboratorien war nicht ausreichend.
Infrastruktur	Die Infrastruktur war für verteilte globale Entwicklung nicht ausreichend.

TABELLE 29: **Ein komplexes verteiltes Software-Projekt beeinflussende Faktoren. [Quelle: Eigene Darstellung]**

Faktor	Erklärung
Projektmanagement	Das Projektmanagement hat versagt, die Prozesse waren nicht ausreichend definiert oder wurden nicht eingehalten.
Zielvorstellungen	Einzelne Entwicklungslaboratorien hatten, basierend auf ihren Erfahrung und den Bedürfnissen des lokalen Markes, unterschiedliche Vorstellungen, wie das Ergebnis der Entwicklung aussehen sollte.
Überschätzung	Das Projektziel war unrealistisch, die Erwartungen waren zu groß.
Kulturelle Unterschiede	Zwischen den global verteilten Niederlassungen gab es durch kulturelle Differenzen Mißverständnisse, die nicht gelöst werden konnten.
Projektgröße	Die Entwicklung dauerte zu lange.
Prioritäten	Einzelne Entwicklungsteams hatten eigene, der globalen Strategie entgegenstehende, Ziele.
Softwaretechnik	Schätzungen und Qualitätskontrolle waren unzureichend. Die Softwarearchitektur war ungeeignet für die verteilte Entwicklung bzw. die Architektur war nicht genügend strukturiert.
Unklare Anforderungen	Die Anforderungen änderten sich im Laufe des Projektes.
Spezifikation	Die Anforderungen waren unklar und konnten nie befriedigend aufgelöst werden oder der erforderliche Output eines Projektes wurde mißverstanden.
Hardware	Die Leistung der Software war ungenügend. In Echtzeitanwendungen wie der Telekommunikation ist ein nicht ausreichend leistungsfähiges Produkt unverkäuflich. Es wurden neue, noch nicht ausgereifte Technologien verwendet.
Vertrauensmangel	Die persönliche Beziehung zwischen den Entwicklungsteams war schlecht.
Politik	Politische Entscheidungen führten zu einem Abbruch.
Test	Die entwickelte Software war nicht ausreichend für alle Märkte getestet, in denen sie zum Einsatz kommen sollte.

Die einzelnen Faktoren werden in den nachfolgenden Kapiteln detaillierter beschrieben.

3.3.1 Faktor Kommunikation

In der vorliegenden Fallstudie war mangelnde oder schlechte Kommunikation, wie schon zuvor vermutet, die häufigste Ursache für das Scheitern von Softwareprojekten (Siehe auch KOSTNER [1996:65ff]). Mangelnde Kommunikation ist oft Ausgangspunkt vieler weiterer Probleme, die sich im späteren Verlauf eines Projektes kaum noch beheben lassen.

Stimmt die Kommunikation und damit auch die Koordination zwischen den einzelnen zusammen an einem Projekt arbeitenden Teams nicht, kann weder die Planung noch die Kontrolle funktionieren. Es kann vorkommen, daß die Anforderungen der Software für einige Teams unklar bleiben oder falsch verstanden werden.

HERTWECK/KRCMAR [1991:1] nennen drei Punkte, warum virtuelle Kommunikation und DV-Projekte miteinander zusammenhängen:

1. Die Produktion von Software und Systemen erfordert ein hohes Maß an verbaler, schriftlicher und visueller Kommunikation im Verlauf des Erstellungsprozesses.
2. Die Mittel, mit denen kommuniziert wird, sind wie in kaum einer anderen Branche elektronischer, meist verteilter Art (E-Mail, gemeinsame Projektdatenbanken).
3. Oft sind Projektteams auf verschiedene Standorte verteilt und vereinen Mitglieder unterschiedlicher Organisationen.

Mangelnde Kommunikation ist jedoch kein softwarespezifisches Problem sondern Hauptproblempunkt aller verteilt agierenden Arbeitsgruppen. Obwohl die Kommunikation als zentraler Faktor für Erfolg oder Mißerfolg in der Literatur über verteilte Gruppenarbeit immer wieder besonders hervorgehoben wird (z. B. in KOSTNER [1996:65] oder LOFTUS et al. [1995:5]), diese Ursache als Risiko für globale Entwicklung also hinlänglich bekannt ist, so ist es doch interessant zu hinterfragen, warum es immer wieder vorkommt, daß die Kommunikation zwischen Teams nicht stimmt und dies zum Scheitern eines Projektes führt. Und das vor allem in einem Industriezweig, der mit internationalen Softwareprojekten schon lange Jahre Erfahrung gemacht hat, sich der potentiellen Projektgefährdung mangelnder Kommunikation also bewußt ist. Wie diese Untersuchung zeigt, waren kulturelle Unterschiede ein häufiger Grund für Kommunikationsprobleme. Im folgenden finden sich hierzu einige Beispiele (siehe auch TROMPENAARS [1993] und einer 1993 in der FAZ erschienenen Artikelserie „Erfolgreich arbeiten bei US-Gesellschaften in Europa“).

Schwieriger wird es, wenn die einzelnen Teams ausreichend miteinander kommunizieren, jedoch über unterschiedliche Dinge reden, ohne es zu merken. Auch dieser Umstand hat bei einigen Projekten zu schweren Beeinträchtigungen und Verzögerungen in der Entwicklung geführt.

Die Theorie der Kommunikation in virtuellen Teams wurde anfangs erläutert. Wie sah im Gegensatz dazu der Kommunikationsaustausch in realen Projekten aus?

Bei nicht verteilten Projekten spielen unterschiedliche Zeitzonen keine Rolle, bei global verteilten Projekten hingegen werden unterschiedliche Strategien benötigt, um das verkleinerte Arbeitszeitfenster, in dem alle Standorte gleichzeitig arbeiten, zu vergrößern:

> *„Die unterschiedlichen Zeitzonen sind schwierig. Um Projekte oder Designs oder Sonstiges zu besprechen, war es immer schwierig, Mitarbeiter über mehrere Zeitzonen hinweg zu synchronisieren. Das ist viel schwieriger, als wenn alle in der gleichen Zeitzone sind. Hier kommen Kommunikationshilfsmittel wie E-Mail oder Voicemail zum Zuge, die den direkten Sprachkontakt ersetzen.“ [3]*

Ein Bereichsleiter:

> *„Im ersten Jahr als wir an diesem Projekt arbeiteten war ich acht mal in den USA. Es war sehr aufwendig und stressig für eine Besprechung nach Amerika hin und gleich wieder zurück zu fliegen, auch mit dem Jet-Lag, aber [als ein neues] Entwicklungslabor mußten wir das machen. Wir mußten uns vor alle anderen in der Entwicklung beteiligten Leute stellen und sie wissen lassen, daß wir da sind, was unsere Anforderungen sind, was wir*

machen und wir mußten eine Beziehung zu ihnen aufbauen. Ansonsten wären wir schnell vergessen worden und unsere Anforderungen wären nicht im System implementiert worden. Um erfolgreich zu sein, braucht es diesen Aufwand. Jetzt reisen wir weniger als zu Beginn des ersten gemeinsamen Projektes, weil wir eine etablierte Beziehung haben und das erste Projekt erfolgreich abgeschlossen worden ist. In den nachfolgenden Entwicklungen sind wir jetzt autonomer und weniger abhängig. Wir benötigen nicht mehr so viele Interaktionen. Zu Beginn war es sehr wichtig, regelmäßig Treffen zu haben. Ich glaube, in großen Projekten muß Kommunikation akribisch geplant werden, während sie sich in kleinen Projekten fast natürlich ergibt." [3]

Wie diese Studie gezeigt hat - und wie in den vorherigen Kapiteln ausführlich beschrieben - war der Hauptgrund für das Scheitern von internationalen Projekten mangelhafte Kommunikation. Schlechte Kommunikation zwischen den verteilt arbeitenden Teams war Ausgangspunkt vieler weiterer Probleme wie Unstimmigkeiten in der Planung oder unterschiedliche Zielvorstellungen in den einzelnen Teams.

Gemäß dem Sprichwort „Aus dem Auge, aus dem Sinn" konnte bei den untersuchten Projekten immer beobachtet werden, daß sich verteilte Niederlassungen schnell aus den Augen verlieren, wenn sie nicht regelmäßig miteinander in Kontakt treten. Die Firmenleitung war daher stets bemüht, ein „sich Verlieren" der Standorte zu verhindern. Mit verschiedenen Medien und Techniken wurden regelmäßig an allen Standorten Informationen verteilt und gemeinsame Aktionen durchgeführt. Tabelle 30 gibt eine Übersicht, über die verwendeten Mittel.

TABELLE 30: **Hilfsmittel für interne Kommunikation. [Quelle: Eigene Darstellung]**

Firmenzeitung
Rundbriefe des Präsidenten
Technologietag
Web-Präsentationen
Intranet
Design Forum

Monatlich erschienen Firmenzeitungen, einmal eine global ausgerichtete, die in allen Standorten verteilt wurde, und eine lokal ausgerichtete, die sich auf Niederlassungen in einem Absatzmarkt beschränkte. Erfolge aller Abteilungen wurden darin publiziert, sei es ein abgeschlossenes Entwicklungsprojekt, die Unterzeichnung eines Kaufvertrages durch einen Kunden oder ein neues Forschungsergebnis. Auch Quartalsergebnisse und zukünftige Prognosen wurden so allen Mitarbeitern mitgeteilt. Vierteljährlich erschien ein Rundbrief des Präsidenten, der alle wichtigen Entscheidungen und Ergebnisse verkündete und erklärte. Durch ihn wurde die globalen Ausrichtung der Firma definiert und alle verteilten Entwicklungslabore auf eine einheitliche Linie gebracht. Regelmäßig wurden Technologietage abgehalten, bei denen alle Mitarbeiter zur Mitwirkung aufgerufen waren. Teilnehmer wurden einen Tag von ihrer Arbeit befreit, um sich der Kommunikation mit anderen Niederlassungen zu widmen. Externe Berater wurden zu Diskussionen eingeladen, die per Videokonferenz an alle Standorte übertragen wurden. Alle Teilnehmer hatten so die Möglichkeit, sich direkt zu beteiligen. Jede Abteilung wurde fernerhin angehalten, mit Online-Präsentationen am Technologietag zu partizipieren und eigene Entwicklungsergebnisse vorzustellen, die eventuell auch für andere Niederlassungen interessant sein könnten. Alle wichtigen Abteilungen, Informationen und

Entwicklungen waren stets im Intranet präsent, so daß jeder anhand von Suchmaschinen jede Information abrufen konnte, seien es Telefonnummern, Adressen, Mitarbeiter an bestimmten Projekten, Formulare, technische Hilfe usw. Alle Niederlassungen waren über das gemeinsame Intranet zusammengeschaltet, einzelne Abteilungen konnten jedoch auch private Seiten zur Eigennutzung erstellen, die mit einem Passwort geschützt waren.

Einmal jährlich fand ein mehrtägiges Design Forum statt, bei dem vor allem technische und wissenschaftliche Informationen ausgetauscht wurden. Wie bei Tagungen oder Konferenzen gab es eine buchartige Zusammenfassung aller Forschungsberichte, wie z. B. der in dieser Arbeit zitierte HERN [1996]. Vorab wurde der Zeitplan aller angedachten Vorlesungen und Präsentationen publiziert, so daß sich jeder Mitarbeiter den betreffenden Zeitpunk freihalten konnte und eine Videokonferenzbrücke für ihn reserviert wurde. Alle Präsentationen waren auch über das Intranet verfügbar.

Mit diesen Maßnahmen wurde versucht, das Gefühl unter allen Mitarbeitern entstehen zu lassen, daß alle, obwohl verteilt, doch für eine gemeinsame Firma arbeiteten. Durch diese regelmäßigen Aktionen wurden sich alle bewußt, daß sie Teil eines großen Teams sind und nicht alleine entwickelten.

Eine sehr wichtige Frage ist, was getan werden kann, um Probleme in der Kommunikation zu vermeiden. Dazu gibt es zwei Bereiche zu beachten: Einmal die Kommunikationsinfrastruktur, wie z. B. das Telefon, die die Kommunikation zwischen den einzelnen Entwicklungslaboratorien ermöglicht, und als zweites die soziale Komponente, die die einzelnen Mitarbeiter in den Niederlassungen miteinander verbindet. Zum zweiten Punkt bedarf es wesentlich mehr, als nur eine funktionierende Infrastruktur zur Verfügung zu stellen.

3.3.1.1 Die Infrastruktur

Voraussetzung für ein Gelingen von komplexen internationalen Softwareprojekten ist eine einwandfrei funktionierende Arbeitsumgebung und Infrastruktur. Ohne funktionierende Computernetzwerke, Telefonverbindungen, Telekonferenzmöglichkeiten, E-Mail und Werkzeugen für verteilte Gruppenarbeit wie z. B. Datenbanken, Terminplansysteme, verteilte Bibliotheken für Code und Dokumentation ist eine globale Entwicklung von Software von vorneherein unmöglich (Siehe Kapitel "2.1.2: Virtuelle Teams"). Daß Mängel in der Infrastruktur eine Bedrohung für die Existenz jedes Projektes sind, war für alle Interviewten selbstverständlich. Eine Firma, die schon mehrere Jahrzehnte Software verteilt entwickelt, hat eine sehr gut ausgestattete Infrastruktur. Im Laufe der Studie ist kein einziges Softwareprojekt gefunden worden, das wegen mangelhafter Werkzeuge oder Fehler in der Infrastruktur gescheitert ist.

Zum regelmäßigen Austausch von Informationen zwischen den verteilten Gruppen sind Telefon, Telefonkonferenzen, Videokonferenzen oder Sprachboxen die einfachsten Hilfsmittel, wobei Videokonferenzen von den meisten Befragten nicht als besonders effizient eingestuft wurden.

> *„Die zwei wichtigsten Dinge sind Telefon und Konferenz, was hier wesentlich intensiver genutzt wird als in kleineren Projekten, und E-Mail Systeme. Vom Telefon her ist das Voicemail System hier Standard, also diese Store- and Forwardsysteme, die ja in der Voicemail vorhanden sind und bei der E-Mail genauso per Definition. Diese Store- und Forward Systeme braucht man insbesondere dann, wenn Zeitzonen zu überbrücken sind,*

weil die Zeitfenster, in denen man gemeinsam kommunizieren kann relativ klein sind. Bei Deutschland und Nord Amerika ist der Slot so von mittags 14:00 bis abends um 18:00 Uhr oder 19:00 Uhr, was relativ günstig ist. Ich kenne Beispiele von einer Zusammenarbeit zwischen den USA und China, da gibt es keinen Timeslot, weil die 12 Stunden auseinander sind, da gibt es keine Überlappung, also da kann man eigentlich nur über Store und Forward arbeiten, man kriegt überhaupt keine Telefonkonferenz zusammen. Das sind natürlich ganz heikle Dinge.
Ein drittes Medium, oder eigentlich noch zwei Dinge, wäre die Videokonferenz die in aller Munde ist, aber meines Erachtens nicht sehr effektiv ist. Ich meine, nur um sein Gegenüber zu sehen, ist zwar ganz nett, aber das hilft in der Kommunikation eher wenig. Es gibt die Videosysteme, wo man dann mit einer ganzen Runde visuell verbunden ist und gleichzeitig Dokumente hin und herschicken kann, das ist schon sehr viel hilfreicher, muß aber nicht unbedingt sein, wenn ich ein gut funktionierendes und schnelles E-Mail System habe. Dann kann ich die Information eigentlich in Echtzeit austauschen, der Partner gegenüber druckt das aus, das dauert eine Minute, dann hat der die Informationen auch daliegen und dann kann man im Prinzip genau so arbeiten oder sehr ähnlich arbeiten wie über Video. Also ich bezweifle die Sinnhaftigkeit der Videokonferenz in dem Umfeld." [14]

Zum „persönlichen" Kontakt über Zeitzonen hinweg sind Werkzeuge mit „store and forward"-Funktion besonders wichtig. Durch E-Mail oder Sprachboxen ist es z. B. möglich, Nachrichten an zeitlich weit entfernte Kollegen zu schicken und am nächsten Tag eine Antwort erhalten zu haben.

„Die Zeitzone Deutschland ist sehr einfach zu handhaben. Es sind nur 6 Stunden Unterschied bis zur Ostküste der USA. Der Zeitunterschied zwischen den USA zu Japan ist 12 oder 13 Stunden, je nach Jahreszeit. Das ist sehr viel schwieriger. Für wöchentliche Telefonkonferenzen mußten abwechselnd die Japaner und die Amerikaner nachts arbeiten, dadurch gab es viel mehr Schichtarbeit im Gegensatz zu den normalen Bürostunden, da man mit seinen verteilten Kollegen kommunizieren muß. Hier gibt es ein Zeitfenster von ca. 2 Stunden in dem wir uns mit Nordamerika unterhalten können. Viele Manager bleiben abends auch länger anstatt früh am morgen zu kommen, um dieses Zeitfenster um ein paar Stunden zu vergrößern. Jeder paßt seinen Stundenplan an die Bedürfnisse der jeweiligen Zeitzone an. Der Tag ist mehr strukturiert." [9]

Zum Austausch von Daten werden E-Mail, Intranet, Ftp, Telnet, Newsgroups, gemeinsam genutzte Datenbanken für den Code und Dokumentation, Reports, Statusinformationen usw. benötigt. In den untersuchten Projekten wurde dabei das Intranet intensiv genutzt, sowohl zum Informationsaustausch innerhalb der Gruppe als auch zwischen den verteilten Teams. Jedes Projekt besaß eigene Web-Server, die Informationen zum Inhalt des Projekts, seinen momentanen Status, alle an ihm beteiligten Entwickler mit ihrer Funktion, Telefonnummer und Lokation bereitstellten. Die Webseiten enthielten auch Protokolle aller Besprechungen und Entscheidungen sowie Verweise auf alle Dokumentation und die dazugehörigen Datenbanken. Alle Beteiligten im Team konnten Informationen, die sie für wichtig befanden, auf das Intranet stellen und so allen zugänglich machen. Dabei gab es für viele Projekte Vorlagen, wie welche Informationen präsentiert werden sollten, so daß sich innerhalb der Firma jeder schnell in einem neuen Projekt zurechtfinden konnte. Das Intranet vereinfacht den Zugriff auf die gespeicherte Information auch von den verschiedenen Computerplattformen aus. In den verteilten Projekten wurden meist PCs, Macs und Workstations verwendet. Vor der Einführung eines gemeinsamen Intranets auf HTTP-Basis war es fast unmöglich, Dokumente zwischen den unterschiedlichen Formaten der Rechner zu konvertieren. Mittlerweile jedoch hat das Intranet in fast allen Entwicklungsprojekten Protokolle wie FTP, Telnet oder Newsgroups fast vollständig verdrängt, da der Informationszugriff für alle unterschiedlichen Plattformen durch HTML transparent ist.

Die Datenbanken oder Bibliotheken, in denen der gemeinsame Code gespeichert wird, benötigen außerdem eine Versionsverwaltung und Versionskontrolle. Die untersuchten Großprojekte waren dabei stets sehr anfällig für Fehler oder Ausfälle des Code-Datenbanksystems. Zwar war die Datenbank zwischen allen Standorten verteilt und Konsistenz wurde durch ein komplexes Transaktionssystem gewährleistet. Ein einwöchiger Ausfall des Systems in Deutschland verursachte jedoch einmal einen Schaden von mehreren Millionen Mark. Hauptproblem dabei war, daß das Transaktionssystem die Änderungen, die mittlerweile in den anderen Standorten gemacht worden waren, nicht mehr schnell genug in die lokale Datenbank transferieren konnte und dadurch Inkonsistenzen entstanden waren. Erst durch eine komplette Neuinstallation konnte das System wieder funktionsfähig gemacht werden. Besonders belastend war, daß während der gesamten Ausfallzeit fast 200 Softwareentwickler nicht arbeiten konnten.

Auch auf die gesamte Dokumentation des kompletten Softwareprojekts müssen alle Beteiligten stets leicht zugreifen können. Die Dokumentation sollte darüber hinaus in einer Sprache verfaßt sein, die alle Beteiligten verstehen können (siehe auch “Kommunikationsfähigkeiten” auf Seite 164). Die Dokumentation muß auch weltweit die gleiche Terminologie verwenden. Diese kann z. B. durch ein einheitliches formales Training erreicht werden:

> *„Alle Beteiligten müssen den selben Prozeß verwenden. Auf der Seite des Managements wird eine enge Zusammenarbeit benötigt, eine enge Verbindung zwischen allen Niederlassungen. Und natürlich müssen Sprachbarrieren überbrückt werden. Damit meine ich z. B., wenn alle Dokumentation in Englisch verfaßt ist, dann gibt es keinerlei Mißverständnisse darüber was wir unter 'trunk' verstehen. Wenn aber eine Niederlassung englische Dokumentation verwendet und von einem 'trunk' spricht, die deutsche Niederlassung hingegen den Begriff 'Bündel' gebraucht, dann kommt gleich die Frage auf: Ist das ein 'trunk' oder eine 'trunk group'? Solche Probleme kommen auf, wenn unterschiedliche Sprachen in einem Projekt verwendet werden. Das ist ein Beispiel. Es sollte eine klare Terminologie geben, um die Sprachbarrieren zu überwinden.“ [16]*

In den letzten Jahren wurden viele Werkzeuge für verteilte Teams vorgestellt, die meisten der Befragten waren jedoch der Meinung, daß ein gutes und schnelles E-Mail System für die meisten Kommunikationsaufgaben vollkommen ausreichend ist.

> *„E-Mail, Telnet und Ftp sind sicherlich die wichtigsten Applikationen im Rechnerbereich, um Informationsaustausch zu machen. Für Terminabsprachen Audio-Konferenzen, mit Videokonferenzen habe ich bisher eigentlich keine guten Erfahrungen. Die Möglichkeiten, die es zumindest momentan in unserer Firma gibt, um parallel Dokumente, Präsentationen, Tafelaufschriebe oder irgend so was auf die andere Seite zu bringen sind nicht ausreichend. D. h. es ist ganz schön, daß man sich am Anfang einmal persönlich sieht, aber die Art und Weise, also, es bringt nicht mehr viel 'added value' gegenüber Audio-Konferenzen. Das ist mein Eindruck. Da stehen einfach die Tools nicht, um besonders schnell Informationen auszutauschen, um den gleichen Effekt zu bekommen wie wenn man in einem Meetingraum sitzt. Die Übertragung von Folien ist nur mit schlechter Qualität möglich, Tafelaufschriebe kann man fast nicht erkennen, es kann natürlich nur einer an einem bestimmten Ort an die Tafel hingehen, also die Interaktionen sind relativ schlecht.“ [4]*

Die Infrastruktur ist essentiell für international verteilte Projekte, jeder Ausfall der beschriebenen Werkzeuge ist kritisch für den Erfolg oder Mißerfolg verteilter Softwareentwicklung. Ohne die Bausteine zum einfachen Sprach- und Datenaustausch kann ein verteiltes Projekt nicht gelingen.

BILD 45: **Interaktionsnetz verteilter Produktentwicklung. [Quelle: In Anlehnung an Koppenhöfer et al. 1998a:5]**

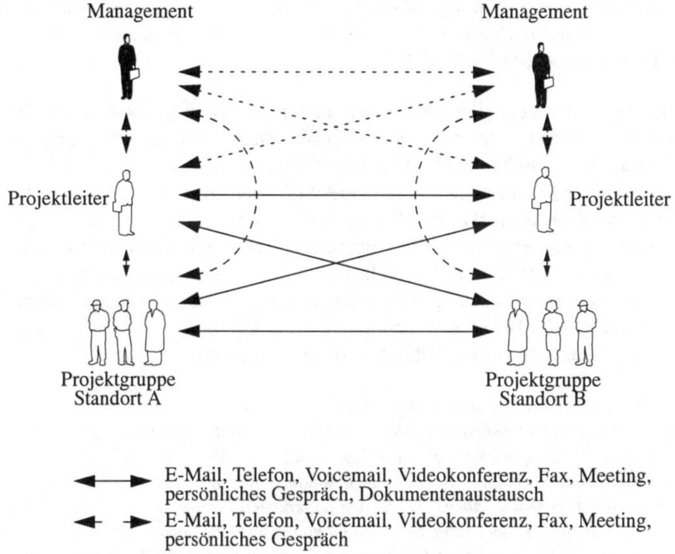

Nach einer Vorlage von KOPPENHÖFER et al. [1998a:5] wurde Bild 45 entworfen, daß das Interaktionsnetz verteilter Produktentwicklung bei den in dieser Studie untersuchten Softwareprojekten zeigt. Es wurde eine sehr flache Managementhierarchie festgestellt, unter anderem hatten deshalb die Projektgruppen neben direktem Kontakt zu ihrem Projektleiter auch direkten Kontakt mit dem Management. Projektleiter waren oft nicht nur für ein lokales Team verantwortlich, sondern hatten auch Mitarbeiter an anderen Standorten zu betreuen. Außer dem Austausch von technischer Dokumentation, der überwiegend zwischen Projektgruppen und den Projektleitern eingesetzt wurde, wurden die dargestellten Medien für alle Kommunikationsverbindungen verwendet. Im Bereich des Managements gab es öfters „Face-to-Face" Besprechungen zwischen den verschiedenen Standorten als im Bereich der Entwicklungsteams.

3.3.1.2 Die soziale Komponente

Weit schwieriger zu handhaben ist die soziale Komponente, dem „Willen" der an einem verteilten Projekt Beteiligten die zugrundeliegende Infrastruktur auch zum Informationsaustausch zu verwenden.

Dafür müssen einmal alle bereitgestellten Werkzeuge einfach zu benutzen sein. Schon wenn beim Telefonieren besondere Zugriffsnummern für internationale Gespräche verlangt werden, ist dies eine Hemmschwelle für die Benutzer.

„Ein gutes Telefonsystem ist notwendig. Wenn eine Firma wegen der Kosten für Ferngespräche besorgt ist, und wenn es deshalb sehr schwierig ist, zu den anderen Standorten zu telefonieren, kann sie mit verteilten Projekten nicht erfolgreich sein. Jeder muß fühlen, daß Kommunikation einfach ist, weil es oft schon schwierig genug ist, die Initiative für ein Telefonat zu ergreifen. Es darf nichts geben, was verunsichert, z. B. Kosten oder Zugriff-Codes oder sonstige Hindernisse." [3]

Schließlich wird Vertrauen aller Beteiligten ineinander benötigt, wie schon in KOSTNER [1996:167] oder KOPPENHÖFER et al. [1998b:3] erwähnt. Als eine der erfolgreichsten Möglichkeiten „Vertrauen" zwischen den Teams aufzubauen werden „Face-to-Face"-Meetings genannt. Sie sollten zumindest am Anfang jedes Software-Projektes stattfinden. Dabei treffen sich alle in einem Projekt involvierten Personen an einem Ort, um sich persönlich kennenzulernen. Idealerweise sollten diese Treffen regelmäßig wiederholt werden. Wenn die Entwickler sich persönlich kennen, fällt es vielen einfacher, Informationen auszutauschen, auf Anfragen wird schneller reagiert und auch Konflikte lassen sich oft von vorneherein vermeiden. Sind regelmäßige Treffen aller Beteiligten nicht möglich, so sollten sich mindestens Repräsentanten aller Teams zu gemeinsamen Besprechungen zusammenfinden.

„Face to face"-Meetings sind absolut notwendig - jeder der meint, daß er Geld spart, indem er Reisen nicht genehmigt oder verhindert, der irrt. Zumindest auf den Managementebenen ist ein gewisses Vertrauen notwendig, das Vertrauen bekommt man nicht, indem man 20 mal miteinander telefoniert, sondern da muß man sich gegenüber stehen und sich einmal gesehen haben, gesprochen haben, sich persönlich kennengelernt haben, und dann geht das sehr viel einfacher. Also da haben wir x Beispiele, daß „Face to Face"-Meetings das Eis brechen. Der Hintergrund der ganzen Sache ist: Die Projektabstimmungen sind niemals perfekt, es kommen Dinge hoch, die nicht eingeplant sind, und der große Trick bei der Sache ist: Wie kann ich mein Gegenüber davon überzeugen, daß er mehr leistet als er eigentlich bewilligt hat, oder mehr leistet als ich früher einmal gefragt habe. Das macht keiner gerne, weil jeder über 10% über seiner Last steht, und das Überzeugen des anderen, daß er mir vielleicht doch das gibt was ich brauche, das funktioniert deutlich besser, wenn man sich persönlich kennt." [14]

„Wir müssen effizient sein, aber wir sind alle nur Menschen. Wir alle wollen respektiert, geliebt, bewundert, geschätzt werden für das, was wir tun. Wir wollen, daß andere mit unserer Arbeit nicht nur einen Namen, sondern auch ein Gesicht verbinden. In der verteilten Umgebung, in der wir arbeiten, gibt es viele Beispiele, in denen Entwickler oder Teams zusammen arbeiten müssen, die sich nie sehen. Es kann eine Telefonkonferenz geben, 20 E-Mails werden ausgetauscht, aber es kann sein, daß man sich nie trifft. Aber gerade hier muß eine Balance gefunden werden. Das beschäftigt vor allem mich als Manager besonders, da ich ununterbrochen andere Leute um einen Gefallen bitten muß. Es ist immer 'You scratch my back and I scratch yours'. Wenn ich zurückdenke, wie wir hier mit unseren Multisite-Projekten angefangen haben mit zwei verteilten Teams, dann hat das ganz gut geklappt, die Leute haben versucht, zusammenzuarbeiten, wir haben uns ein wenig kennengelernt, aber es hat erst 'klick' gemacht, als wir ein paar Mitglieder des kanadischen Teams hier her zu uns einluden. Wir hatten dann 'Face-to-Face'-Kontakt, und ich denke, ab diesem Zeitpunkt - zumindest nach meiner Auffassung - haben die zwei Teams besser zusammen gearbeitet. Sie akzeptierten, daß Telefonkonferenzen gemacht

werden mußten, daß E-Mails ausgetauscht werden mußten. Die 'Anderen' waren nicht mehr nur ein anonymes Team am anderen Ende der Leitung. Man muß eine Balance finden, aber das ist nicht immer möglich. Das Budget erlaubt es nicht immer, daß Entwickler hin- und her fliegen können. Aber es muß immer vermieden werden, eine anonyme Zusammenarbeit zu haben." [6]

Zwischen den persönlichen Treffen sind wöchentliche oder monatliche Statusberichte wichtig, so daß sich die verteilten Teams nicht aus den Augen verlieren. Dies kann z. B. anhand von Telefonkonferenzen oder durch E-Mails geschehen.

Vorteilhaft für verteilte Teams ist ein Zusammengehörigkeitsgefühl. In den untersuchten Projekten wurde dieses Gefühl z. B. durch einen gemeinsamen Namen der verteilten Teams zu erreichen versucht. Auch gemeinsame Aktivitäten außerhalb der regulären Arbeitszeit, bei denen von Zeit zu Zeit alle involvierten Teams zusammentreffen, erleichtern die tägliche Arbeit. Der Austausch von Geschenken zwischen den lokal verteilten Gruppen sorgt dafür, daß die Teams sich der anderen Mitarbeiter, die nicht vor Ort arbeiten, bewußt bleiben und sie nicht vergessen.

„Das Gefühl, ein Team zu sein, gehört vielleicht gar nicht so sehr zur Kommunikation, aber es motiviert die Leute. Es ist sehr schwer, dieses Wir-Gefühl über mehrere verteilte Entwicklungslabore hinweg zu erzeugen. Innerhalb einer Gruppe, einer Abteilung oder auch innerhalb eines Gebäudes kann ich einfach sagen 'dies ist ein Team', 'wir sind alle in einem Team' und die Leute arbeiten als Team zusammen. Bei verteilten Gruppen ist das viel schwieriger. Kleine Anerkennungen helfen, z. B. bei einem erfolgreich beendeten Projekt haben weltweit alle Entwickler das gleich T-Shirt geschenkt bekommen. Natürlich gibt es aufregendere Sachen als ein T-Shirt, aber es erzeugt doch das Gefühl, daß alle Teil eines großen Teams sind. Oder die konzernweiten Newsletters. Bei jedem verteilten Projekt muß allen Involvierten immer wieder kommuniziert werden, daß eine verteilte Gruppe zusammenarbeitet. 'Team Identity' ist sehr wichtig, um erfolgreich zu sein. Und es ist sehr schwierig, dieses Gefühl in einer verteilten Gruppe zu erzeugen. Man muß sehr kreativ sein und sich dazu immer neue Methoden ausdenken, wie z. B. T-Shirts oder Nominierungen wie 'Manager des Jahres' oder ähnliche Kategorien. Nominierte Kandidaten repräsentieren die Teams von allen beteiligten Entwicklungslaboren. Es darf dabei nicht nur ein Team nominiert werden, sondern alle Gruppen müssen involviert sein. Das ist sehr wichtig, und das erzeugt ein 'Wir'-Gefühl." [3]

Für dauerhafte offene Kommunikationskanäle wurden bei den meisten der untersuchten Projekte Entwickler und Manager zwischen den Laboratorien für gewisse Zeitspannen ausgetauscht. Sie stellten einen permanenten Kontakt zu den entfernten Teams dar. Durch ihre persönliche, oft auch private Bindung zu ihren Kollegen im Heimatland konnte durch sie ein hoher natürlicher Informationsfluß erreicht werden.

„Ich glaube, um mit international verteilten Projekten erfolgreich zu sein, müssen die Teams gemischt werden. Das ist wichtig. Das ist wichtig für alle Teams, die zusammenarbeiten. Es ist das Beste, wenn die Teams gemischt aufgebaut werden. Wenn das nicht geht, sollten sich zumindest alle Beteiligten einmal persönlich getroffen haben. Jedes der verteilten Teams hat einen eigenen Fokus, gemischte Teams machen das Produkt homogener. Es ist weniger Flickwerk, hier ein bißchen, dort ein bißchen, und hier noch ein bißchen. Das ist wie ein gemeinsames Buch schreiben. Hinterher kann der Leser genau feststellen: Hier war Autor A am Werk, hier Autor B. Ich glaube, wenn die Gruppen gemischt werden, kann dies vermieden werden.

Aber es hilft auch zwischen den Schnittstellen, denn jede Schnittstelle bedeutet einen Verlust an Kommunikation. Wenn Teams gemischt werden, wird auch die Kultur der Teams gemischt, und das verhindert Kommunikationsverlust. Außerdem bringen Austauschmitarbeiter den Kontakt in andere Entwicklungslabore mit. Ein Entwickler, der von einem Team in ein anderes tauscht, bringt auch die Kultur seines alten Teams mit. Wenn jemand eine Frage hat, dann kennt er die Ansprechpartner, und er wird weniger Hemmungen haben, dort anzurufen als jemand, der den Ansprechpartner nicht kennt. Ich glaube, der Austausch ist sehr wichtig." [7]

Neben Werkzeugen zur Überbrückung der Zeitunterschiede bedarf es auch Einschränkungen in der persönlichen Terminplanung. Bei Projekten zwischen den USA und Deutschland mit 6 Stunden Zeitverschiebung wird z. B. meist verlangt, daß die Mitarbeiter in den USA für Telekonferenzen etwas früher als gewohnt zu arbeiten beginnen, während die Teams in Deutschland abends länger bleiben, um ein größeres gemeinsames Zeitfenster zu haben.

Zusammenfassung

Alles in allem stellen komplexe internationale verteilte Projekte höhere Anforderungen an die Teammitglieder als lokale, nicht komplexe Projekte. Dabei gehören das Beherrschen von Fremdsprachen, Reisefreudigkeit und Kommunikationsfähigkeiten zu wichtigen sozialen Kompetenzen, die im Kapitel "Faktor Soft Skills" auf Seite 161 gesondert erläutert werden.

TABELLE 31: **Kommunikationsmittel. [Quelle: Eigene Darstellung]**

	4	3	2	1	Σ
„Face to Face" Meetings	67	75	67	67	69
E-Mail	100	75	50	33	63
Telefonkonferenzen	67	75	50		50
Regelmäßige Besprechungen	67	25	50	67	50
Austausch von Statusinformation	67	50	50		44
Werkzeuge zum Zeitzonenausgleich	67	50	17	33	38
Pro Videokonferenzen	67	25	17	33	31
Kontra Videokonferenzen	33	25	33	33	31
Formale Prozesse		75	17		25
Team-Identität		25	17	33	19
Einheitliche Sprache	33		17		13
Kontakte		25			6
Reisen		25			6
Austausch von Entwicklern	33				6
Soft Skills		25			6

TABELLE 31: **Kommunikationsmittel. [Quelle: Eigene Darstellung]**

	4	3	2	1	Σ
Einheitliche Terminologie			17		6
Gute Infrastruktur		25	17		13
Telefonsystem	33	50	33	33	38
Intranet/Web		25	50		25
Dokumenten-Datenbanken		25	33	33	25
Code-Datenbanken	33	50			19
Sprachboxen		25	17	33	19
Einheitliche Technologie			17		6

Tabelle 31 enthält eine Zusammenfassung der in den Interviews erhaltenen Antworten. Insgesamt zeigt sich eine sehr homogene Struktur der Antworten über alle Hierarchieebenen hinweg. Alle waren sich einig, daß bei international verteilten Gruppen regelmäßige „Face to Face“-Meetings das wichtigste Werkzeug für einen kontinuierlichen Kommunikationsfluß sind. Diese müssen durch regelmäßige Besprechungen, z. B. auch über Telefonkonferenzen, unterstützt werden. Zum regelmäßigen Statusaustausch und zur täglichen Kommunikation eignen sich E-Mail und Telefonkonferenzen besonders gut, die nach den gegebenen Antworten zu schließen von den Entwicklern häufiger als vom Management verwendet werden. Nützlich zur Kommunikation in verteilten Teams erwiesen sich auch Werkzeuge, die die unterschiedlichen Zeitzonen überbrücken können. Zum Thema Videokonferenzen gab es sehr geteilte Meinungen. Genau die Hälfte der Befragten findet sie nützlich, die andere Hälfte sieht in ihnen keinen Vorteil gegenüber Telefonkonferenzen. Um die Kommunikation aufrecht zu erhalten und ein Chaos zu verhindern, sind schließlich auch formale Prozesse notwendig, die von allen verteilten Entwicklungsteams eingehalten werden müssen. Anhand der Nennhäufigkeit scheint die Definition der Prozesse hauptsächlich im Bereich des unteren und mittleren Managements zu liegen. Um die Kommunikationskanäle zwischen den verteilten Teams offen zu halten, ist es sehr nützlich, eine gemeinsame Team-Identität zu erzeugen. Auch hier ist interessant, daß Nennungen nur aus dem Managementbereich kamen. Diese Bereiche sind für die Planung der Team-Identität verantwortlich, bei den Entwicklern selbst ist dieser Punkt nicht angesprochen worden. Ein weiteres Hilfsmittel ist, Mitarbeiter zwischen den einzelnen Standorten für einen gewissen Zeitraum auszutauschen. Um Mißverständnisse zu vermeiden, ist eine einheitliche Terminologie, eine gemeinsame Projektsprache erforderlich. Die schwierige Kommunikationssituation in verteilten Teams erfordert von allen an der Entwicklung Beteiligten mehr Offenheit und Eigeninitiative, Eigenschaften, die hier mit „Soft Skills“ zusammengefaßt sind und in einem eigenen Kapitel ausführlich erläutert werden. Unabdingbare Voraussetzung für einen Erfolg in verteilten Softwareprojekten ist schließlich eine gut ausgebaute Kommunikationsinfrastruktur. Dazu gehören Telefon, Konferenzmöglichkeiten, gemeinsame Datenbanken für Code und Dokumentation und ein gutes Computernetzwerk. Wünschenswert ist auch eine einheitliche Plattform, um den Datenaustausch zu vereinfachen. Bild 46 zeigt einen grafischen Überblick.

BILD 46: **Techniken für die Kommunikation. [Quelle: Eigene Darstellung]**

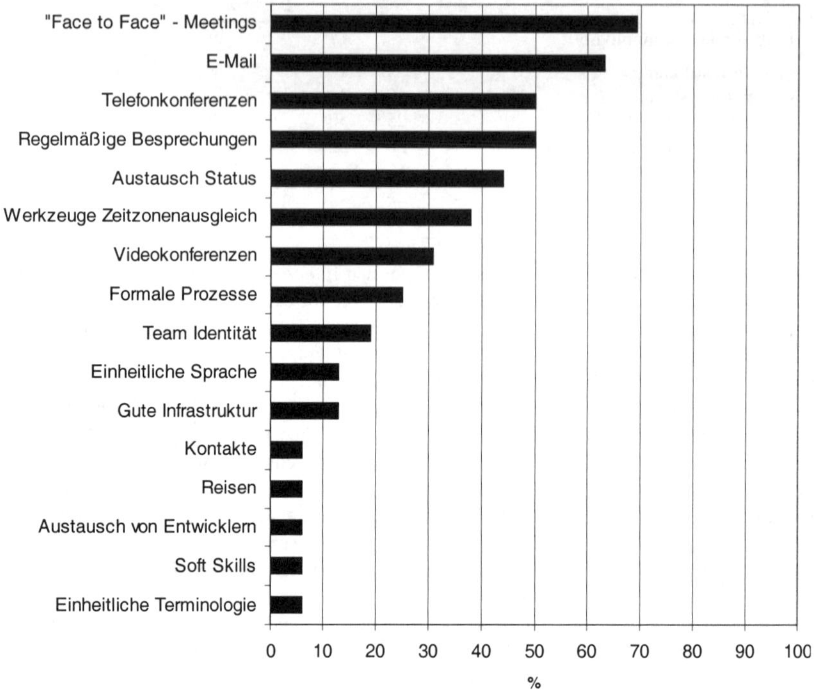

Bild 47 gibt eine detaillierte Aufsplittung der Infrastruktur wider. Als wichtigstes Kommunikationsmittel wurde das Telefon identifiziert, gefolgt von Intranet und verteilten Datenbanken.

BILD 47: **Infrastruktur. [Quelle: Eigene Darstellung]**

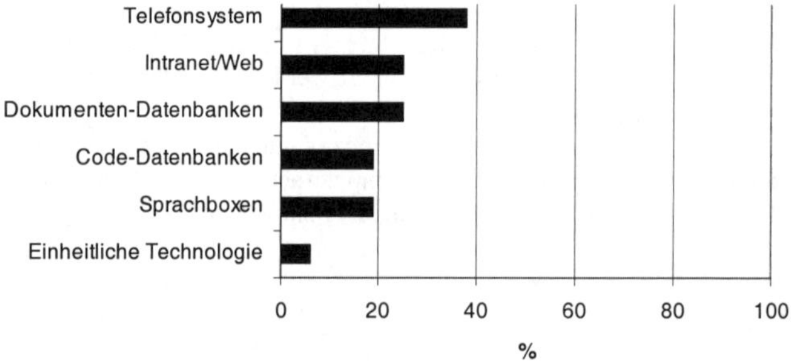

3.3.2 Faktor Projektmanagement

Dieses Kapitel beschäftigt sich mit den Managementaspekten verteilter Softwareentwicklung, laut dem eingangs zusammengefaßten Literaturüberblick einer der wichtigsten Faktoren für eine erfolgreiche oder nicht erfolgreiche Software-Entwicklung. Es werden verschiedene Bereiche betrachtet, die von nicht verteilten Software-Projekten sehr unterschiedlich sind. Nach einer Einführung wird dazu ein „Maturity-Modell" vorgestellt, das das Wachsen einer Firma ausgehend von einer Niederlassung zu einer Mutterfirma mit mehreren Standorten beschreibt. Der anschließende Teil zeigt Organisationsaktivitäten auf, wie ein komplexes Projekt entsteht, wie die Anforderungen zusammenkommen, wie die Entwicklungsaufgaben verteilt werden und wie die Entwicklungsprioritäten gesetzt werden. Der letzte Teil schließlich beschäftigt sich mit Personal- und Leitungsaktivitäten in verteilten Softwareprojekten.

Viele Projekte scheitern an schlechtem oder fehlerhaftem Projektmanagement. In dieser Arbeit zeigte sich, daß Probleme im Projektmanagement oftmals weniger mit der Entwicklung der Software zu tun hatten, sondern durch die internationale Verteilung von den Projektgruppen entstanden. Global verteilte Teams benötigen einen sehr viel höheren Kommunikationsaufwand als ein lokal zusammenarbeitendes Team.

Beispiele, die zu einem sehr frühen Scheitern internationaler Projekte durch mangelhaftes Projektmanagement führten umfassen z. B. unklare Aufgabenverteilung oder undurchsichtige Schnittstellen. Bei ersterem haben die einzelnen verteilten Teams keine exakte Spezifikation der von ihnen zu erledigenden Aufgabe, bei letzterem sind die Schnittstellen zwischen den einzelnen Teams nicht klar definiert worden. Es gab oft mehrere Hauptverantwortliche, keine klaren Hierarchien oder keinen Eskalationsprozeß für unlösbare Probleme, weil kein eindeutiger „Owner" identifiziert werden konnte. Ebenfalls fatal war, wenn eine zentrale Überwachung eines Projektes wegen zu vieler unklarer Schnittstellen zwischen den Entwicklungsteams nicht möglich war.

Schlechtes Projektmanagement kann auch die Ursache dafür sein, wenn die Abhängigkeiten zwischen den einzelnen Teams zu komplex und damit nicht mehr überschaubar sind. Ein Manager:

> *„Für ein Projekt wollten wir ein neues Modell für die Architektur entwickeln, und wir wollten objektorientierte Technologien verwenden. Schneller als wir dachten, mußten wir auch die Benutzerschnittstelle ändern, und wir brauchten neue Werkzeuge zur Softwarearchivierung. Schließlich hatten wir 20 verschiedene Probleme zu lösen, die das ganze System sehr unstabil machten. Dabei waren wir alle abhängig von den tiefer liegenden Softwareschichten. Wir konnte keine Applikationen entwickeln, ohne eine fertige Architektur der unteren Schichten zu haben. Die Basisarchitektur konnte jedoch nicht vollständig ohne Änderungen des Provisioning auskommen. So gab es viele Abhängigkeiten - ich glaube, es waren viel zu viele. Unser ursprüngliches Ziel hatten wir aus den Augen verloren, wir konnten nicht viel liefern. Am Ende war nicht ein einziger Baustein der Software komplett entwickelt, wir hatten aber von jedem aufgekommen Problem ein bißchen gelöst. Nach einigen Jahren wußten wir immer noch nicht, wie die ganze Software arbeitete, machten das Problem aber noch größer, da wir versuchten die Applikationen zu integrieren..." [5]*

An diesem Projekt waren insgesamt mehr als 800 Entwickler in 5 verschiedenen Orten in den USA, Kanada, China, England und Deutschland involviert. Ständig gab es Änderungen in den unteren Softwareschichten und viele Entwickler von Applikationen waren nur damit beschäftigt, die Änderungen der Schnittstellen der unteren Schichten in ihre Programme einzubauen. Zwar gab es einen Hauptverantwortlichen für die Basis der Software, die einzelnen Märkte, die mit ihren Applikationen auf der obersten Schicht aufsetzten, bestimmten ihre Entwicklungsprogramme jedoch weitgehend selbst. Niemand konnte also komplett überschauen, an welchen Entwicklungen parallel in den verteilten Laboratorien gearbeitet wurde. Viele der beteiligten Märkte brachten gleichzeitig Änderungsanforderungen für die Softwarebasis ein, die das Gesamtkonzept undurchsichtig machten. Ein weiterer Projektmanager hierzu:

> *„Manchmal ist die Verantwortung für ein Projekt so weit verteilt, daß derjenige, der für das Gesamtprojekt verantwortlich ist, gar nicht mehr die gesamten Entwicklungsaktivitäten versteht. Das passiert sehr leicht, weil viele unserer Projekte sehr groß sind und sehr lange dauern. Wenn ein Projekt sehr lange dauert, gibt es eine natürliche Fluktuation, und das verursacht Probleme. Oft mußten wir feststellen, daß es in einem Projekt Probleme gab und die dafür Verantwortlichen das Projekt schon lange verlassen hatten. Das kann dazu führen, daß ein großes Projekt scheitert." [7]*

Das heißt, einige der untersuchten gescheiterten Projekte waren so groß, daß die zentrale Planung keine detaillierte Übersicht mehr über die gesamte Entwicklung hatte. Einmal, weil diese viel zu komplex geworden war, andererseits, weil auch das technische Verständnis fehlte: Niemand kann sich in allen von einer komplexen Entwicklung betroffenen Bereichen gut auskennen. Ein Projekt aber ohne technischen Einblick in alle Bereiche erfolgreich zu managen ist sehr schwer.

Das zweite Problem, daß der eben zitierte Manager anspricht, bezieht sich auf die lange Projektdauer. Wenn hunderte von Entwicklern über mehrere Jahre an einem Projekt arbeiten, werden einige von ihnen während der Laufzeit der Entwicklung das Projekt oder die Firma verlassen. Je nachdem wie umfassend die Funktion eines ausscheidenden Entwicklers war und je nachdem wie viele Entwickler sich entschließen auszuscheiden, kann das für ein komplexes Projekt sehr kritisch werden. Bei großen Projekten ist die Wahrscheinlichkeit, daß das gesamte Projekt wegen einer ausscheidenden Person scheitert zwar sehr viel geringer als bei einem kleinen Projekt mit sehr wenigen Mitarbeitern. Es gab jedoch einige gescheiterte Projekte, bei denen nach dem Ausscheiden von Entwicklern in Schlüsselpositionen plötzlich festgestellt wurde, daß der von ihnen betreute Bereich in einem katastrophalen, kaum mehr zu rettenden Zustand war. Wenn dies in komplexen verteilten Projekten mehrfach passiert, kann das zu einem Scheitern des gesamten Projektes führen.

Auch die Prozesse, die die gesamte Softwareentwicklung begleiten, müssen durch das Projektmanagement festgelegt werden. Ein schlechtes Projektmanagement hat oft keine ausreichend definierten Prozesse, Meilensteine oder Kontrollmöglichkeiten um den Projektfortschritt zu überwachen. Ein Berater:

> *„Viele Softwareentwicklungen scheitern, weil die Prozesse nicht richtig konstruiert sind. Zum Beispiel: In einem verteilten Projekt mit drei Teams, in dem zwei Teams von einem ersten abhängig sind. Wenn dieses erste Team nicht zeitgerecht liefert, wird das die anderen Teams stark beeinflussen. In einem guten Projektmanagement sollte das nicht passieren." [16]*

Bei komplexen verteilten Projekten ist die Personalverwaltung viel komplexer. Jeder Standort hat zwar seine eigenen Verträge bzw. Tarifverträge, durch den ständigen Austausch von Personal durch Expats und gemischte Teams gibt es jedoch kaum Arbeitsgruppen, bei denen für alle Entwickler die gleichen Arbeitsverträge gelten. Besonders macht sich dies bei verschiedenen Arbeitszeiten oder Urlaubsansprüchen bemerkbar. Einheitliche Einplanungen von Entwicklern sind deshalb fast unmöglich. Hier die Erfahrung eines Managers:

> *„Ja, ich habe viele unterschiedliche Probleme bei großen und kleinen Softwareprojekten angetroffen, aber meistens keine technisch bedingten. Es lag immer mehr am Projektmanagement oder der Personalverwaltung. Die Personalverwaltung ist viel komplexer, da lokal Angestellte und Expats betreut werden müssen. Es gibt amerikanische Verträge, deutsche Verträge, und den Betriebsrat. Wie die Leute geführt werden, welche Regeln gelten, all das wird viel komplizierter, wenn für jeden etwas anderes gilt. Auch die Leute von verschiedenen Standorten innerhalb Deutschlands hatten historisch bedingt verschiedenen Verträge - es war schon schwierig, das alles zu verstehen. So etwas habe ich bei kleineren Projekten noch nie erlebt." [3]*

Wie die Personalplanung ist auch die Finanzplanung bzw. Finanzierung von Softwareprojekten bei verteilter Entwicklung wesentlich komplexer. Statt daß eine Entwicklung komplett aus einem Topf finanziert werden kann, müssen die einzelnen Standorte die Finanzierung verteilter Projekte untereinander aushandeln. Erschwert wird die Kostenberechnung weiterhin durch unterschiedliche Stundensätze je nach Standort, unterschiedliche Besteuerung und unterschiedliche Nebenkosten. Bis auf einen Kommentar sollen finanzielle Aspekte verteilter Softwareentwicklung in dieser Arbeit jedoch nicht weiter berücksichtigt werden:

> *„Die Kapitalbeschaffung war sehr komplex. Wir vergaben viele Aufträge an die Mutterfirma, diese wiederum teilte uns Unteraufträge zu. Es war sehr schwierig herauszufinden, wie das Geld von hier nach dort fließt, wer für was verantwortlich ist. Als ich am Hauptstandort arbeitete, gab es einen großen Topf, und nur die Finanzabteilung kümmerte sich um die Details. Dort hatte ich nie mit den Finanzen zu tun." [3]*

3.3.2.1 Maturity-Modell

Ein Direktor erklärte anhand eines Modells, welche Stufen seiner Erfahrung nach eine Firma mit anfangs einem Standort bis zu einem „Global Player" mit verteilten Entwicklungslaboratorien durchlebt:

> *„Bei jeder Neugründung einer internationalen Niederlassung, z. B. durch ein Joint Venture mit einer bereits dort ansässigen Firma, oder als 100%ige Tochterfirma, durchschreitet die Niederlassung vier Entwicklungsstufen. In der ersten Phase bedarf es großer Anstrengungen, Pioniere zu überzeugen. Das Marketing benötigt erhebliche Mittel, um die neue Technologie zu erklären. Ist ein Produkt vielversprechend, kann eine kritische Masse von Pionieren überzeugt werden. Auch ohne weitere Werbung spricht sich die neue Technologie danach in Fachkreisen herum. Die Pioniere überzeugen Kollegen in eigenen und fremden Organisationen. Daraus entwickelt sich eine Springflut: Die Mehrheit hat sich entschlossen, ohne das Produkt nicht mehr leben zu können. In der letzten Phase gehen die Bestellungen wieder zurück. Übertragen auf die Entwicklung eines neuen Standortes bedeutet dies:*

In den ersten Jahren wird viel Geld investiert, um ein Produkt für den lokalen Markt anzupassen oder zu entwickeln. Einige Mitarbeiter erfinden neue Teile, andere versuchen erste Prototypen zu implementieren, alles in allem werden große Summen investiert, ohne daß ein Gewinn gemacht werden kann. Die gesamte Infrastruktur muß in dieser Phase aufgebaut werden.

In der nächsten Phase erreicht das Produkt Marktreife. Das System wird an die ersten Kunden geliefert und diese können Erfahrungen damit sammeln. Deren Rückmeldungen und weitere Wünsche werden von der Entwicklung integriert, weitere Funktionen werden implementiert. In dieser Phase sollte der Markenname etabliert werden.

Erst in der dritten Phase erfährt die Firma durch den Produktverkauf einen Wertgewinn, „break even" wird erreicht und Gewinne werden eingefahren. Ab diesem Zeitpunkt ist das Geschäft für die Mutterfirma und die Anleger lohnend.

In der vierten Phase ist das Produkt ausgereift, die Entwicklungskosten sinken dramatisch. Die Kunden kennen das Produkt bereits, der Markenname ist bekannt, die Firma hat eine „Lizenz zum Gelddrucken". Die eigenen Kosten sind gering, fast der gesamte Umsatz bedeutet Gewinn. Dieser muß jedoch reinvestiert werden, um neue Produkte zu entwickeln, da das erste entwickelte Produkt keine unbegrenzte Lebensdauer besitzt." [14]

BILD 48: Die vier Entwicklungsstufen eines neuen Standortes. [Quelle: Eigene Darstellung nach einem Interview]

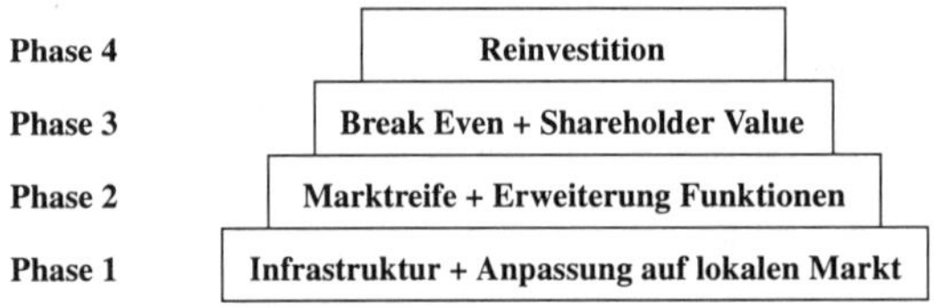

3.3.2.2 Aufsetzen verteilter Projekte

Bevor ein komplexes verteiltes Projekt begonnen wird, ist eine ganze Reihe von Vorarbeiten zu leisten: Was genau soll entwickelt werden? Wessen Anforderungen werden in der Entwicklung berücksichtigt? Wer trägt die Hauptverantwortung? Welche Standorte können an der Entwicklung beteiligt werden?

Ursprung jedes Projektes ist entweder der Wunsch eines Kunden nach neuer oder erweiterter Funktionalität oder eine strategische Entscheidung des Top-Level-Managements, das für ein neues Produkt Erfolgschancen auf dem Weltmarkt sieht. Kundenbedürfnisse sind dabei wegen des geringeren Risikos die bevorzugte Ausgangsposition für ein Projekt. Von den strategischen Entwicklungen werden im Schnitt nur etwa 20% erfolgreich beendet, weil der Absatzmarkt sich anders als prognostiziert entwickelte:

„Projekte werden einerseits aufgesetzt, weil ein klares externes Bedürfnis besteht. Ein Kunde, zwei Kunden oder auch mehr kommen und sagen: 'Es wäre schön, diese Funktionen zu haben'. Wir erfahren das dann durch das Marketing oder den Software Support.

Das ist ein sehr guter Startpunkt für ein Projekt. Die einzigen Fragen, die noch zu klären sind, sind:' Hat der Kunde das Geld für die Entwicklung?', 'Will er die Entwicklung bezahlen?'. Also Fragen, die das Management zu beantworten hat. Es muß feststellen, wie groß das Budget ist, wieviel Geld eingenommen werden kann und wie die Finanzierung ist.
Der andere Ursprung von Projekten ist der, wenn keine Anforderungen vom Kunden vorliegen. Es ist nicht ganz genau bekannt, was die Kunden in Zukunft wünschen werden, aber es wird versucht, Prognosen zu erstellen, welcher Markt welche Funktionalität benötigen wird. Was kann in einem bestimmten Absatzgebiet verkauft werden? Darüber muß natürlich im Voraus viel nachgedacht werden, Ideen werden gebraucht, und eine Analyse, ob sie gewinnversprechend sind. Dazu werden Mitarbeiter benötigt, die Ideen haben, oder die Ideen eines Anderen umsetzen können - dazu muß man zuhören können. Denn die Idee muß jenen präsentiert werden, die eine Projektentscheidung treffen können, die beurteilen, ob ein Projekt sinnvoll ist oder nicht. In einer Firma wie der unseren sind wir auf Ideen angewiesen, und auf einen schnellen Weg von der Idee über die Genehmigung bis zur Implementierung. Wenn in dieser zweiten Art von Projekten die Requirements genau definiert wurden und Entscheidungsträger seiner Durchführung zustimmen, ist der weitere Werdegang wie bei Kundenanforderungen und die Entwicklungsaufgaben werden verteilt." [8]

Bild 49 skizziert die beiden Möglichkeiten, wie ein Entwicklungsprogramm gestartet werden kann.

BILD 49: **Input für Projekte. [Quelle: Eigene Darstellung]**

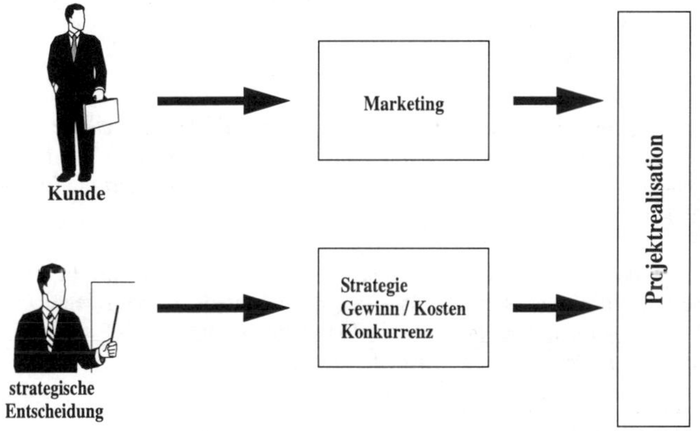

Für beide Strategien muß jedoch auch immer die Größe der in dieser Studie untersuchten Firma im Auge behalten werden. Mit mehr als 80.000 Mitarbeitern in 150 Ländern sind sowohl Kundenwünsche, die an das Marketing herangetragen werden, in unterschiedlichen Märkten oft sehr ähnlich, andererseits sind auch die Möglichkeiten strategischer Entwicklungen kaum zu überblicken. In den untersuchten Standorten war deshalb eine ganze Abteilung nur damit beschäftigt, Anforderungen der lokalen Kunden zu sammeln, zu sortieren und diese mit den anderen weltweit verteilten Standorten abzugleichen. Ähnliche Anforderungen können durch diesen globalen Abgleich zu einem Projekt zusammengefaßt werden, die Entwicklung wird dadurch oft wesentlich kostengünstiger, da die gleiche Software in mehreren Märkten ohne große Anpassungen eingesetzt werden kann. Teure Doppelentwicklungen der fast gleichen Funktionalität können vermieden werden. Anforderungen von Kunden, die sich nur geringfügig unterscheiden, können später durch zusätzliche Parameter konfiguriert werden. Für kleine Softwareprojekte würde sich meist der Aufwand nicht lohnen, daß ein Team alle benötigten Varianten entwickelt, dort ist es oft billiger, alle benötigten Varianten weitgehend getrennt voneinander zu entwickeln. Bei komplexen Entwicklungen mit oft mehr als 200 Entwicklern ist eine Bündelungsstrategie jedoch notwendig, um weltweit zu konkurrenzfähigen Preisen anbieten zu können.

BILD 50: **Bündelung von Anforderungen. [Quelle: Eigene Darstellung]**

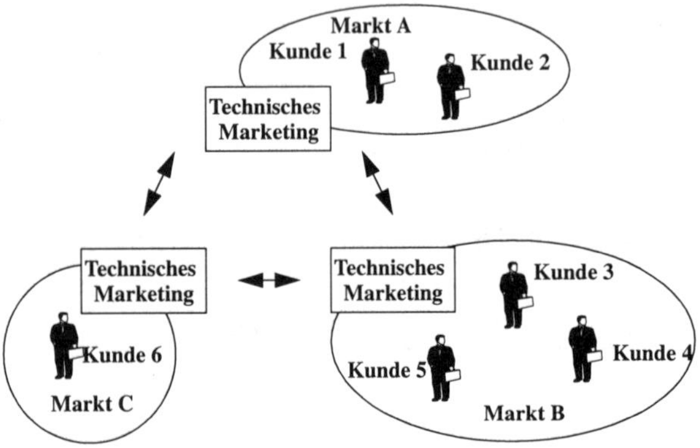

Bild 50 zeigt ein Beispiel mit drei Niederlassungen in Verschiedenen Märkten A, B und C. Jede Niederlassung bedient den lokalen Markt. Kunden in allen Märkten geben ihre Anforderungen an die Niederlassung vor Ort, das technische Marketing koordiniert die Entwicklungsprojekte danach auf einer globalen Basis.

Wenn eine Entscheidung für ein Projekt gefallen ist, kann die Entwicklungsarbeit auf mehrere Standorte verteilt werden. Die sich daraus ergebenden Vorteile wurden schon im Kapitel “Argumente für international verteilte Software-Entwicklung” auf Seite 68 genannt. Für eine Aufteilung können mehrere Strategien verwendet werden:

- Die Teams, die die meiste Erfahrung mit den aufkommenden Entwicklungsarbeiten haben, werden dem Projekt zugeteilt, um das Entwicklungsrisiko zu senken.
- Das Projekt wird so aufgeteilt, daß die Abhängigkeiten zwischen den einzelnen Standorten minimal sind, um die Komplexität zu verringern.
- Die Standorte, die am nähesten am Kunden liegen, werden mit der Entwicklung beauftragt. Dies kann Voraussetzung für einen Auftrag sein, kann sich aber auch für den späteren Support als günstig erweisen.
- Die Standorte mit freien Ressourcen starten mit der Entwicklung.

Die ersten drei Gründe, ein Softwareentwicklungspaket einem Entwicklungslabor zuzuweisen, werden theoretisch stets bevorzugt. Bei den untersuchten Projekten war jedoch oft nach der vierten Strategie entschieden worden, da die Projekte unter Zeitdruck durchgezogen werden mußten und für eine Verteilung keine idealen Bedingungen gegeben waren. Auf das Team mit der besten Expertise konnte nicht gewartet werden, wenn es noch in andere Entwicklungsaufgaben involviert war. Der Zeitdruck des Marktes und der Konkurrenz war oft so groß, daß die Entwicklungsprojekte vom Startzeitpunkt an als „verzögert" und „zu spät" galten. Trotz allem wurde versucht, das Softwareprojekt, auch wenn es zunächst von einem der gerade freien Teams bearbeitet wurde, bei nächstmöglicher Gelegenheit nach den ersten drei der oben vorgestellten Kriterien zu verteilen und das Projekt zu anderen Standorten zu transferieren. Bei strategischen Entwicklungen ohne direkte Kundenanforderung war der Marktdruck meist nicht so groß, so daß gleich auf das Team mit der besten Expertise gewartet werden konnte.

Je mehr Teams an einem Projekt arbeiten, und je mehr die einzelnen Arbeitspakete voneinander abhängig sind, desto mehr steigt der Kommunikations- und Koordinationsaufwand in einem Projekt. Es wird deshalb stets versucht ein Projekt so aufzuteilen, daß jeder Standort möglichst wenig Abhängigkeiten zu anderen Standorten hat.

BILD 51: **Projekt mit Abhängigkeiten der einzelnen Entwicklungslabore. [Quelle: Eigene Darstellung]**

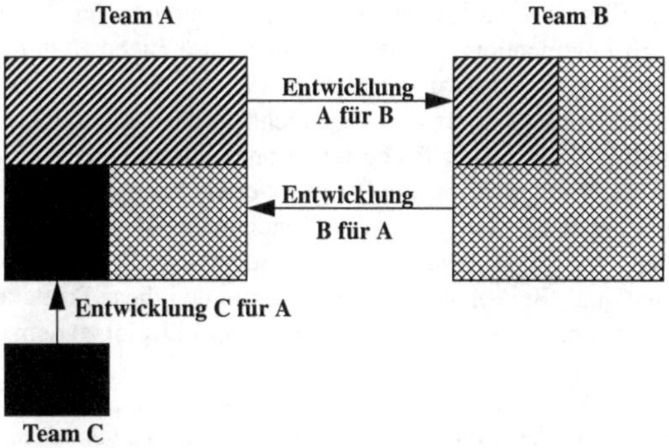

Bild 51 zeigt ein Beispiel mit einem auf drei Entwicklungslaboren verteilten Projekt. Team A benötigt Teile der Entwicklungsarbeit sowohl von Team B als auch von Team C, Team B benötigt hingegen Code von Team A. Nach Möglichkeit würde dieses Projekt wie in Bild 52 gezeigt aufgeteilt werden. Nun sind die Anzahl der Schnittstellen geringer und das Projekt ist weniger komplex.

BILD 52: **Bessere Aufteilung: Geringere Abhängigkeiten der Labore. [Quelle: Eigene Darstellung]**

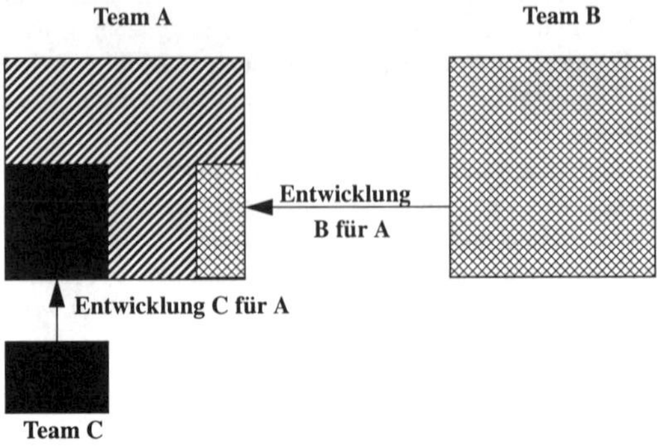

Lokale Standorte sind durch lokale Kundenanfragen oft Initiator von Projekten. Wie im Beispiel auf Seite 73, in dem ein Kunde gerne drei verschiedene Zahlungsmöglichkeiten für seinen Prepaid-Service implementiert haben wollte, versucht jeder Standort, die Wünsche seiner Kunden in die globale Entwicklung einzugeben. Wird an einem anderen Standort gerade eine ähnliche Anforderung implementiert, können dort auch zusätzliche Requirements mit aufgenommen werden, oder das Projekt wird zwischen den beiden Standorten aufgeteilt. Der neue Standort entwickelt und implementiert die noch nicht durch das bereits aufgesetzte Projekt abgedeckte Funktionalität. Landesspezifische Funktionen, deren genaue Implementierung oft von weit entfernten Standorten nicht nachvollzogen werden kann, ist weiterhin ein Argument für eine Projektaufteilung nach dem Kriterium Kundennähe. In Deutschland gibt es in der Telekommunikationsindustrie z. B. Telekomspezifische analoge Protokolle, die in allen anderen Märkten unbekannt sind. Bei lokaler Entwicklung können diese Produkte einfach getestet werden, zusätzlich findet sich Expertise „vor Ort". Hier ein Beispiel zu dem eben vorgestellten Szenario:

„Um ein komplexes verteiltes Projekt zu starten und am Leben zu erhalten, braucht man eine zentrale, voll verantwortliche Person. Sie sucht Ressourcen, überprüft, wer frei ist und wer die richtigen Leute für das Projekt sind. Je nach Projektgröße und Komplexität ist das ein Direktor oder ein Präsident. Dieser muß zwei Dinge beachten, wenn er die Teams auswählt und die Arbeit für sie interessant gestalten will: Wer hat die Expertise, wer hat die meiste Erfahrung für die aufkommenden Arbeiten. Und zweitens: Wie können Abhängigkeiten zwischen den Gruppen vermindert werden.
Um die Komplexität zu verringern wird versucht zu vermeiden, daß Gruppe A ein Arbeitspaket bekommt, wozu sie Input von Gruppe B benötigt und auch ein wenig von Gruppe C, andererseits auch Gruppe B von einigen Ergebnissen von Gruppe A abhängig ist aber unabhängig von C arbeiten kann. Hier würde versucht werden, den Teil, den Gruppe B für A produziert, gleich nach A zu verschieben, und im Ausgleich dafür den Teil, den A für B entwickelt, nach B zu transferieren. Es wird versucht, die Abhängigkeiten untereinander zu verringern. Das verringert den Kommunkations- und Koordinationsaufwand, die Entwicklungszeit und gibt den einzelnen Gruppen die Möglichkeit, ihren Status zu kontrollieren. Die ideale Situation ist erreicht, wenn jede Gruppe ihr eigenes Arbeitspaket unabhängig von allen anderen Entwicklungsteams bearbeiten kann und es am Ende eine

gemeinsame Integration gibt. In die Bewertung der Teilprojekte für jede Gruppe fließt außerdem mit ein, ob bei der Verteilung überhaupt genügend Komplexität und Aufgaben für jede der involvierten Gruppen vorhanden sein wird. Es kann vorkommen, daß eine Gruppe zwar von der Expertise her paßt, aber es kann nicht nur nach diesem Kriterium entschieden werden, weil sonst eine andere Gruppe B vielleicht nichts Interessantes mehr zum Entwickeln bekäme. In unserer Firma wird dies meist schon im ersten Vorschlag für ein Projekt festgehalten, und dann verhandeln die involvierten Teams abhängig von ihren Vorstellungen und Zielen." [5]

„Die ideale Verteilung würde sich auf technischer Erfahrung und Kundennähe begründen, d. h. welcher Standort am nähesten bei dem Anforderer liegt. In der Realität funktioniert das nicht immer. Alle Entscheidungen sind vom Budget und der Zeitplanung abhängig. Manchmal stellt sich auch nicht die Frage nach dem Geld, sondern nur darum, wo die Ressourcen sind, da ein Projekt im Februar und nicht erst im Mai beginnen soll, dem Zeitpunkt, an dem das besser geeignete Team einplanbar wäre. So erging es mir mit meinem Projekt 1996. Wir als Designmanager versuchten eine bestmögliche Arbeitsaufteilung anhand der Kriterien, wer die meiste Erfahrung und das größte Wissen hatte, die benötigte Software zu entwickeln. Am Ende wurde jedoch einiges anders aufgeteilt, manchmal entschieden wir uns, eine Entwicklungen in Montreal statt hier in Deutschland zu machen, da das Team hier noch relativ neu war und länger gebraucht hätte, was unsere Zeitpläne nicht erlaubten. Das ist ein Beispiel, bei dem unsere Entscheidung nur auf der knappen Zeit basierte, so daß wir unsere Vorgaben erreichen konnten.
Ein anderes Beispiel war ein Projekt, bei dem wir die für den deutschen Markt spezifischen Funktionen entwickelten, die eher generischen Funktionen im Gegensatz dazu in den USA implementiert wurden." [6]

Alles in allem waren Manager stets darauf bedacht, anfangs nur eine Grobplanung vorzulegen und anhand dieser die Aufteilung zu beschließen. Die Feinplanung war Aufgabe der Entwicklungsteams in den einzelnen verteilten Standorten. Was in den Interviews immer wieder hervorgehoben wurde war, daß jedes Projekt einen einzigen Hauptverantwortlichen benötigt, wenn es erfolgreich beendet werden soll, d. h. dieser hat die letzte Entscheidungsgewalt. Einige der gescheiterten Projekte, die in dieser Studie untersucht wurden, hatten keine klare Zuordnung bei den Verantwortlichkeiten, für den Projektinhalt und die Einhaltung der Zeitpläne fühlten sich dann entweder mehrere Manager verteilter Standorte verantwortlich, oder oft auch gar niemand. Sobald es in einem verteilten Entwicklungsteam ohne klare Führungsstrukturen zu Unstimmigkeiten kommt, z. B. darüber, in welche Richtung sich ein Projekt bewegen soll, ist ein erfolgreiches Beenden nur noch sehr schwer möglich.

3.3.2.3 Festsetzen der Prioritäten

Bei einigen Projekten wurde eine Konstellation der Projektteams festgestellt, die der verteilten Arbeit eher hinderlich war: Der Projektleiter hatte nur einen geringen Einfluß auf Entwickler, die zwar im gleichen Team, aber an einem anderen Standort arbeiten. Personaltechnisch gesehen hat jeder Standort eine eigene Hierarchie, d. h. jeder Entwickler gehört zu einer Gruppe, die von einem Personalverantwortlichen lokal geführt wurde. Projekte liefen jedoch quer über viele Standorte, wie in Bild 53 verdeutlicht.

BILD 53: **Einbezug unterschiedlicher Standorte in ein Projekt. [Quelle: Eigene Darstellung]**

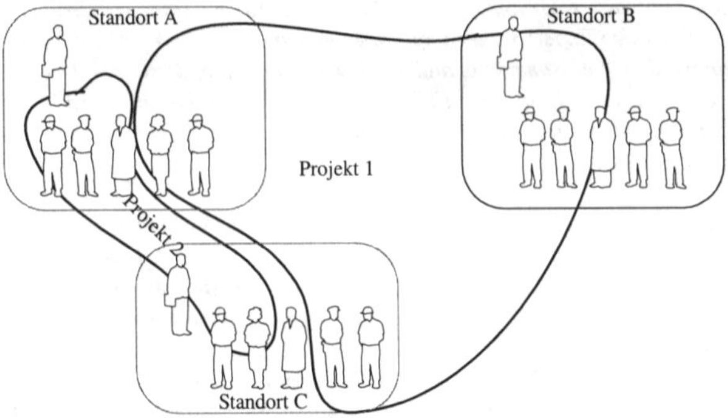

Es zeigt 3 Standorte A, B, C und zwei verteilte Projekte. An jedem Standort ist ein Entwicklungsteam mit dem Vorgesetzten dargestellt. Projekt 1 war über die Standorte A, B, C verteilt, der Projektleiter befand sich an Standort B. Entwickler an den Standorten A und C arbeiteten in seinem Team, berichteten jedoch an ihre lokalen Vorgesetzten. Für den Projektleiter in Standort B bedeutete dies viele Verhandlungen mit den Vorgesetzten an Standort A und C, damit „seine" Entwickler entsprechende Aufgaben aus Projekt 1 übernehmen konnten. Obwohl Standort B das Projekt 1 finanzierte, war viel Fingerspitzengefühl und Taktik notwendig, um sich den vollen Einsatz aller an der Entwicklung Beteiligten zu sichern. Ein Manager zu seinen Erfahrungen:

> *„Das Projekt hier war viel breiter verteilt, als die meisten anderen Projekte, die ich schon bearbeitet habe. Hier hatte ich viel weniger Kontrolle über die Leute, die daran arbeiteten. An meinem letzten Projekt hier arbeiteten auch ca. 100 Entwickler aus den USA mit, die nicht meiner Abteilung angehörten. Sie berichteten an Manager in den USA. Ich mußte versuchen, diese Manager zu beeinflussen, sie dazu zu bringen, Entwicklungsarbeiten für mich zu übernehmen. Dafür habe ich Millionen von Beispielen: Ich hatte Entwickler in Montreal, brauchte jedoch ihr Einverständnis, das zu tun, was ich wollte. Und das, obwohl sie von uns bezahlt wurden. Leute nicht direkt kontrollieren zu können, gerade in einer verteilten Umgebung, macht Softwareentwicklung sehr interessant." [3]*

Jeder Standort hat bezüglich der Softwareentwicklung eigene Prioritäten, die von den von ihm bedienten Marktsegment abhängen. Bei vielen der untersuchten Projekte wurden Entwickler, die für Softwareentwicklungen für einen anderen Standort eingesetzt waren, immer wieder für kurze, für einen anderen Markt mit gerade höherer Priorität sehr wichtigen Entwicklungen abgezogen. Dadurch konnte die geplante Entwicklungszeit nicht eingehalten werden, die Gesamtlaufzeit des Projektes erhöhte sich und die Planung stimmte nicht mehr. Kleine Projekte werden selten von unterschiedlichen Prioritäten einzelner Entwickler betroffen. Ein Projektleiter:

> *„Ein Problem ist z. B., wenn ich an einem Standort arbeite, dann betreut dieser einen Markt. Die Prioritäten dieses Standortes werden gemäß den Prioritäten dieses Marktes definiert. In einer verteilten Entwicklung bedienen die einzelnen an ihr beteiligten Standorte verschiedenen Marktsegmente, also haben sie unterschiedliche Prioritäten. Um das*

Problem unterschiedlicher Prioritäten meistern zu können, brauche ich zu Projektbeginn die sichere Zusage aller Standorte, daß sie die gemeinsamen Ziele des Projektes unterstützen. Wenn ich z. B. eine bestimmte Funktionalität nur im deutschen Markt benötige, diese aber von einem amerikanischen Team entwickelt werden soll, dann brauche ich von denen die schriftliche Zusage, was ich von ihnen wann geliefert bekomme und die Zusage, daß sie ihre Prioritäten nicht plötzlich dem amerikanischen Markt zuwenden." [16]

3.3.2.4 Managen verteilter Projekte

MACHARZINA [1999:713] stellt fest, daß sich das Top-Management eines international tätigen Unternehmens im Gegensatz zu demjenigen eines rein national tätigen Unternehmens einer weitaus höheren Komplexität im Unternehmensverbund gegenüber sieht. Vor allem bei Unternehmen, die einen Teil ihrer Wertschöpfungskette ins Ausland verlagert haben, ergibt sich ein Zwang zur Koordination im Hinblick auf ein übergeordnetes Ziel.

Hier soll der Fokus speziell auf die Koordination international verteilter Software-Entwicklungs-Gruppen gelegt werden. Das Projektmanagement muß dabei versuchen ein Team zu führen, daß sich vielleicht gar nie direkt treffen kann. Die Koordination der einzelnen Mitarbeiter bzw. der Arbeitspakete ist wesentlich komplexer als bei nicht verteilten Projekten. Das Management muß versuchen die Voraussetzungen zu schaffen, daß die Kommunikation in einem verteilten Team reibungslos verläuft. Es muß dafür sorgen, daß alle Teammitglieder das Ziel der Softwareentwicklung kennen und dessen Verwirklichung verfolgen. Außerdem ist es für die regelmäßige Erhebung des Ist- und Sollzustandes eines Projektes verantwortlich und muß Statusinformationen zwischen allen Standorten verteilen. Die unterschiedlichen Zeitzonen erschweren oft die Synchronisation der einzelnen Arbeiten. Wie in dem Kapitel über Kommunikation schon erwähnt, wird ein gewisses Vertrauen zwischen den einzelnen Standorten benötigt. Aufgabe des Managements ist es, dieses zu erzeugen. Dazu gehört auch, entsprechend mit kulturellen Unterschieden umzugehen. Oft werden in verteilten Teams Probleme viel später eskaliert als in nicht verteilten Umgebungen und bleiben lange unbekannt. Schließlich müssen sich Manager auch der unterschiedlichen Arbeitsgesetze bewußt sein, die an den einzelnen Standorten eines verteilten Teams gelten.

HERN [1996:3] beschreibt den Sachverhalt folgendermaßen: Geographisch verteilte Teams benötigen viel länger, bis eine gute Zusammenarbeit erreicht ist. Es sei viel schwieriger, Vertrauen oder Teamgeist am Telefon zu entwickeln, statt wenn Mitarbeiter sich persönlich treffen können. Deshalb wird ein gemeinsames Kick-Off-Meeting empfohlen, bei dem sich alle Beteiligten auch privat kennenlernen können. Auf diesem Treffen sollte unmißverständlich für alle Beteiligten geklärt werden, was das Ziel des Projektes ist und warum gerade dieses Team dafür gebildet wurde. Wenn danach alle Teammitglieder zu ihren Standorten zurückgekehrt sind, ist es sehr wichtig, jeden gleich zu behandeln. Wichtiger ist noch, daß sich alle gleich behandelt fühlen. Entwickler in weit entfernten Standorten fühlen sich schnell isoliert. Praktisch kann eine Gleichbehandlung z. B. dadurch erreicht werden, daß alle Informationen immer zeitgleich zu allen Teams geschickt werden oder in gemeinsamen Datenbanken verwaltet werden. Oft passiert es jedoch, daß Teammitglieder am Standort mit dem größten Team oder mit dem Projektleiter Informationen früher mitgeteilt bekommen und diese oft auch vollständiger sind.

Das Management muß auch darauf achten, die Leistung von allen gleichwertig anzuerkennen und Belohnungen gerecht zu verteilen. Wenn ein Meilenstein erreicht ist, ist es bei verteilten Teams nicht zu empfehlen, die Teammitglieder zu einem gemeinsamen Abendessen einzuladen, wenn die Hälfte des Teams aufgrund seiner geographischen Lage daran nicht teilnehmen kann. Auch bei Besprechungen können Teile eines verteilten Teams leicht vernachlässigt werden. Hier empfiehlt Hern deshalb ein rotierendes Moderatorenamt, das sicherstellen soll, daß jeder Standort zu Worte kommt. Für abgelegene Teams ist es oft schwierig, alles zu verfolgen, deshalb muß der Moderator Unterbrechungen und Zwischenfragen erlauben und koordinieren. Abschließend ist der Moderator dafür verantwortlich, daß eine schriftliche Zusammenfassung der Besprechung an alle Teammitglieder gesendet wird. Hern schließt mit der Bemerkung, daß Leute, die in einer verteilten Umgebung arbeiten, Zeit benötigen, bis sie sich an diese Umgebung gewöhnt haben. Entwickler, die lange sehr unabhängig und individuell gearbeitet haben, müssen sich besonders bemühen, mit einem verteilten Team zurechtzukommen. Alle müssen lernen, mit schlechten Telefonverbindungen und den Zeitunterschieden umzugehen. Wegen diesen Voraussetzungen sei es sehr empfehlenswert, an jedem Standort erfahrene Multisite-Mitarbeiter zu haben. Sie können den weniger erfahrenen Kollegen als Mentor dienen und den Teams „am Anfang auf die Sprünge helfen".

In dieser Fallstudie war eine große Schwierigkeit für die meisten Interviewpartner die Frage, wie mit einem entfernten Teil eines Teams umgegangen wird. Wenn sich Leute nicht täglich sehen, so verlieren sie den Kontakt zueinander. Einige Manager versuchen den Kontakt durch Videokonferenzen oder tägliche Telefonate aufrecht zu erhalten, sind sich aber den Limitationen dieser Kommunikationsmittel bewußt: Es ist nicht möglich, sein Gegenüber zu sehen, seine Körpersprache zu verstehen. Es wird in verteilten Teams viel schwieriger, die Bedürfnisse von weit entfernten Mitarbeitern zu verstehen als von jenen vor Ort, mit denen der Manager täglich in Kontakt steht. Und damit wird es auch schwieriger, alle Teammitglieder gleich zu behandeln. Hier die Aussage eines Managers:

> *„In meinem Team waren ein paar Leute in England, und ich glaube, das Hauptproblem war die Kommunikation. Ich wußte nicht, was die gerade arbeiteten, was ihre Bedenken waren, wo sie Herausforderungen sahen, und ich konnte sie nicht täglich unterstützen. Sie hatten zwar dort einen lokalen Manager, dem sie zugeordnet waren, aber bezahlt wurden sie von hier. Wenn sie auf Probleme mit meinem Projekt stießen, konnten sie den dortigen Manager sicherlich nicht um Hilfe bitten. Sie mußten sich an mich wenden, und ich mußte mich um sie sorgen, und auf diese Entfernung hin war das sehr schwierig. Ich weiß nicht, was ich hätte besser machen können. Es sind oft nicht so sehr die administrativen Dinge, eher ob sie z. B. mit der Arbeit zufrieden sind. Ich versuchte täglich ihren Fortschritt und ihre Probleme zu verstehen, und dazu haben die täglichen Telefonate sicherlich geholfen." [6]*

Zu den Schwierigkeiten, weit entfernte Teams zu führen, zählen auch kulturelle Unterschiede, die es oft schwierig machen, andere Teams bzw. ihre Entscheidungen nachzuvollziehen. Zu den Aufgaben des Managements gehört es, dem Team ein Wir-Gefühl zu vermitteln und Vertrauen zwischen den Standorten aufzubauen. Dieses Thema wird in einem späteren Kapitel ausführlich erläutert.

Koordination ist die administrative Hauptaufgabe des Managements, welche in verteilten Gruppen eine Herausforderung darstellt. Der Manager muß einen Projektplan entwerfen und die Teilaufgaben den einzelnen Teams zuweisen. Ihm obliegt die Synchronisation der oft voneinander abhängigen Teilentwicklungen. Er muß definieren, wo die Prioritäten liegen und welche Produkte bis wann fertiggestellt sein müssen, und dies dem gesamten Team vermitteln. Ein weiterer Manager beschreibt seine Erfahrungen:

> *„Meine größte Schwierigkeit war, das gesamte Team synchronisiert zu halten, in Bezug auf unser Ziel. Und das regelmäßig ein sinnvoller Statusbericht ausgetauscht wurde. Es wurden zwar dauernd Berichte hin- und her geschickt, aber enthielten sie auch die wichtigen Informationen? Eine weitere Herausforderung war, das gesamte Team dazu zu bringen, sich gegenseitig zu helfen, anstatt anderen Standorten die Schuld an einem Problem zuzuschreiben. Und das passiert sehr schnell, wenn es Probleme gibt. Ich arbeitete an einem Projekt mit Teams in Richardson und Ottawa. Ich selbst war in Richardson, und wir dachten: Ottawa sabotiert unsere Arbeit, nur wegen Ottawa sind wir so langsam. Die in Ottawa hingegen dachten, wir würden es uns sehr einfach machen, da die gesamte Projektplanung überstürzt und unüberlegt wäre. Wie kann ein Projekt fortschreiten, wenn man dieses Problem hat? Niemand half dem anderen Team. In einer Umgebung mit verteilten Gruppen muß stets darauf geachtet werden, daß sich alle gegenseitig helfen!" [5]*

Erschwert wird die Koordination ebenfalls, wenn das Projekt über mehrere Zeitzonen verteilt ist:

> *„Unterschiedliche Zeitzonen machen direkte Kommunikation schwierig und schmälern das Zeitfenster gemeinsamer Arbeitszeit. Verschobene Schichtarbeit, bei der ein Standort früher zu arbeiten beginnt und ein anderer länger bleibt, kann zwar helfen, wenn der Zeitunterschied aber mehr als zwei Stunden beträgt wird von diesem System abgeraten. Für Zeitunterschiede von mehr als sechs Stunden sind Sprachboxen und E-Mail unumgänglich, um mit anderen Standorten in Verbindung zu bleiben. Sprachboxen sind besonders nützlich, da sie einfach und schnell zu bedienen sind." [Hern 1996:3]*

Das Risiko von Entwicklern an entlegenen Standorten ist, daß Krisen meist zur Arbeitszeit des Hauptstandortes erscheinen. Bei einem Projekt zwischen Ottawa und der Türkei, bei dem der Zeitunterschied zwischen beiden Standorten 7 Stunden betrug, mußten die Ingenieure in der Türkei bis kurz vor dem endgültigen Scheitern bis spät in die Nacht arbeiten. Ein Direktor beklagt sich ebenfalls über die durch unterschiedliche Zeitzonen entstehenden Kommunikationsprobleme:

> *„Die Synchronisation der Arbeit mit anderen Standorten ist eine Herausforderung. Der Zeitunterschied ist immer im Weg, wenn ich kommunizieren will. Zeitzonen sind Ursache vieler Probleme. Ich arbeite hier an einem Projekt zusammen mit unserer Niederlassung in Australien, das sind je nach Jahreszeit 11 oder 12 Stunden Zeitunterschied. Ich kann nie direkt zu jemandem sprechen, da sie dort zu unserer Arbeitszeit schlafen und umgekehrt. Das ist wirklich sehr, sehr schwierig." [13]*

Wie diese Studie außerdem gezeigt hat, hat das Management oft die selben Probleme, die auch die Mitarbeiter bedrohen: Schwierigkeiten mit der Kommunikation zwischen den verschiedenen Standorten. Daraus entsteht wiederum das Problem, daß oft keine einheitlichen Zielvorstellungen für ein Projekt vorhanden sind, und das es nicht einfach ist zwischen allen Standorten ein gemeinsames Ziel zu vereinbaren. Haben sich alle Beteiligten zu einem gemeinsamen Ziel entschließen können und wird das Projekt gestartet, ist ein regelmäßiger Austausch an Statusinformationen Voraussetzung dafür, daß alle Teams koordiniert bleiben und der Kommunikationsfluß aufrecht erhalten bleibt.

Terminverzüge und andere in der Softwareentwicklung auftretende Probleme werden bei verteilten Projekten viel später bekannt als bei zentral, an einem Ort, durchgeführten Entwicklungsprojekten. Da eine Kontrolle viel schwieriger ist und oft nicht so genau durchgeführt werden kann, werden kleine Terminabweichungen von einem Standort gerne so lange wie möglich verheimlicht, mit der Absicht, die überschrittene Zeit bei nächster Gelegenheit wieder aufzuholen. Wenn dies gelingt, ist es nicht nötig, die zentrale Planung „unnötig" mit zu involvieren. Bei den untersuchten Projekten war jedoch genau dieses Denken immer wieder Anlaß dafür, daß die zentrale Planung erst kurz vor Meilensteinen von Zeitverzögerungen erfuhr. Meist gab es nach dem ersten Verzug noch viele kleine weitere Zeitverzögerungen, die sich im Laufe eines Projektes zu mehreren Monaten aufsummieren konnten. Bestände die Möglichkeit, täglich alle Beteiligten zu treffen, wären viele dieser kleinen Verzögerungen bekannt und es würde nicht plötzlich zu einer Überraschung für die Projektplanung kommen.

Ein Projekt verzögerte sich, da Lizenzbestimmungen in der ursprünglichen Projektplanung nicht berücksichtigt waren. Da in den USA und in Europa unterschiedliche Kryptographiebestimmungen gelten, konnte Software, die von einem Teil eines Teams in den USA entwickelt worden war, nicht einem anderen Team in Europa zur Verfügung gestellt werden. Die benötigten Routinen mußten deshalb noch einmal für den europäischen Markt entwickelt werden.

Zusammenfassung

Tabelle 32 und Bild 54 geben eine Zusammenfassung der Probleme im Management wieder, die bei verteilter Softwareentwicklung am Häufigsten auftraten.

TABELLE 32: **Probleme des Managements bei verteilten Software-Projekten. [Quelle: Eigene Darstellung]**

Probleme	4	3	2	1	Σ
Unbekannte Mitarbeiter	67	25	50		43
Koordination		25	50	33	36
Statusdifferenzen		25	50		29
Zielvereinbarung			50	33	29
Kommunikation		25	50		29
Unterschiedliche Zeitzonen	67		17	33	29
Führen		25	17	33	21
Kulturelle Unterschiede	33			33	14
Fehlendes Vertrauen			33		14
Sprache	67				14
Prozesse			17		7
Lokale Gesetze				33	7
Späte Problemmeldung		25			7

Am schwierigsten war es für die meisten Manager, Leute zu führen, die sie selbst nie oder nur sehr selten zu Gesicht bekamen, da sie an einem anderen Standort eingesetzt waren. Direktoren selbst sahen dies hingegen nicht als Problem, sie selbst sind jedoch auch nicht direkt in die Personalführung involviert. Ebenfalls als sehr komplex wird die Koordination aller Standorte in einem verteilten Softwareentwicklungsprojekt angesehen. Durch viele Abhängigkeiten zwischen den einzelnen Entwicklungsteams wird das gesamte Projekt unübersichtlich. Wie aus der Tabelle ersichtlich, waren Mitarbeiter weniger mit Koordinationsaufgaben beschäftigt, Koordination wurde eher vom Management bearbeitet. Auch einen Status einer Entwicklung zu geben ist bei verteilter Arbeit nicht einfach. Einzelne Standorte neigen oft dazu, kleinere Verzögerungen in der eigenen Entwicklung nicht bekanntzugeben, bis es für eine Umplanung zu spät ist. Der Wahrheitsgehalt des Statusberichts entsprach bei den untersuchten Projekten nicht immer der Realität. Statusdifferenzen wurden vor allem vom mittleren Management beklagt, die Entwickler selbst waren davon nicht betroffen. Einen großen Aufwand für das höhere Management bedeutete es stets, mit allen Standorten gemeinsame Zielvereinbarungen festzulegen und alle teilnehmenden Entwicklungsteams auf dieses Ziel zu verpflichten. Oft wurden plötzliche Prioritätsänderungen einzelner Labore beobachtet, wenn der lokale Markt seine Anforderungen änderte. Auch diese Probleme wurden eher selten von den Entwicklern sondern eher vom Management genannt. Wie in dieser Studie immer wieder beobachtet wurde, ist es für alle Parteien ein großer Aufwand, den Kommunikationsfluß zwischen den verteilten Standorten aufrechtzuerhalten. Erschwert wurde die Kommunikation auch durch unterschiedliche Zeitzonen, in denen die einzelnen Standorte lokalisiert waren. Das Zeitfenster zu direkter Kommunikation kann dabei, je nach geographischer Lage, sehr klein oder überhaupt nicht vorhanden sein. Kulturelle Unterschiede bedeuten auch für das Management nicht vernachlässigbare Hürden, die immer wieder Ursache von Problemen waren. Bei verteilter Entwicklung ist es Aufgabe des Managements, Vertrauen zwischen den einzelnen Standorten zu schaffen. Wie die vorliegenden Studie gezeigt hat, gibt es dafür zwar viele Ideen, ein wirklich gutes Verhältnis zwischen mehreren Standorten herzustellen ist jedoch nicht immer einfach. Mit den unterschiedlichen Muttersprachen der Entwickler zurechtzukommen, bedeutete für 14% der Befragten ein Problem. Der Prozentsatz ist wahrscheinlich deshalb so gering, da Englisch von vorneherein als Projektsprache definiert wurde und neues Personal nur dementsprechend eingestellt wurde. Prozesse müssen bei international verteilter Entwicklung sehr genau definiert sein. 7% waren der Ansicht, das Management ist für die Implementierung der verschiedenen Geschäftsprozesse verantwortlich. Anforderungen lokaler Gesetze zu beachten ist ebenfalls Aufgabe des Managements. Ein Direktor hob besonders hervor, daß plötzliche Gesetzesänderungen einen gravierenden Einfluß auf gerade stattfindende Softwareentwicklungen haben können, z. B. wenn durch sie neue Anforderungen eingebracht werden. Planung und Kontrolle wurden schließlich auch dadurch erschwert, daß auftretende Probleme in einer verteilten Entwicklung erst sehr spät gemeldet wurden.

BILD 54: **Probleme im Management verteilter Software-Projekte. [Quelle: Eigene Darstellung]**

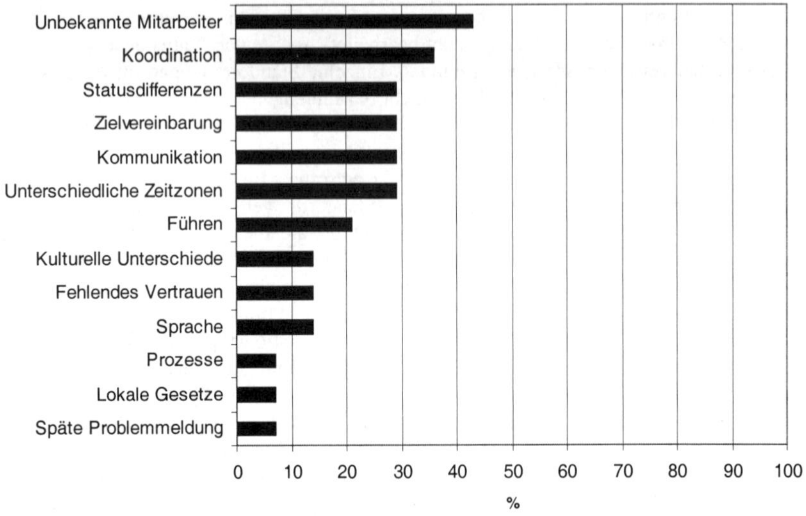

3.3.3 Faktor unterschiedliche Zielvorstellungen

Bei einigen der in dieser Studie untersuchten Projekten hatten die international verteilten Teams vollkommen unterschiedliche Vorstellungen, wie das zu entwickelnde Produkt aussehen sollte, wie das Ziel erreicht werden sollte und wie der spätere Einsatz des Produktes aussehen sollte. Ursache dafür war schlechte Kommunikation zwischen den mitwirkenden Teams, viel öfter war der Anlaß jedoch unterschiedliche Prioritäten in den Entwicklungszentren. Je nach Zielmarkt können unterschiedliche Aspekte einer Software wichtig sein, und jeder Markt versucht zuerst die von ihm am dringendsten benötigten Funktionen in der gemeinsamen Entwicklung voranzutreiben.

Ein Beispiel für den übermäßigen Fokus auf eigene Belange war das türkische Team mit „Offstream-Development", daß auf Seite 71 vorgestellt wurde. Das Team aus der Türkei sah die eigenen Anforderungen in den internationalen Plänen nicht genügend repräsentiert und koppelte sich von der gemeinsamen globalen Entwicklung ab, verlor damit jedoch auch alle Vorteile, welches schließlich zu einem Mißlingen des Projektes führte. Ein Abteilungsleiter zu den Mißverständnissen in den Vorstellungen:

> *„Manchmal ist einigen unklar, was der Output eines Projektes sein soll. Manchmal sind es nur sehr wenige, die nicht verstehen was der Kunde benötigt, aber das ist schon ein großes Risiko für das Projekt, weil die Unklarheit oft erst sehr spät bemerkt wird. Und das hängt ab von der Anzahl der Entwickler, die falsche Vorstellungen haben. Natürlich ist die Wahrscheinlichkeit, daß ein Projekt scheitert, um so größer, je mehr Leute falsch denken und etwas ohne Wert produziert wird. Das ganze Problem hängt auch zusammen mit mangelnder Kommunikation. Wenn die Kommunikation nicht stimmt, werden sich unterschied-*

liche Erwartungen an das Projekt herausbilden, und noch eine ganze Menge anderer Probleme. Ergebnis ist ein Design, daß nicht zusammen paßt.“ [8]

„Ein Projekt kann auch an 'Lack of Commitment' von einem Team scheitern. In einem internationalen Projekt, in dem mehrere verteilte Gruppen zusammen arbeiten, sind die einzelnen Teams oft unterschiedlichen Einflüssen ausgesetzt, z. B. von unterschiedlichen Kunden. Wenn ein Team nicht genügend Einsatz zeigt, kann ein ganzes Projekt scheitern. Ein Team reicht!“ [8]

Es ist ebenfalls beobachtet worden, daß ein Team eine neue Anforderung eines anderen Standortes nicht richtig verstand, bedingt durch frühere Erfahrungen. Ein Team implementierte ein Teilprojekt für einen anderen Standort, beachtete die örtlichen Voraussetzungen jedoch nicht weiter, da es sich Unterschiede zur eigenen, lokalen Umgebung nicht vorstellen konnte. Durch die eigene Erfahrung im Arbeitsgebiet dachte es, die Aufgabe schnell lösen zu können. Erst nach Auslieferung an den Kunden und seiner Reklamation wurden die unterschiedlichen Rahmenbedingungen in Betracht gezogen:

„Oft versteht das Team an einem Standort A nicht die Umgebung des Teams an Standort B. Das Problem mit Overlap Outpulsing war eine direkte Folge davon, daß der Dialplan nicht verstanden worden war. In Deutschland gibt es einen einzigartigen Dialplan, unser Produkt wurde ohne Berücksichtigung der Unterschiede hier eingeführt und 'Oops', es gab große Verzögerungen im Gesprächsaufbau. In kleinen Projekten kommt das kaum vor.“ [9]

3.3.4 Faktor Überschätzung

Viele Projekte scheitern, weil die Zielvorstellungen unrealistisch sind, d. h. beim Aufsetzen des Projektes wird nicht eine kleine, abgegrenzte Entwicklungsaufgabe definiert, sondern die neue Software wird als „solve the world hunger“-Lösung gesehen, die alle bestehenden Wünsche befriedigt. Dabei gibt es parallel zur Softwareentwicklung oft auch noch Hardwareentwicklung und es wird versucht, die neuesten Technologien zu verwenden. In einem Projekt sollte z. B. eine über 15 Jahre gewachsene Struktur innerhalb kürzester Zeit komplett auf neue Softwaretechniken umgestellt werden, 800 Programmierer sollten innerhalb weniger Monate die Funktionalität von fast 20.000.000 Zeilen Code neu schreiben. Trotz der langjährigen guten Erfahrung, immer nur kleine Bereiche einer bestehenden Software zu erweitern, zu ändern oder kleine neue Funktionen hinzuzufügen, wurde hierbei der Versuch gemacht, das ganze System auf einmal auszutauschen. Mit fatalem Ergebnis. In einem anderen Projekt wurde eine komplett neue Architektur für ein ebenfalls schon bestehendes System entwickelt, um zukünftige Änderungen leichter durchführen zu können, die neue Architektur funktionierte jedoch nie befriedigend. Ein Manager hierzu:

„Von diesem Projekt haben wir viel zu viel erwartet. Wir wollten alles auf einmal verändern. Alle Märkte auf einmal beliefern. Die USA. Südamerika. Wir haben zu viel auf einmal versucht. Nach meiner Meinung hätten wir uns anfangs für ein kleineres Segment entscheiden sollen, für einen Markt, für ein Release, dann hätten wir viel bessere Chancen gehabt, einige der neuen Konzepte nach und nach in die bestehende Software zu propagieren.“ [6]

Komplex wird die Entwicklung, wenn von Anfang an versucht wird, alle potentiellen Kunden anzusprechen. Bei einer globalen Firma heißt das, daß aus praktisch jedem Land andere Anforderungen eingehen, die unmöglich alle in einer ersten Version berücksichtigt werden können. In einigen gescheiterten Projekten wurde jedoch statt auf eine flexible Architektur mit späterer Erweiterungsmöglichkeit für andere Märkte zu achten, gleich zu Anfang versucht allen Anforderungen gerecht zu werden. Alles sollte auf einmal entwickelt und integriert werden. Ein ähnlicher Kommentar wie oben hierzu von einem weiteren Manager:

> *„Ich glaube, der Grund für das Scheitern dieses Projektes war, daß wir entgegen all unseren bisherigen Erfahrungen nicht Stück für Stück entwickelten und integrierten. Es war ein 'change the world'-Projekt. Wenn ich Software für ein ausgereiftes und in vielen Märkten verkauftes System schreibe, einem System mit einem so großen Funktionsumfang, dann ist es sehr schwierig alle Software auf einmal umzuschreiben. Wir waren dumm, daß wir geglaubt haben, wir könnten mit dieser Idee erfolgreich sein. Eine einfache Analogie ist: Unsere Hardware hat sich über Jahre hinweg weiterentwickelt. Nicht ein Teil ist das gleiche wie damals in unserem ersten ausgelieferten System. Alles hat sich verändert. Aber Stück für Stück. Hier ein neuer Prozessor. Dort eine neue Karte. Immer eine kleine Änderung. Das funktioniert. Bei Software machen wir normalerweise das gleiche. Stück für Stück, immer eine kleine Erweiterung. Warum haben wir plötzlich gedacht, wir können die gesamte Software neu entwickeln? Das macht keinen Sinn, das war ein großer Fehler!" [11]*

Auch Projekte zur Softwareentwicklung mit zu großer Flexibilität, mit zu vielen Parametern, die kundenspezifisch variiert werden können, neigen zum Scheitern, da die Software mit zunehmender Flexibilität immer komplexer wird. Ein Direktor der Entwicklung hierzu:

> *„Projekte können scheitern, weil die Entwicklung manchmal die Tendenz hat, ein System zu flexibel zu gestalten. Ein System mit aller erdenklicher Flexibilität wird komplexer, und Komplexität kann ein Projekt zum Scheitern verurteilen. Was ich hiermit sage ist: Die notwendigen Funktionen müssen vorhanden sein." [13]*

Ebenso häufig war zu beobachten, daß das Problemaufkommen unrealistisch eingeschätzt wurde. Wenn z. B. die Entwickler oder die Manager sich nicht bewußt zu viel vornehmen, sondern der Entwicklungsaufwand nicht richtig abgeschätzt wurde. Dies passiert oft aus mangelndem Detail in der Planung, aber auch wenn eine Umstellung auf neue Plattformen oder Systeme ansteht, für die noch keine ausreichende Erfahrung existiert. Die Daumenregel eines Managers, mit der er bisher immer erfolgreich den Entwicklungsaufwand mit unbekannten Bausteinen abgeschätzt hatte, war, die eingeplante Zeit mindestens zwei mal zu verdoppeln. Ein weiterer Direktor und ein Abteilungsleiter:

> *„Ein Grund für das Scheitern ist das Unterschätzen von Problemen. Man macht die Projektplanung aufgrund von Abschätzungen, und die Abschätzungen beruhen auf Erfahrung. Schwieriger wird es, wenn eine neue Plattform betrachtet wird, wenn neue Systeme angegangen werden. Wenn hier die Erfahrung fehlt, ist das Risiko groß, daß man sich verschätzt. Und dann sind die Pläne nicht mehr in Ordnung, und dann stimmt das gesamte Gebilde nicht mehr." [14]*

> *„Ich glaube, bei komplexen Projekten besteht schon beim Aufsetzen die Tendenz, den 'Welthunger' zu beseitigen. In einem Projekt wollten wir Call Processing überarbeiten, aber anstatt uns auf das Hauptproblem zu konzentrieren passiert das Folgende: Im Zuge der Änderungen sollte auch Provisioning, Billing und Maintenance geändert werden. Es wurden immer mehr Probleme, die wir zu lösen hatten, anstatt daß wir uns auf das*

Ursprüngliche konzentriert hätten.
Das ist ein spezifisches Problem von großen Projekten, da es sehr viele verschiedene Meinungen und Ansichten von den vielen Beteiligten gibt, ganz im Gegensatz zu kleinen Projekten mit z. B. 10 Leuten, die ihre Aufgabe genau kennen und zu deren Lösung hinarbeiten. Bei 50 Leuten ist es schwer, eine Einigung zu erzielen - einige werden etwas ganz anderes entwerfen wollen, einige werden neue Anforderungen in die Requirements mit hineinbringen, und dann hat man schneller als man denkt ein riesiges Projekt." [5]

Das letzte Beispiel beschreibt einen Fall, bei dem vor allem durch die hohe Anzahl von involvierten Personen immer neue Aufgaben in das Projekt mit hineingezogen wurden. Alle Beteiligten waren dabei Experten auf ihrem Gebiet und entschieden, daß die Berücksichtigung von weiteren Funktionen für ein Gelingen des Gesamtprojektes unabdingbar war. Bei der großen Anzahl von Beteiligten war es nicht mehr möglich, einen gemeinsamen Konsens zu finden. Die benötigte Expertise war über zu viele Bereiche verteilt, als daß die Beteiligten einen generellen Überblick über das gesamte Projekt hätten haben können.

3.3.5 Faktor Kultur

Wie in der Vorbereitungsphase dieser Arbeit schon vermutet, spielen die kulturellen Unterschiede auch in einem international verteilten Softwareprojekt eine große Rolle, die zum Erfolg oder Mißerfolg eines Projektes erheblich beitragen können. Sie führen oft unbewußt zu Mißverständnissen oder ungünstigen Interpretationen, die eine komplexe Softwareentwicklung gefährden können. Hier die Erfahrung eines Bereichsleiters:

„Ich arbeitete an einem Projekt, daß zwischen Kanada und den USA aufgeteilt worden war. Beide Seiten waren sich nicht einig, wie das Projekt angegangen werden sollte. Die Entwickler in den USA wollten weniger Architektur und Prozesse definieren, sondern erst einmal einen Prototypen programmieren und aus den damit gewonnenen Erfahrungen die endgültige Software erstellen. Die Kanadier hingegen wollten zuerst ein klares Verständnis des kompletten Projektes haben, dann einen detaillierten Projektplan erstellen und eine allgemeingültige Architektur definieren. Schon sehr früh verloren beide Teams das eigentliche Ziel aus den Augen, die technischen Probleme waren in den Hintergrund gerückt. Beide Teams hatten grundsätzlich gegensätzliche Einstellungen zu dem Projekt. Die Entwickler in den USA wollten ihren Kunden möglichst schnell ein lauffähiges Produkt zur Verfügung stellen, die Kanadier hingegen wollten eine stabile Architektur, die sie auch leicht an Wünsche anderer Kunden anpassen konnten. Wir hatten ein kulturelles Problem!" [5]

In diesem Beispiel unterscheidet sich die Arbeitsweise bzw. die Zielvorstellung beider beteiligter Teams. Das Projekt, das ursprünglich von den USA aus gestartet wurde und dann wegen Ressourcenmangel auf ein weiteres Entwicklungszentrum in Kanada ausgedehnt wurde, hatte eine Größe erreicht, so daß auch das kanadische Team einen Teil der Projektführung übernehmen mußte. Der ursprüngliche Ansatz, die Software so schnell wie möglich einem amerikanischen Kunden zur Verfügung zu stellen, war für die kanadischen Entwickler nicht passabel, da sie dasselbe Produkt auch für ihren Markt benötigten, jedoch mit einigen kleinen Modifikationen. Diese wollten sie sofort mit einbauen, benötigten dazu jedoch eine durchdachte Architektur, so daß die Erweiterungen einfach implementiert werden konnten. Ein Kompromiß zwischen beiden Arbeitsweisen, einmal eine schnelle aber vielleicht nicht so elegante Lösung oder im Gegensatz dazu eine ausgereifte Architektur, die jedoch längere Entwicklungszeit benötigen würde, konnte nie gefunden werden. Das Projekt wurde nach zähen Verhandlungen zwischen beiden Teams ergebnislos komplett eingestellt und wenige Zeit später in reduzierter Form vom amerikanischen Team alleine implementiert.

Dasselbe Problem trat zwischen einem kanadischen und einem deutschen Team auf: Die Kanadier hatten eine Software für ihren Markt entwickelt, ein deutsches Team sollte dieselbe Funktionalität mit Hilfe der Kanadier für den europäischen Markt implementieren. Das deutsche Team, das die kanadische Architektur für den europäischen Markt als nicht passend einstufte, benötigte sehr lange, um ein auf den deutschen Markt ausgerichtetes Modell zu entwerfen und Implementierungsvorschläge zu machen. Das kanadische Team, das die Anforderungen des deutschen Marktes nicht kannte, war über den scheinbar langsamen Fortschritt verwundert und Änderungsanforderungen „ihrer" Architektur gegenüber abgeneigt, da „das andere Team" die ganzen Funktionen nicht verstehe. Da das kanadische Team auch kein Interesse zeigte, die deutschen Anforderungen zu verstehen, gab es lange Zeit Mißverständnisse und nur eine schleppende Kommunikation zwischen den Entwicklungsteams, die ein effektives Arbeiten verhinderten.

Mißverständnisse, die durch kulturelle Unterschiede entstehen, bewirken meist eine Verschlechterung im Kommunikationsfluß der beteiligten Teams, und mangelhafte Kommunikation wurde schon zu Anfang dieses Kapitels als einer der Hauptgründe für das Scheitern von international verteilten Softwareprojekten genannt. Probleme in der Kommunikation zwischen Teams, die durch kulturelle Mißverständnisse ausgelöst wurden, sind sehr schwierig zu identifizieren, da sich die meisten Beteiligten der Ursache für die Mißstimmigkeiten nicht bewußt sind.

Um Kommunikationsprobleme zwischen verschiedenen Kulturen zu verhindern, werden bei den meisten international aufgesetzten Projekten Entwickler zwischen beteiligten Niederlassungen ausgetauscht, die den lokal ansässigen Entwicklern ein Bild von Laboratorien in anderen Märkten vermitteln können und die Kommunikationswege in schwierigen Situationen offen halten. Doch auch das kann Probleme bringen:

> *„Wir brauchen Leute, die kulturell offen sind. Offen in ihrer Arbeitsweise, offen gegenüber andern Leuten. Hier funktioniert das sehr gut, in Japan war das ganz anders. Die Japaner haben sich einfach geweigert, eng mit den Expats zusammenzuarbeiten. In dem Entwicklungslabor gab es also zwei Gruppen, die Japaner und die Expats, und beide arbeiteten vollkommen getrennt voneinander. Es war sehr schwierig die tägliche Arbeit zu verrichten und die Kooperation zwischen den Gruppen aufzubauen." [9]*

Bemerkenswert bei den untersuchten Projekten war, daß auf der Hierarchieebene der Entwickler kulturelle Probleme nie zur Aussprache kamen, in der Managementebene jedoch sehr häufig genannt wurden.

Unterschiedliche Problemlösungsstrategien zwischen den einzelnen Standorten sind ebenfalls ein Phänomen, das bei kleinen Projekten selten anzutreffen ist. Oft haben die einzelnen Standorte schon früher einmal ein ähnliches Projekt bearbeitet und können nun die damals gewonnene Erfahrung einsetzen. Die technischen Experten, die mit der damaligen Strategie Erfolg hatten, werden versuchen, dieselbe Strategie auch in einem neuen, zwischen anderen Standorten verteilten Softwareentwicklungsprojekt mit einzubringen. Sobald zwei Standorte Experten im gleichen Gebiet haben und diese im gleichen Softwareprojekt arbeiten, möchte jeder seinen

Lösungsweg einbringen, doch die Lösungswege können sehr unterschiedlich aussehen. Bei international über sehr viele Standorte verteilten Projekten ist die Wahrscheinlichkeit groß, daß zwei Experten in einem Gebiet aufeinander treffen und sich nicht auf eine Lösungsstrategie einigen können. Ein Projektleiter beschreibt seine Erfahrung:

„Wir hatten einige Probleme mit uns hier und unserer Niederlassung in Österreich. Sie wurden durch unterschiedliche Annahmen hervorgerufen. Basierend auf der historischen Entwicklung hatten diese Standorte unterschiedliche Annahmen über das, was geliefert werden sollte. Die Probleme entstanden, weil wir schon einmal ein ähnliches Projekt durchgeführt hatten und weil auch die Österreicher schon einmal eine ähnliche Entwicklung hatten. Wir beide kamen als ein Team zusammen und hatten ein Problem. Das passiert immer, wenn ich zwei Experten auf einem Gebiet aus zwei verschiedenen Ländern zusammensetze, denn jeder hat eine eigene Lösungsstrategie für die Probleme; hier eines ganz bestimmten Problems, und jeder will das Problem so lösen, wie er es gewöhnt ist. Weil das für ihn schon erfolgreich funktioniert hat und weil er sich mit seiner Strategie auskennt. Es kann sein, daß das bei internationalen Projekten öfter vorkommt als bei kleinen Projekten. Wenn ich zum Beispiel eine Rakete bauen will und ich nehme die besten Weltraumexperten von hier und von dort, da es eine politische Entscheidung war, zusammenzukommen und etwas gemeinsam zu entwickeln, und dann habe ich den besten russischen Wissenschaftler und den besten amerikanischen Wissenschaftler und beide sind Experten in ihrem Feld. Im gleichen Feld. Jeder der beiden hat eine bestimmte Art, seine Arbeit anzugehen. Und in internationalen Projekten kommt das sicherlich oft vor, daß Experten aufeinandertreffen. Die Chance, daß aus zwei aufeinandertreffenden Experten im selben Gebiet Probleme entstehen, ist groß. Das muß sorgfältig beobachtet werden. Zwei Experten sind ein Problem, zwei Experten im selben Gebiet - es sei denn, sie haben schon lange zusammen gearbeitet." [8]

Einer der offensichtlichsten Vorfälle, dem kulturelle Unterschiede als Ursache zuerkannt werden müssen, beschreibt das folgende Beispiel:

„Ein Expat aus Amerika war soeben neu in Deutschland eingetroffen und fand an seinem ersten Arbeitstag nach einer kurzen Verweildauer im Personalbüro zu seinem Arbeitsplatz. Von Amerika her war er es gewohnt, daß seine neuen Kollegen ihn nun willkommen heißen würden, sich vorstellen und ihm dann Gelegenheit geben würden, sich selbst einzuführen. Seine deutschen Kollegen hingegen erwarteten von dem Neuankömmling, daß er auf sie zugeht, sich vorstellt, und ihnen dann Gelegenheit gibt, sich ebenfalls vorzustellen. Der Amerikaner stand also in seinem Arbeitszimmer und wartete. Ebenso seine neuen Kollegen: Sie saßen an ihren Tischen und warteten. Nach sehr kurzer Zeit hatte sich eine gespannte Atmosphäre aufgebaut, der Amerikaner war verunsichert. Ebenso die Deutschen, was für einen seltsamen und unfreundlichen Kollegen sie doch bekommen hatten." [17]

Nach dieser ersten verpaßten Chance war es für den Expat sehr viel schwieriger, zu seinen deutschen Kollegen in einem zweiten Anlauf Kontakt zu bekommen. Solche und ähnliche Beispiele sind bei den untersuchten Projekten keine Sonderfälle und konnten täglich beobachtet werden. Fast jeder der Angestellten, der in einem gemischten Team arbeitete, konnten eine Anekdote zu kulturellen Unterschieden beitragen.

Bei der im Zusammenhang mit dieser Studie durchgeführten Befragung gaben 88% der Interviewten an, daß kulturelle Probleme in ihren Projekten aufgetreten waren, lediglich die restlichen 12% führten alle aufgetretenen Probleme auf andere Ursachen zurück.

Kulturelle Probleme treten häufig bei Projekten mit international verteilten Teams auf. Alle Projekte, bei denen Teams aus unterschiedlichen Ländern eng zusammen arbeiten müssen, sind anfällig für die im Folgenden beschriebenen Beobachtungen. Der kulturelle Hintergrund von Mitarbeitern beeinflußt wesentlich ihre Verhaltensweisen.

Ein typisches Problem, das durch unterschiedliche Kulturen in den Teams auftreten kann, sind Mißverständnisse, die wiederum zum Problemfaktor „Kommunikation" in international verteilten Projekten führt: Die Kooperation zwischen den einzelnen Teams wird auf das Nötigste oder weniger beschränkt, das Risiko für ein Scheitern des Projektes wächst. Die Mißverständnisse entstehen oft aus den unterschiedlichen Muttersprachen. Bei international verteilten Projekten ist die Arbeitssprache meist Englisch, nicht alle am Projekt Beteiligten sind sich darin jedoch so sicher, so daß immer wieder Details übersehen oder falsch interpretiert werden können. Gefährlich wird dies, wenn eine ganze Gruppe eine Aufgabenstellung, einen Bericht oder ähnliches falsch versteht. Je nach Kultur kann es kürzer oder länger dauern, Mißverständnisse aufzuklären. Bei Mitarbeitern von verteilten Projekten muß deshalb darauf geachtet werden, daß sie sprachlich gut ausgebildet sind:

> *„Man muß, um effektiv zu arbeiten und um Mißverständnisse zu verhindern oder zu minimieren - verhindern wird man sie gar nicht können - muß man Leute haben, die sprachlich top fit sind. Ansonsten gibt es Mißverständnisse, Mißverständnisse führen zu Verzögerungen, es geht in die falsche Richtung, beide sind nicht mehr in sync..." [14]*

Ein Abteilungsleiter beschreibt seine Erfahrung:

> *„Eine bemerkenswerte Beobachtung, die ich hier in Deutschland gemacht habe, ist die, daß ein amerikanischer Ingenieur, wenn er auf ein Problem im Code stößt oder ein Problem mit der Spezifikation hat, nicht zögert jemanden in den USA oder in Kanada anzurufen, Fragen zu stellen und das Problem über das Telefon zu lösen. Wie ich beobachtet habe, zögern Ingenieure in Frankreich, England oder hier viel länger, bis sie jemanden zur Hilfe bitten und in einem anderen Labor anrufen. Ich glaube, das ist ein kulturelles Problem. Ich weiß nicht, ob es nur innerhalb unserer Firma auftritt oder für das gesamte Land gilt. Also, es gibt einige Dinge, die ein international verteiltes Arbeiten schwieriger machen als ein verteiltes arbeiten innerhalb der USA." [15]*

Diese Beobachtung zeigt, daß Amerikaner offener, lockerer an ein Problem herangehen, während z. B. der Deutsche erst einmal ganz genau wissen will um was es geht, bevor er fremde Hilfe aufsucht. Auch ein weiterer Manager macht diese Beobachtung:

> *„Kulturelle Unterschiede sind immer wieder zu beobachten. Schon in den Entwicklungsteams. Ich habe zwar kein spezifisches Beispiel, was aber immer wieder auffällt, wenn wir hier mit Kollegen in den USA oder England arbeiten, daß die deutschen Ingenieure grundsätzlich den Wunsch haben, jedem Problem auf den Grund zu gehen. Sie sind exzellent, wenn es darum geht, alle Details eines Problems zu verstehen, und mit diesem weitreichenden Verständnis können sie sichere Entscheidungen fällen. In Nord Amerika bzw. den USA wird auch ohne dieses Hintergrundwissen entschieden - dort befassen sich Ingenieure erst mit den Details, wenn Probleme auftreten. Die Tendenz ist, daß Amerikaner mehr nach Gefühl entscheiden. Sie sind schneller im Ausprobieren von möglichen Lösungen, sie tendieren dazu, Dinge gleich selbst in die Hand zu nehmen, statt Experten zu befragen. Sie sind damit schneller, machen eine Entscheidung, aber es kann sein, daß sie am nächsten Tag merken, daß etwas vergessen wurde oder doch noch jemand mit invol-*

> *viert werden sollte, und dann fangen sie noch einmal von vorne an. In genau dieser Situation kann es Probleme mit der Kommunikation geben. Ein Manager mit amerikanischem Blickwinkel wird denken: 'Mein Gott, die brauchen lange, um zu einer Entscheidung zu kommen. Was ist das Problem? Laßt uns weitermachen', während die Deutschen sagen 'Hey, das ist schon wieder schief gegangen, wenn ihr ein wenig nachdenken würdet, müßten wir nicht dauernd von Neuem anfangen'. Und so geht das ununterbrochen. Hier müssen alle offen sein und sagen, 'Ok, laßt uns einen Mittelweg finden'." [6]*

Ein weiterer Umstand, der zu kulturell bedingten Problem in den Projekten führte, sind unterschiedliche Arbeitsbedingungen, Einstellungen und Gewohnheiten. Europäer und Japaner scheinen mehr Wert auf eine sehr genaue Definition des zu bearbeitenden Problems zu legen und mehr Zeit in die Planung zu investieren als ihre amerikanischen Kollegen, die gerne anhand iterativer Verfeinerung von Prototypen zu einem Ergebnis kommen. Amerikaner haben mit diesem Ansatz meist schneller eine erste Version implementiert, stoßen danach jedoch oft auf Probleme, die mit besserer Planung vermieden hätten werden können. Ein Manager:

> *„Nordamerikanische Mitarbeiter scheinen einen lockereren Ansatz zu haben, mit mehr Risiko, weniger strikten Prozessen folgend. Mit einigen Vor- und Nachteilen. Bisher habe ich jedoch keine so großen Unterschiede in den Teams gesehen, als daß große Probleme hätten entstehen können." [8]*

Gewichtiger sind jedoch einige arbeitsrechtliche Einschränkungen. In den USA, die ein strikt leistungsorientiertes System implementiert haben, fragt niemand danach, ob zusätzliche Arbeit auch einmal am Wochenende erledigt werden muß. In Deutschland stößt ein amerikanischer Manager auf viele Hürden, wenn er Wochenendarbeit anordnen will - schon aus gesetzlichen Gründen. Auch diese Aspekte müssen in der Projektplanung mit berücksichtigt werden, immer wieder ist es jedoch vorgekommen, daß amerikanische Manager, die für einige Zeit in Deutschland tätig waren, die deutschen Feiertage, den im Vergleich zu den USA höheren Urlaubsanspruch ihrer Mitarbeiter oder die geringere Wochenarbeitszeit nicht berücksichtigten und damit eine unzureichende Projektplanung vorlegten, die, wie bereits erwähnt, für das Projekt ein großes Risiko bedeutet und zum Scheitern beitragen kann. Ein Direktor äußert sich folgendermaßen:

> *„Kulturelle Unterschiede machen sich bemerkbar - im Prinzip prallen ganz unterschiedliche Systeme aufeinander, in den USA ein absolut leistungsorientiertes System, von der Vergütung her betrachtet, in Deutschland ein System was stark auf Arbeitszeit orientiert ist, was stark durch Tarifverträge geprägt ist. Die beiden Systeme funktionieren anders, Arbeitszeiten sind ein gutes Beispiel. In den USA wird aufgrund dieser Leistungsorientierung wenig danach gefragt, ob die Arbeit an einem Samstag, Sonntag oder Feiertag stattfindet, das ist den Leuten teilweise egal. In Deutschland ist das ein Sakrileg, abgestützt auf Tarifvereinbarungen und Arbeitsgrundrecht. Das heißt, hier braucht man mehr Abstimmungsaufwand, dort gibt es mehr Flexibilität." [14]*

Zu Verstimmungen innerhalb der Teams in Deutschland führte auch die Arbeitsaufteilung. Die Mehrzahl der Teams hatte einen amerikanischen Manager und deutsche Mitarbeiter. Unter den deutschen Mitarbeitern breitete sich dadurch schnell eine gewisse Frustration aus, da Aufstiegschancen oder Führungsaufgaben nur für ausländische Manager möglich schienen.

Zusammenfassung

Tabelle 33 und Bild 55 enthalten eine Zusammenfassung der in den betrachteten Projekten aufgetretenen Probleme, deren Ursache auf kulturelle Unterschiede zurückgeführt werden konnte.

TABELLE 33: **Probleme durch kulturelle Vielfalt. [Quelle: Eigene Darstellung]**

Problem	4	3	2	1	Σ
Mißverständnisse	33	25	33	33	31
Unterschiedliche Arbeitsweisen	33	25			13
Unterschiedliche Gewohnheiten		50		33	19
Ungleiche Arbeitsaufteilung			17		6

Am häufigsten traten Mißverständnisse auf, die den freien Kommunikationsfluß zwischen den Standorten behinderten und so die wichtigste Voraussetzung für den Erfolg verteilter Entwicklungsprojekte betrafen. Mißverständnisse wurden von allen Hierarchieebenen gleich oft genannt. In den untersuchten Entwicklungsprojekten kam es immer wieder zu Mißstimmigkeiten, da bei gemischten Teams mit lokalen Mitarbeitern und Expats unterschiedliche Arbeitsweisen und unterschiedliche Arbeitsgewohnheiten aufeinander trafen und ein gemeinsamer Mittelweg gesucht werden mußte. Unterschiedliche Arbeitsweisen machten sich dabei vor allem auf der Ebene der Entwickler und des unteren Managements bemerkbar; diejenigen Ebenen, bei denen verteilte Entwicklungsteams besonders eng im technischen Bereich zusammenarbeiten mußten. Schließlich gab es auch Probleme mit der Arbeitsaufteilung, da bei Neugründung des Joint Ventures fast alle Managementpositionen von Amerikanern, die Positionen der Entwickler hingegen mit lokalem Personal besetzt wurden. Dieses Problem machte sich, wie aus der Tabelle ersichtlich, vor allem im mittleren Management bemerkbar. Das ist leicht zu erklären, da auf den höheren Ebenen des Joint Ventures eine 50-50 Parität zwischen Deutschen und Amerikanern bestand, das mittlere Management jedoch vorwiegend amerikanisch besetzt war.

BILD 55: **Probleme durch kulturelle Vielfalt. [Quelle: Eigene Darstellung]**

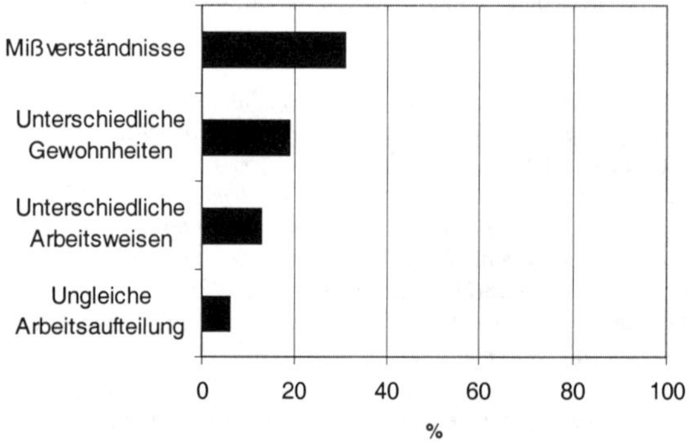

3.3.6 Faktor Projektgröße

„Small is beautiful"
[3], in Anlehnung an Schumacher [1976]

Bei den in dieser Studie untersuchten Projekten wurde festgestellt, daß einige Entwicklungsprojekte mit der Zeit so groß geworden waren, daß sie nicht mehr erfolgreich zu Ende gebracht werden konnten. Zu viele unterschiedliche Aufgaben waren zur ursprünglichen Projektplanung hinzugekommen, zu viele Leute in zu vielen Teams und verschiedenen Orten arbeiteten an dem Projekt, so daß das gesamte Projekt unüberschaubar groß geworden war. Auch wenn die Projekte anfangs realistisch aufgesetzt worden waren und ein Projektmanagement eine zentrale Führung innehatte, wuchsen einige Projekte doch so weit an, daß ein erfolgreiches Projektmanagement plötzlich nicht mehr möglich war. Ein Manager dazu:

„Anfangs war dies ein schönes kleines Projekt. Dann war es plötzlich außerhalb jeder Kontrolle. Es wuchs über all unsere Entwicklungslaboratorien!"

BILD 56: Unkontrolliertes Wachsen eines Projektes. [Quelle: Eigene Darstellung]

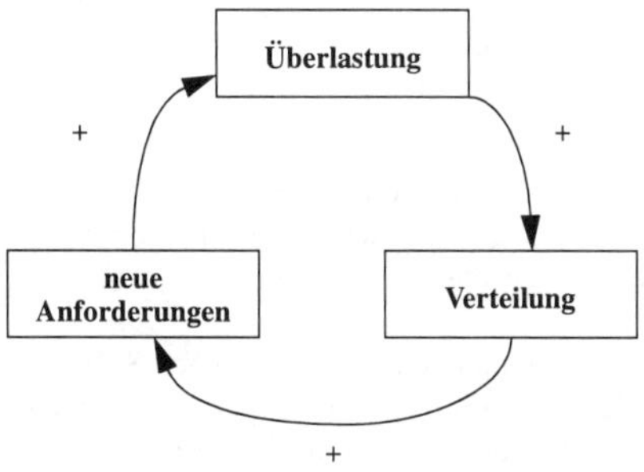

Die Gründe für ein plötzliches Anwachsen von Projekten sind vielfältig. Wenn sich während der Entwicklungsphase die Anforderungen an die Software ändern, was immer zu vermeiden versucht wird aber doch oft vorkommt, werden meist mehr Entwickler und mehr Zeit als in der ursprünglichen Planung vorgesehen benötigt, da es sonst zu einer Überlastung eines Standortes kommt. In einigen Fällen wurden zum Auffangen der erweiterten Entwicklungstätigkeit weitere Entwicklungslaboratorien an anderen Standorten hinzugezogen, da vor Ort nicht ausreichend Ressourcen vorhanden waren. Die neuen Laboratorien, auf den Markt am Standort fokussiert, brachten jedoch weitere „kleine" Änderungsanforderungen und zusätzliche, für ihren Markt sehr wichtige Funktionen mit ein. Das Verhalten ist leicht nachzuvollziehen, denn wenn eine Entwicklung, die für eine neu hinzugezogene Niederlassung in Kürze ansteht, sich aber mit relativ wenig Aufwand gleich mit einem anderen, größtenteils fremdfinanzierten Projekt verbinden läßt, so wird versucht die Entwicklung zu bündeln. Andererseits reichten die neu bereitgestellten Ressourcen nicht aus, die ursprünglich ausgelagerten Entwicklungsarbeiten und zusätzlich die neuen Anforderungen zu implementieren, es wurden also wiederum Entwickler hinzugefügt, um dem gewachsenen Aufwand begegnen zu können. Damit war das Projekt wieder etwas weiter gewachsen und noch weniger überschaubar geworden. Bild 56 skizziert diesen Vorfall. Um die Markteinführung nicht zu verzögern, wurde an allen Teilen der Software gleichzeitig gearbeitet, was die Koordination komplexer macht. Ein Manager:

„Alles wurde gleichzeitig gemacht. Mit der Anzahl der Leute, die an diesem Projekt arbeiteten, und dem Geld, das mittlerweile investiert worden war, war es unmöglich, die Richtung zu wechseln.“ [10]

Gerade international verteilte Projekte sind sehr anfällig, wenn es um unüberschaubare Größe geht. Kleine Projekte werden meist lokal aufgesetzt, da eine Verteilung auf mehrere Teams nicht notwendig ist. Erst ab einer gewissen Projektgröße und ab einer gewissen Anzahl von verschiedenen Anforderungen von verschiedenen Märkten macht eine global verteilte Entwicklung Sinn. Bei den untersuchten Projekten war nicht immer darauf geachtet worden, daß ein unkontrolliertes eigenständiges Wachstum verhindert wird, oft wurde ein Anwachsen lange nicht bemerkt. Oder es wurde erst bei Überschreitung der Projektlaufzeit der wahre Entwicklungszustand der Software sichtbar.

Direkt beeinflußt durch den Umfang oder die Größe der zu entwickelnden Software ist die Entwicklungsdauer, die, wie im vorherigen Abschnitt beschrieben, ebenfalls Ursache für das Scheitern von Softwareprojekten sein kann. Das Fazit eines Abteilungsleiters:

„Große Projekte scheitern öfter. Und oft sind sie international.“ [3]

3.3.7 Faktor Softwaretechnik

Eine weitere Ursache, die zum Scheitern von Softwareprojekten führte, die jedoch nur im höheren Management erwähnt wurde, war eine ungenügende Struktur in der Software. Die Nennung nur auf der Ebene des höheren Management scheint daran zu liegen, daß nur diese einen globalen Überblick über das gesamte Entwicklungsprojekt haben.

Wenn international verteilte Gruppen an einem gemeinsamen Softwareprojekt arbeiten, benötigt die Software eine sehr klare und gut durchdachte, stabile Architektur. Wenn die Software zu komplex verschachtelt ist, fehlt bei den beteiligten Gruppen die Übersicht, die gesamte Struktur ist unklar. Unklare Strukturen der einzelnen Bausteine bedeuten ein hohes Risiko für ein Entwicklungsprojekt:

„In einer verteilten Entwicklungsumgebung ist es sehr wichtig ein System mit Blöcken zu haben, Software-Blöcke, so daß die einzelnen Teams nur ihren Block, ihren Bereich verstehen müssen, für den sie verantwortlich sind. Sie brauchen nicht das gesamte System zu verstehen. Wenn ein System sehr kompliziert ist und keine klaren Strukturen oder keine gute Architektur aufweist, dann muß ein Designer das ganze System verstehen anstatt nur seines Bereiches. Softwareprojekte können wegen hoher Komplexität scheitern, und Komplexität kann durch eine klare Struktur verringert werden.“ [13]

Durch eine geschickte Aufteilung in Funktionsblöcke kann ein komplexes System für die einzelnen Teams relativ übersichtlich gemacht werden. Statt viele Funktionsbereiche verstehen zu müssen, müssen sie nur die Schnittstellen dorthin kennen. Bild 57 zeigt eine typischerweise verwendete Softwarearchitektur. Das System ist in Schichten und Spalten aufgeteilt. Jede Schicht besteht aus vielen Software-Modulen. Module in der Schicht 2 dürfen nur Module in der darunterliegenden Schicht 1 aufrufen, Module in Schicht 3 nur solche in Schicht 2 usw. Einzelne Applikationen, hier Produkt genannt, sitzen auf der obersten Schicht. Durch die vorgegebene Struktur der erlaubten Abhängigkeiten lassen sich auch in komplexen Systemen klare Schnittstellen definieren. Jede der dargestellten Schichten hat dabei eine fest umrissene

Aufgabe zu erfüllen. Bei ohnehin komplexen Systemen ist es essentiell, die Software in Blöcke mit möglichst wenig Schnittstellen aufzuteilen und jedem Entwicklungsteam komplette Blöcke zur Entwicklung zu geben, soweit dies möglich ist. Die globale Aufteilung von Projekten in Blöcke und deren Verteilung scheint nur auf höheren Ebenen von Bedeutung zu sein, da die Struktur der Software auf allen darunterliegenden Hierarchie-Ebenen in keinem der Interviews genannt wurde.

BILD 57: **Abhängigkeiten von Modulen in einer geschichteten Architektur. [Quelle: Eigene Darstellung]**

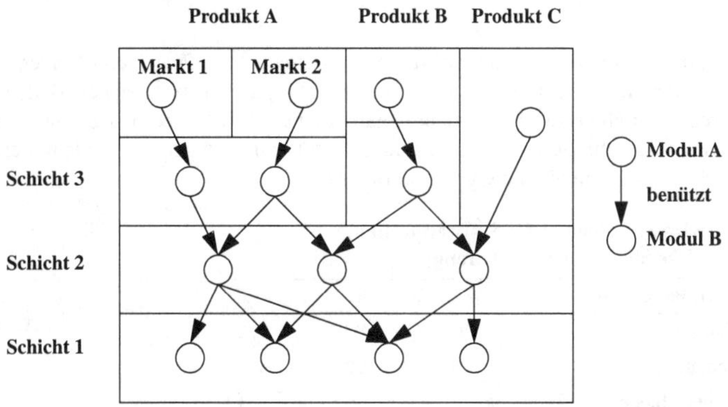

In dieser Studie ließen sich im Bereich der Softwaretechnik kaum wesentliche Unterschiede zwischen international verteilten Softwareprojekten und lokal durchgeführten Projekten finden. Etwa die Hälfte der befragten Kandidaten im oberen Management sehen jedoch einen Unterschied: Ein höherer Grad an Formalismus. Dies sei dadurch bedingt, daß die Entwickler so viele Schnittstellen zu berücksichtigen haben. Hier das Zitat eines Managers:

> *„Es ist eine andere Welt. Eine komplett andere Welt. Das eine mal arbeitet man in einem abgegrenzten Raum, wobei man sich um die Außenwelt keine Sorgen macht, das andere mal arbeitet man in einer Welt von Schnittstellen wo man wissen muß, was all die anderen tun. Koordination ist das wichtigste. Ich brauche die anderen und die anderen brauchen mich. Es wird sehr wichtig, daß ich einem formalen Prozeß folge." [11]*

Zum erhöhten Formalismus gehört auch eine viel bessere Dokumentation aller Entwicklungs- und Entscheidungsschritte. Jede Entscheidung und jede Diskussion muß genau dokumentiert werden, damit jeder in einem großen Team Entscheidungswege nachvollziehen kann. In kleinen Projekten reicht oft eine formlose Mitteilung, in großen Projekten muß die Information auch für andere leicht zugänglich gespeichert werden:

> *„Bei großen Projekten gibt es sehr viel mehr Dokumente. Ich weiß noch nicht, ob das gut oder schlecht ist, es ist aber sehr wichtig, daß ich alles, was ich tue, aufschreibe und erkläre. Damit weiß ein großes Team, woran gerade gearbeitet wird. Dabei verliere ich aber auch viel Zeit, weil ich alles aufschreiben muß, was kurze Zeit später schon ungültig sein kann. Mit kleinen Teams mit bis zu zehn Leuten ist es sehr einfach, gemeinsam zusammenzusitzen, Erklärungen zu geben, ein paar Bilder zu malen und weniger zu dokumentie-*

ren, da jeder mit jedem kommuniziert und schnell Fragen gestellt werden können. Die Leute kennen sich. Bei 50 Entwicklern, die verteilt arbeiten, wird alles ein wenig schwieriger. Ich brauche viel Zeit, alles, was ich weiß, aufzuschreiben und zu erklären. Und sobald ich es niedergeschrieben habe, hat sich wahrscheinlich schon wieder etwas verändert. Und dann überlegt man sich, ob dieser Aufwand überhaupt notwendig ist. In einem kleinen Projekt muß man sich zu Anfang nicht so viele Gedanken machen, sondern kann einfach anfangen, etwas zu implementieren, was dann schrittweise verbessert werden kann. Man hat auch mehr Zeit, verschiedene Ansätze wirklich auszuprobieren. In einem großen Projekt gibt es viel mehr Reviews der erstellten Dokumente. Das ist notwendig, und ich glaube nicht, daß wir ohne das auskommen können. Aber Dokumentation verbraucht viel Zeit." [5]

Neben dem Begriff Softwaretechnik wurde in den untersuchten Projekten oft auch Qualitätsmanagement oder Softwareentwicklungsprozeß erwähnt, die in der gleichen Bedeutung verwendet wurden. Für alle Entwicklungslabore gab es eine ISO 9000 Zertifizierung als auch sehr detaillierte Prozesse zur Softwareentwicklung, Testdurchführung und Kundenunterstützung, die jeden Schritt einer Entwicklung genau definierten.

TABELLE 34: **Unterschiede in der Softwaretechnik. [Quelle: Eigene Darstellung]**

Unterschiede	4	3	2	1	Σ
Formalismus	33	67	80	-	58
Dokumentation		33	20	-	17
Keine Unterschiede			40	-	17
Werkzeuge	33	33		-	17
Erfahrung	33			-	8
Modularität			20	-	8
Kommunikation		33		-	8

Tabelle 34 zeigt eine Zusammenfassung der Daten. Wie bereits zuvor erwähnt, konnte den Direktoren wegen der zeitlichen Begrenzung der Interviews nicht der gesamte Fragenkatalog vorgelegt werden. Sie wurden zur Softwaretechnik nicht befragt. Mehr als die Hälfte der Befragten sieht einen höheren Grad an Formalismus als den Hauptunterschied zwischen komplexen und kleinen Projekten, andere Antworten fielen nur sehr vereinzelt. Der höhere Grad an Formalismus scheint dabei von der Ebene der Entwickler über das untere bis zum mittleren Management anzuwachsen. Gerade auch das mittlere Management erwähnte mehr Dokumentationsarbeit bei der Softwareentwicklung mit international verteilten Teams. Bild 58 zeigt den gleichen Sachverhalt in einer grafischen Übersicht.

BILD 58: **Unterschiede in der Softwaretechnik. [Quelle: Eigene Darstellung]**

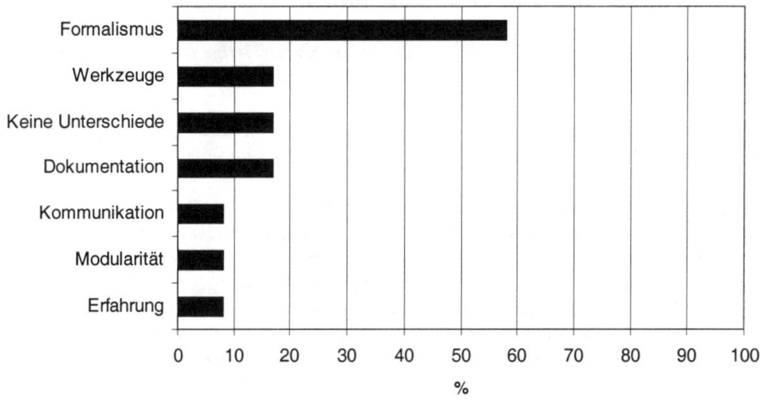

3.3.8 Faktor unklare Anforderungen

Im Gegensatz zu unterschiedlichen Zielvorstellungen stehen unklare Anforderungen. Im ersten Fall, den unterschiedlichen Zielvorstellungen, entstehen die Probleme Haus-intern durch ein unterschiedliches Verständnis eines spezifizierten Zieles. Unklare Anforderungen sind jedoch externer Natur, wenn z. B. die Spezifikation unklar oder nicht vollständig ist.

Ein Beispiel für das Scheitern eines Softwareprojektes, bei dem die Anforderungen nicht klar waren, ist das folgende:

> *„Ich schrieb Installationsskripte für unser Betriebssystem. Das ganze Team dachte, die Skripte wurden für den amerikanischen Markt benötigt, und wir wußten nicht, was in Europa passiert. Als unsere Skripte in Europa verwendet werden sollten, arbeiteten sie nur teilweise oder nicht korrekt. Wir wußten anfangs nicht, daß die Skripte auch dort eingesetzt werden sollten, aber es wäre sicherlich gut gewesen von vorneherein einen globalen Einsatz zu berücksichtigen. Das ist ein Beispiel, bei dem wir nur kurzfristig planten, weil wir hätten wissen müssen, daß die Programme auch außerhalb der USA eingesetzt würden. Wir dachten nur lokal. Es war ein unheimlich großer Aufwand, die Software an europäische Bedürfnisse anzupassen, ich habe gehört, daß alle Skripte neu geschrieben wurden, aber zu dem Zeitpunkt hatte ich das Projekt schon verlassen." [1]*

Hier wird deutlich, daß es für eine global arbeitende Firma sehr wichtig ist, daß alle Entwicklungsteams die Anforderungen von allen Ländern, in denen die Software eingesetzt werden soll, zur Hand haben. Fehlen Requirements von einigen Einsatzgebieten, müssen Annahmen getroffen werden, die einem einfachen globalen Einsatz der Software entgegenstehen. Bei kleinen, auf einen Markt bezogenen Softwareprojekten, kann dies meist gar nicht vorkommen.

Ein Beispiel für unklare Anforderungen betrifft die Requirementsprozesse. Wenn nicht ganz klar definiert ist, woher Anforderungen kommen können oder müssen, und wie diese in die Softwareentwicklung einfließen, dann kann es immer wieder vorkommen, daß einige Requirements nicht berücksichtigt werden. Ein Direktor:

„Mangelnde Requirementsprozesse ist ein Standardproblem. Wie sieht der Prozeß aus von einem Requirement zu einem Feature, bis zur Implementierung des Features. Wenn der nicht sauber und stabil ist, wenn Requirements sich ändern, wenn Requirements spät in den ganzen Releaseablauf reinkommen, daß sind höchst schwierige Dinge zum Managen. Da gibt es tausenderlei Probleme, warum ein Projekt schiefgehen kann." [14]

Eine Ursache für fehlende oder falsche Requirements entsteht daraus, wenn die Bedürfnisse eines Marktes falsch eingeschätzt werden. Ein Direktor führt dies aus:

„Manchmal scheitern Projekte, weil die Entwicklung denkt, eine Applikation wird vom Markt benötigt. Hiermit meine ich, daß nicht nur ein gutes Produkt erstellt werden soll, sondern auch eines, daß der Markt verlangt. Es ist sehr schlecht, wenn die Konkurrenz ein Produkt hat, und wir werden als letzter mit der Entwicklung fertig. Das ist einfach. Projekte sind aber auch schon gescheitert, weil die Entwicklung dem Markt fünf Jahre voraus war, niemand benötigte die Software. Wir müssen also einerseits schneller als die Konkurrenz sein und andererseits die Bedürfnisse eines Marktes berücksichtigen." [13]

In diesem Fall wurden Funktionen für einen Markt entwickelt, der sie zu diesem Zeitpunkt noch nicht benötigte. Der Zeitpunkt für die Entwicklung war zu früh gewählt. Den richtigen Zeitpunkt zu wählen ist jedoch schwierig:

„Mit einer Entwicklung dem Markt drei oder vier Jahre voraus zu sein, ist als wenn man Geld zu unheimlich niedrigen Zinsen bei einer Bank anlegt." [13]

Ist die Entwicklung zu früh, kann sie noch nicht verkauft werden, das in die Entwicklung investierte Geld hätte für ein paar Jahre besser angelegt werden können. Ist sie zu spät, hat die Konkurrenz den Markt gesättigt oder es kann kein guter Verkaufspreis mehr erzielt werden.

Projekte können jedoch nicht nur scheitern, wenn Anforderungen unklar definiert sind, sondern auch wenn die Organisationsstruktur eines Kunden unbekannt ist, in der die Software eingesetzt werden soll. Zur Erklärung das Zitat eines Direktors:

„Das entwickelte Produkt muß in die Organisationsstruktur eines Kunden passen. Das ist schwierig zu verstehen, aber hier ein Beispiel: In der Telekommunikationsindustrie hat jeder Anbieter eine bestimmte Organisationsstruktur. Wenn ein Anbieter sein Netzwerk aufbaut, ist jeder Teil der Organisation für einen bestimmten Teil des Netzwerkes verantwortlich. In älteren Netzwerken gab es typischerweise Sprachvermittlung, Datenvermittlung, Transmission usw. Wir mußten Produkte entwerfen, die in diese Struktur paßten. Produkte, die mehrere Bereiche in der Kundenorganisation abdecken, sind schwierig zu verkaufen, da der Kunde nicht immer weiß, was er damit anfangen soll. Vor ca. 10 Jahren entwickelten wir Access-Produkte, die fast alle Organisationsbereiche abdeckten. Wir hatten große Mühe, diese Produkte zu verkaufen, da der Kunde nicht wußte, wie er sie einsetzen soll. Die Produkte paßten nicht zur Organisationsstruktur der Anbieter. Das Produkt war falsch ausgerichtet, und das ist sehr schwierig zu erkennen." [13]

Auch in diesem Fall wurden die Anforderungen an die Softwareentwicklung falsch eingeschätzt. Das vorliegende Problem gibt es fast nur bei sehr komplexen Produkten wie z. B. einem Telekommunikationsnetzwerk, bei dem Kunden ihre gesamte Organisationsform nach dem Produkt ausrichten müssen. Kaum ein Kunde wird bereit sein, für eine neue Software seine Organisationsstruktur zu ändern und sie dem Produkt anzupassen. Bei kleinen Projekten ist die Organisationsstruktur der Kunden meist weniger wichtig, da die Struktur nicht um ein Softwaresystem herum aufgebaut wird, sondern die Software innerhalb einer Organisationseinheit eingesetzt wird.

3.3.9 Faktor Spezifikation

Viele der untersuchten Projekte scheiterten, weil es nie eine stabile Spezifikation der zu entwickelnden Software gab, d. h. die Aufgabenstellung hat sich im Laufe der Zeit aus verschiedenen Gründen immer wieder verändert. Zwar wurde bei allen Projekten stets versucht, Änderungen der Anforderungen nach dem ersten Meilenstein zu verbieten, bei den vorgekommenen Änderungen hätte jedoch eine Weiterentwicklung ohne Berücksichtigung der neuen Anforderungen keinen Sinn gemacht.

Ein wichtiger Grund für Änderungen der Anforderungen der Software zu einem sehr späten Zeitpunkt kann eine Änderung der Bedürfnisse des Marktes sein. Oft stellte sich heraus, daß ursprünglich getroffene Annahmen nicht richtig oder nicht komplett waren. Bei einigen Projekten war der Schwerpunkt der Entwicklung auf Funktionen gesetzt, die sich nachträglich eher als Nebensächlichkeit herausstellten. Um schnell auf Marktänderungen, die auch durch Neuentwicklungen der Konkurrenz beeinflußt sein können, reagieren zu können, wurde jeder Markt ständig observiert und die Entwicklungsprogramme gegebenenfalls angepaßt. Eine Managerin erinnert sich frustriert:

> *„Ich arbeitete an einem Projekt, in dem eine Hochgeschwindigkeitsschnittstelle erstellt werden sollte. Das Projekt lief viele Jahre, weil sich die Anforderungen jedes Jahr änderten. Im ersten Jahr lösten wir das Problem, im zweiten Jahr erkannten wir, daß es noch ein weiteres Problem gab, zu dessen Lösung wir unseren ersten Ansatz überarbeiten mußten. Eineinhalb Jahre später waren wir immer noch nicht fertig, weil der Markt sich geändert hatte und neue Anforderungen brachte. Bevor wir ein Problem richtig lösen konnten, kamen drei oder vier neue hinzu." [5]*

Daß sich die Anforderungen des Marktes an die Software ändern, wurde vor allem bei sehr großen und auf lange Entwicklungszeit angelegten Projekten immer wieder beobachtet. In einem Beispiel, bei dem gesetzliche Regelungen eines Marktes die Softwareimplementierung beeinflußten, änderten sich die Gesetze kontinuierlich alle 6 Monate. Ein Zeitraum, in dem unmöglich eine Entwicklung abgeschlossen werden konnte. Die neuen und geänderten Funktionen waren vom Gesetzgeber jedoch zwingend vorgeschrieben, ein Betrieb des Systems ohne die betreffenden Programme nicht erlaubt. Auch in diesem Fall hätte eine blinde Weiterentwicklung der ursprünglich geplanten Software ohne Berücksichtigung der neuen Vorschriften keinen Sinn gemacht, da das Ergebnis nicht hätte verkauft werden dürfen. Ein Projektmanager und ein Direktor dazu:

> *„Es gibt mehrere Möglichkeiten, bei denen Softwareprojekte scheitern können. Zum Beispiel, wenn sich der Markt dynamischer erweist als man ursprünglich vermutet hatte, d. h. man hat das Softwareprojekt zu lange angelegt und in der Zwischenzeit ändern sich die Anforderungen, man kann dann ab einem gewissen Stadium die Anforderungen nicht mehr reinbringen, ohne die Softwarearchitektur völlig auf den Kopf zu stellen." [4]*

> *„Für Softwarekatastrophen gibt es ein typisches Beispiel: Man unterschätzt das Problem, dadurch dauert die Entwicklung nicht ein Jahr sondern zwei Jahre, aber da es zwei Jahre*

dauert haben sich in der Zwischenzeit die Requirements verändert, und da die Requirements sich verändern, muß man wieder redesignen, dadurch überlagern sich die Probleme in einer ohnehin verschleppten Entwicklung und dann eskaliert das ganze zum Chaos." [14]

Bild 59 zeigt, wie typischerweise die Anpassung an neue Requirements in einer komplexen Softwareentwicklung verläuft. Nach einer anfänglichen Zieldefinition wird diese periodisch überprüft und bei aufgekommenen Unstimmigkeiten korrigiert. Dadurch entsteht eine charakteristische Zick-Zack-Kurve. Ohne ständiges Überwachen des Zieles würde eine komplexe Entwicklung am Ende zwar den ursprünglichen Requirements genügen, ein erfolgreicher Verkauf wäre aber eher zweifelhaft.

BILD 59: **Typischer Entwicklungsprozeß. [Quelle: Eigene Darstellung]**

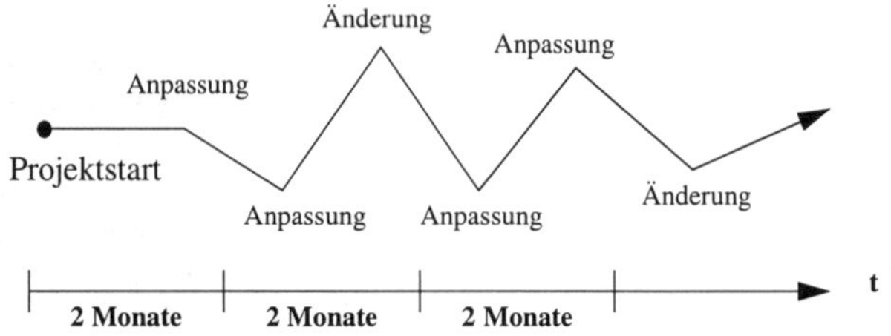

Der letzte Fall zeigt einen weiteren und in dieser Fallstudie oft angetroffenen Grund für sich während der Projektlaufzeit ändernde Anforderungen. Der ursprüngliche Projektplan war falsch oder zu optimistisch, durch die verlängerte Entwicklungszeit müssen neue Anforderungen im Design berücksichtigt werden, dadurch verzögert sich die Entwicklungszeit noch mehr. Dieser Teufelskreis brachte viele Projekte zum Scheitern.

3.3.10 Faktor Hardware

Im Laufe dieser Studie sind auch Projekte aufgetaucht, deren Scheitern Problemen mit der Technologie zuzuschreiben ist. Dies betrifft vor allem mangelnde Leistungsfähigkeit oder Geschwindigkeit der Hardware. Bei einigen Projekten wurde die mangelnde Leistungsfähigkeit zu einem großen Problem, da sie erst relativ spät im Projektablauf festgestellt wurde. Ein Manager des Projektes:

„Wir stellten erst am Ende des Projektes fest, daß die Performance nicht reicht weil die Hardware nicht ausreichend war. Von der Schnelligkeit her. Die Problematik an der Stelle ist die, daß man zuerst versucht, die Software zu optimieren, bis sie so unmodularisiert ist, daß sie nur noch auf einer bestimmten Hardware läuft. Im zweiten Schritt, wenn man versucht die Hardware auszutauschen, stößt man dann wieder auf Probleme. Dafür habe ich viele Beispiele." [4]

„Performance ist ein ganz schlimmes Kapitel. Wenn ich am Ende der Entwicklung merke, daß die Performance absolut nicht da ist, wo sie hingehört, dann kann ich höchstens versuchen mit Hardware aufzurüsten, was aber teurer wird. Man kann auch versuchen, ein

Reengineering zu machen, wenn man herausfindet, wo die Performance verlorengeht, Reengineering führt aber dazu, daß ich redesignen muß, und so wird alles verzögert." [14]

Performanceprobleme führen also einerseits dazu, daß sich die gesamte Entwicklung verzögert, eine Markteinführung erst später als geplant möglich ist und damit alle weiteren Probleme, die mit einer verlängerten Entwicklungszeit aufkommen und zuvor erwähnt wurden, auftauchen. Andererseits kann es passieren, daß teurere Hardware verwendet werden muß und so die ursprünglichen Kalkulationen nicht stimmen, sich die Software erheblich verteuert und das ganze Entwicklungsprojekt sich oft nicht mehr rechnet.

Probleme mit der Technik gibt es auch bei komplett neuen Systementwicklungen. Wenn die Erfahrung mit der zugrundeliegenden Hardware fehlt, ist es für den Projektmanager sehr schwierig eine genaue Planung durchzuführen. Hat er sich bei der Projektplanung zu sehr verschätzt, ist die Wahrscheinlichkeit für ein Scheitern des gesamten Projektes sehr groß. Beispiele hierzu finden sich im Abschnitt über schlechte Projektplanung.

3.3.11 Faktor Vertrauensmangel zwischen den verteilten Teams

Eine schlechte Beziehung zwischen den einzelnen verteilten Teams kann ein weiterer Faktor für einen Fehlschlag sein. Durch eine schlechte Beziehung ist meist die auch die Kommunikation zwischen den verteilten Teams beeinträchtigt, was, wie eingangs erwähnt, die Hauptursache für das Scheitern der meisten Projekte ist. Die Ursachen für eine schlechte Beziehung können dabei mannigfaltig sein. Oft wird diese Situation erreicht, wenn zwei Teams zum ersten mal zusammen arbeiten und sich gegenseitig nicht gut kennen, d. h. noch kein Vertrauen dem anderen Team gegenüber aufbringen können. In einer verteilten Umgebung, in der man seine Kollegen nicht täglich sieht, wird nicht automatisch Vertrauen aufgebaut sondern das „sich kennenlernen" muß aktiv gefördert werden. Unaufgeklärte Mißverständnisse und eine daraus resultierende schlechte Beziehung entstehen aber auch sehr leicht, wenn zwei sehr erfahrene Teams zusammen an einem Projekt arbeiten, und jedes Team einen eigenen Lösungsansatz verwirklichen will. Keines der Teams kann dann leicht dem anderen nachgeben. Jedes Team hat mit seinem Ansatz gute Erfahrungen gemacht, ein gemeinsamer von allen getragener Fortschritt ist nur sehr schleppend möglich.

Um international verteilte Entwicklung erfolgreich durchführen zu können, sind gute Beziehungen zwischen allen involvierten Standorten nötig. Dies fördert die Kommunikation und erleichtert die Zusammenarbeit zwischen Entwicklern, die sich selten oder nie zu Gesicht bekommen. Ein Gegenbeispiel für einen flüssigen Arbeitsablauf weiß ein Projektleiter zu berichten:

> *„Diese Woche hatten wir hier einen Entwickler aus Ottawa, der Software installieren sollte. Er kam letzte Woche an. Einen Tag, bevor er hier ankommen sollte, erhielten wir von seinem Bereichsleiter eine E-Mail, in der er $ 18.000 für seine Unterstützung verlangte, und so lange wir dem nicht schriftlich zustimmen würden, könne sein Entwickler nicht abreisen. Das ist ekelhaft. Einerseits beeinflußt das unsere Arbeit, aber viel schwerwiegender ist, daß es auch unsere Beziehungen negativ beeinflußt. Wie kann ich ihm nach dem Vorfall Vertrauen schenken? Das war wirklich schlecht. Technische Aspekte sind zwar immer wichtig, die Beziehungen der Teams zueinander und das Verständnis füreinander sind in verteilten Teams aber wichtiger!" [11]*

Um Vertrauen zwischen den einzelnen Teams aufzubauen, wurden regelmäßig „Technologietage“ abgehalten, bei denen jede Abteilung die Möglichkeit hatte, ihre Forschungs- und Entwicklungsaufgaben zu präsentieren. Durch ein gegenseitiges besseres Kennenlernen und ein Verständnis für das, was andere Standorte gerade entwickeln, wurde Mißtrauen zwischen den einzelnen Niederlassungen abgebaut.

3.3.12 Faktor Politik

Einige der Interviewten sprachen politische Gründe als Ursache für das Scheitern komplexer internationaler Softwareprojekte an. Arbeitszeiten, Gesetze, Einfuhr- und Ausfuhrbeschränkungen bestimmen in großem Maße den Erfolg eines Unternehmens. In das am Anfang dieses Kapitels vorgestellte Risikorahmenmodell von KEIL ET AL. [1998:80] gehören politische Faktoren in den 4. Quadranten, d. h. sie sind externe Faktoren für ein Projekt und außerhalb der Kontrolle eines Projektleiters. Das politische Umfeld in einem Land, in dem sich eine Niederlassung einer international tätigen Firma befindet, liegt weitestgehend auch außerhalb der Kontrolle eines Unternehmens.

Ein Beispiel kommt aus einem Projekt mit China, wo es sehr schwierig war die dortige Niederlassung in die globale Entwicklung einzubinden. Reisen von und zu dem Labor waren nicht so einfach möglich, wie dies in westlichen Ländern üblich ist, und es war auch schwieriger, Entwickler zu finden, die dort für einige Zeit im Austausch arbeiten wollten. Technologie konnte wegen internationaler Beschränkungen nicht einfach zwischen anderen Standorten und China transportiert werden sondern erforderte einen hohen bürokratischen Aufwand.

Politische Gründe beziehen sich deshalb weniger auf die Softwareentwicklung selbst als auf das Umfeld der Entwicklung. Einige politische Entscheidungen haben so zur Einstellung oder Verlagerung von den in dieser Studie begutachteten Projekten geführt. Ein weiterer politischer Grund betrifft die Absatzmärkte. Wie schon zuvor im Kapitel über Gründe für global verteilte Entwicklung erwähnt, können komplexe Systeme in einem Land oft nur dann verkauft werden, wenn sich dort vor Ort auch eine Entwicklungsabteilung befindet.

3.3.13 Faktor Testen

Ein in dieser Arbeit ebenfalls gefundener Grund für das Scheitern von verteilten Softwareprojekten ist unzureichendes Testen. Die einzelnen Softwarebausteine, die in den verteilten Teams entwickelt wurden, hatten oft komplexe Abhängigkeiten, wie Bild 60 beispielhaft anhand einer fiktiven Komponente K zeigt. Im Schaubild ist dargestellt, wie die Entwicklung einzelner Teilkomponenten ausgehend von Standort A auf verschiedene Entwicklungslabore verteilt wird und welche zeitlichen Abhängigkeiten zwischen den Niederlassungen bestehen.

BILD 60: Typischer Projektablaufplan. [Quelle: Eigene Darstellung]

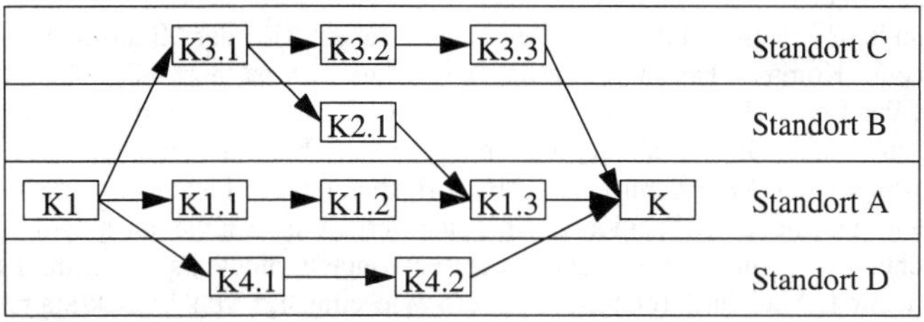

Verschiebt sich die Fertigstellung einer Komponente in einem Standort, sind sofort auch viele andere Niederlassungen mit ihrer Terminplanung betroffen. Da sie für ihre Arbeit an einem Projekt nur einen bestimmten Zeitrahmen eingeplant haben und an jedem Standort parallel viele Projekte bearbeitet werden, ist es für sie nicht immer möglich, flexibel auf zeitliche Verschiebungen zu reagieren. Bekommen sie einen Baustein, den sie für ihre Entwicklung benötigen, zu spät, können sie schon mit dem nächsten Projekt beschäftigt sein, welches wiederum komplexe zeitliche Abhängigkeiten besitzt. Um einen zeitlichen Verzug in der Entwicklung zu kompensieren, wurde oft das Testen der Teilkomponenten sehr schnell und verkürzt durchgeführt. Dadurch entsprach die Software nicht immer den Qualitätsanforderungen, die ursprünglich gestellt worden waren. Ungenügendes Testen führte damit zu späteren Verzögerungen, da Mängel erst während der Integrationsphase oder während der Verifikation bemerkt wurden.

3.3.14 Zusammenfassung

TABELLE 35: Gründe für das Scheitern von verteilten Softwareprojekten. [Quelle: Eigene Darstellung]

Ursache	4	3	2	1	Σ
Schlechte Kommunikation	100	75	84	33	81
Mangelhaftes Projektmanagement	67	25	100	33	63
Unterschiedliche Zielvorstellungen	100	73	33	33	50
Überschätzung		75	33	67	44
Kulturelle Unterschiede	33	100	17	33	44
Projektgröße	100	50	33		42
Unterschiedliche Prioritäten			50		30
Softwaretechnik				100	19
Unklare Spezifikation	33			67	19
Stetige Änderung der Anforderungen			33	33	19
Nicht ausreichende Hardware			17	100	19
Vertrauensmangel		75			19
Politische Gründe		50			13
Infrastruktur		25			6
Ungenügendes Testen	33				6

Tabelle 35 enthält eine Zusammenfassung der Ursachen für das Scheitern, d. h. **Mißerfolgsfaktoren**, der untersuchten Software-Projekte. Angeführt wird die Liste von Problemen mit der Kommunikation zwischen den verteilten Teams, die auf 81% der Mißerfolge einen Einfluß hatte. Schlechte Kommunikation wurde dabei von Interviewpartnern aller Hierarchieebenen beklagt, auf der Ebene der Entwickler jedoch zu 100%, bei den Direktoren nur zu 33%. Das kann damit zusammenhängen, daß der Kommunikationsfluß auf den höheren Ebenen wirklich besser war, durch viele Reisen mit Face-to-Face-Besprechungen hatte das obere Management zwischen den verschiedenen Standorten ein gutes Verhältnis. Entwickler hingegen, die nicht so oft zwischen den Standorten hin- und her reisen konnten, mußten sich bei ihrer Kommunikation mehr auf E-Mail und Telefon verlassen. Wie eingangs von Lipnak/Stamps, Kostner oder Hern erwähnt, ist Kommunikation der zentrale Faktor für den Erfolg bei der Arbeit in global verteilten Teams, es wundert also nicht, daß dies auch für Softwareentwicklungen zutrifft. Im Vergleich zu den anfangs aus der Literatur aufgeführten Faktoren für das Scheitern von Software-Projekten tauchte dort die Kommunikation zwischen den Entwicklungsteams nicht auf, wohl weil es kaum Untersuchungen über global verteilt durchgeführte Software-Entwicklungen gibt.

Schlechtes Projektmanagement wurde zu 63% als Ursache für ein Scheitern identifiziert. Darunter fallen unklare Zielvorgaben, fehlende Pläne und ungenügende Kontrolle eines laufenden Entwicklungsprojektes. Auch ein unklarer Prozeß wird hier unter den Managementproblemen geführt. Der Faktor wurde auf allen Hierarchieebenen genannt, am meisten jedoch im oberen Management. Gerade diese Ebene hatte alle Abstimmungen zwischen den global verteilten Teams zu treffen. Auch dieser Faktor paßt zu den Ergebnissen der eingangs erwähnten Literatur, die schlechtes Projektmanagement als eine der Hauptursachen für ein Scheitern in Software-Entwicklungen identifizierte, so wie z. B. King, Drummond, Murphy, Prakken, Hertweck/Krcmar oder Boehm. Zum Projektmanagement gehören dabei Planung, Organisation, Personalaktivitäten, Leitung und Kontrolle, die bei global ausgelegten Projekten wesentlich komplexer sind als bei einer lokalen Entwicklung und sehr viel Koordination zwischen den Entwicklungszentren erfordern. Probleme im Projektmanagement machen sich somit durch unrealistische Zeitplanung, schlechter Zielvereinbarung, Überschätzung, fehlender Kontrolle, ungeeignetem Personal, einem zu geringen Budget oder fehlenden Prozessen bemerkbar.

Unterschiedliche Zielvorstellungen wurden von 50% der Befragten als Risikofaktor genannt. Der Faktor bedeutet, daß zwar Spezifikationen vorhanden waren, diese jedoch je nach Standort und Hintergrundwissen der Entwickler unterschiedlich interpretiert wurden. Dabei waren die Spezifikationen zwar so genau, daß alle an einem Projekt Beteiligten unterschiedliche Interpretationen nicht für möglich hielten, sie hatten jedoch Lücken, so daß unterschiedliche Interpretationen zu Stande kommen konnten. Dieser Faktor konnte in der untersuchten Literatur nicht gefunden werden, er scheint sich nur bei komplexen Software-Projekten, bei denen die Entwicklungsteams über viele Standorte verteilt sind, bemerkbar zu machen, und mit solchen Projekten gibt es bisher nur sehr wenig Erfahrung.

44% der Befragten nannten in dieser Arbeit Überschätzung einen Faktor dafür, daß eine Softwareentwicklung scheiterte. Die Antwort kam dabei nur aus dem Managementbereich und nicht von den Entwicklern selbst. Dies ist leicht zu erklären, da die Abschätzung eines Projektes wie die Laufzeit und benötigte Ressourcen typische Managementaufgaben sind. Überschätzung als Ursache für ein Scheitern von Softwareprojekten wurde auch schon wie zuvor beschrieben von Vaughan, Drummond, Hertweck/Krcmar und Boehm genannt.

Kulturelle Unterschiede und eine schlechte Beziehung zwischen den verteilten Teams waren in fast 40% der in dieser Studie untersuchten Softwareprojekte mit ein Grund für das Scheitern. Kulturelle Unterschiede, auch „Cultural Diversity" genannt, waren dabei auf allen Hierarchieebenen zu spüren. In der Literatur über das Scheitern von Softwareprojekten war dieser Faktor nur indirekt, z. B. durch schlechte Kommunikation (Prakken) oder ungeeignetes Personal (Boehm) zu finden, in den Ausarbeitungen über globale Zusammenarbeit war „Cultural Diversity" jedoch häufig anzutreffen, wie z. B. bei Hofstede, Trompenaars, Lichtenberger oder Macharzina.

Einige der Projekte waren zu groß oder hatten eine zu lange Laufzeit. BROOKS [1995:19] beschreibt, wie mit der Projektgröße der Kommunikationsaufwand zur Projektkoordination überproportional ansteigt und die Produktivität immer weiter sinkt, bis ab einer gewissen Projektgröße die Effektivität Null erreicht wird. Folgefehler unzureichender Kommunikation waren in den untersuchten Projekten unterschiedliche Erwartungen der verteilten Gruppen von der gemeinsamen Entwicklung. Die Projektgröße wurde dabei von 42% der Befragten genannt.

Unterschiedliche Prioritäten der einzelnen Entwicklungslabore, zu 30% als Grund für ein Scheitern von international verteilten Software-Projekten genannt, ist bisher ebenfalls nicht in der Literatur erläutert worden. Hinter dem Faktor verbirgt sich, daß jede der global verteilten Niederlassungen lokale Anforderungen in der Priorität hoch gewichtet. Werden einzelne Teile der Software zentral entwickelt, geben alle Benutzer dieses Teiles ihre Anforderungen an die zentrale Entwicklung, die dort dann nach Umsatz- und strategischer Sicht priorisiert werden. Für einen kleinen Markt ohne besondere strategische Bedeutung kann das bedeuten, daß seine Anforderungen an den zentral entwickelten Teil der Software nicht rechtzeitig berücksichtigt werden. Unterschiedliche Prioritäten als Faktor für ein Scheitern von Softwareprojekten wurden hauptsächlich im oberen Management genannt, der Hierarchieebene, die die global richtige Prioritätenliste auszuarbeiten hat.

Unklare Spezifikationen, zu knapp 20% erwähnt, sind auf Fehler im Projektmanagement zurückzuführen, welche hier schon anfangs erläutert wurden.

Die Softwarearchitektur wurde zu 20% als Faktor erwähnt, der ein Scheitern bewirken kann, allerdings nur von den Direktoren. Dies ist bemerkenswert, da die Softwarearchitektur nicht von ihnen festgelegt oder bestimmt wurde, sondern von sogenannten Software-Architekten, sehr erfahrenen Entwicklern. Das Ergebnis kann jedoch dadurch erklärt werden, daß der gezielte Einsatz von Software-Architekten auf Direktorenebene geplant wird. In der Literatur waren direkte Aussagen zur Software-Architektur für global verteilte Software-Projekte und ihr Einfluß auf Erfolg oder Mißerfolg nicht zu finden. Gerade aber wie die Architektur einer Software aufgesetzt ist bestimmt, inwieweit global verteilte Teams parallel an der Entwicklung von basis- und marktspezifischen Anwendungen arbeiten können.

BILD 61: **Gründe für das Scheitern von verteilten Softwareprojekten. [Quelle: Eigene Darstellung]**

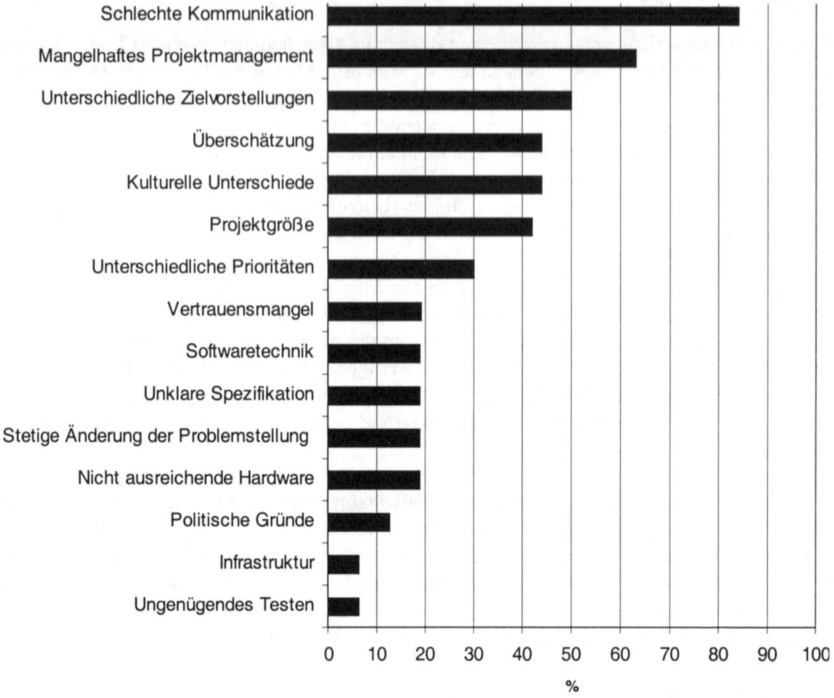

Ebenfalls für etwa 20% der Mißerfolge in der Softwareentwicklung waren sich kontinuierlich ändernde Anforderungen verantwortlich. Da sich die Problemstellung oft änderte, was leicht passierte wenn die Entwicklung auf eine zu lange Laufzeit angesetzt worden war, war ein erfolgreicher Abschluß bei einigen der untersuchten Projekte unmöglich geworden. Einige der verteilten Projekte scheiterten, weil sie mit Ländern geplant worden waren, in denen politische Entscheidungen und Veränderungen das Umfeld so weit verschlechtert hatten, daß eine erfolgreiche internationale Teamarbeit nicht mehr möglich war. Bei etwa 20% der Fehlschläge kamen technische Ursachen als Auslöser in Betracht. Dies waren einmal Probleme mit der Performance, d. h. die Hard- oder Software war für die gestellten Echtzeitanforderungen nicht schnell genug. Ein weiteres technisches Problem war ungenügendes Testen der Teilprodukte, oft wegen Zeitmangel: War eine Entwicklungsgruppe mit ihrer Entwicklung in Verzug, wurde am Testen gespart, um die globalen Zeitpläne nicht anpassen zu müssen. Andererseits wurde auch häufig versucht, die neueste gerade eben verfügbare Technologie zu verwenden, die oft noch nicht ausgereift war oder das Entwicklungsteam hatte noch keine ausreichende Erfahrung mit ihr machen können. Nicht ausreichende Leistungsfähigkeit wurde in der Literatur schon von Jones als möglicher Grund für ein Scheitern festgestellt. Nur in etwa 6% der untersuchten Projekte war die Entwicklungsumgebung, die Infrastruktur, nicht ausreichend gewesen. Bild

61 zeigt eine grafische Zusammenfassung über die Ursachen für das Scheitern von komplexen internationales Softwareprojekten.

Die vorliegende Fallstudie hat gezeigt, daß komplexe internationale Softwareprojekte selten an einem einzigen Grund gescheitert sind, sondern meist eine Kombination vieler Faktoren dazu führte, daß ein Projekt nicht mit Erfolg beendet werden konnte.

3.4 Erfolgsfaktoren verteilter Softwareentwicklung

In diesem Kapitel wird untersucht, welche Voraussetzungen für einen Erfolg von international verteilten Softwareentwicklungen geschaffen werden müssen. Absicht ist dabei die Identifizierung von „Erfolgsfaktoren“. Das vorherige Kapitel legte den Fokus darauf, welche Faktoren, wenn sie anwesend sind, eine verteilte Softwareentwicklung negativ beeinflussen können, d. h. zu einem Scheitern beitragen. Erfolgsfaktoren hingegen sind Faktoren, die eine verteilte Softwareentwicklung positiv beeinflussen, d. h. wenn sie anwesend sind wird die Wahrscheinlichkeit, daß das Projekt erfolgreich beendet wird, größer.

An der MIT Sloan School of Management wurde der Ansatz der „Critical success factors“ (CSF) entwickelt und später von DANIEL [1961:111] an Informationssysteme angepaßt. Nach ihm sind Erfolgsfaktoren „diejenigen Aufgaben, die eine Firma überdurchschnittlich gut bewältigen muß, um erfolgreich zu sein.“ ANTHONY ET AL. [1972] stellten fest, daß unterschiedliche Organisationen unterschiedliche CSF haben und daß auch einzelne Manager einer Organisation verschiedene CSF haben können. Selbst für einen Manager können sich die CSF von Zeit zu Zeit verändern, werden aber doch für einige Monate konstant bleiben (DADASHZADEH [1989:3]). ZANI [1970:85ff] zeigte, daß CSF die Hauptmerkmale des Erfolges einer Firma widerspiegeln können und deshalb hilfreich dabei sind, bei der Softwareentwicklung Prioritäten zu erkennen. KING/CLELAND [1971:59ff] stellten schließlich fest, daß „critical decision areas“, der Bedeutung nach ebenfalls CSF, eine große Rolle in der Phase der Anforderungsdefinition und im Entwurf spielen. Dies legte die Grundlage zu weiterer Forschung zu CSF im Bereich der Informationstechnologie (siehe auch MOORADIAN [1976] oder ROCKART [1979:207ff]). Rockart, der in CSF hauptsächlich eine Methode für das höhere Management sieht um Informationssysteme zu planen, definiert CSF als:

> *„... diejenigen wenigen Gebiete in denen Ergebnisse, wenn sie zufriedenstellend sind, die Leistungsfähigkeit und Wettbewerbsfähigkeit einer ganzen Organisation sicherstellen. Sie sind diejenigen wenigen Gebiete, in denen alles richtig gemacht werden muß, um ein Geschäft aufblühen zu lassen. Sind die Ergebnisse in diesen Gebieten nicht ausreichend, werden alle Anstrengungen einer Organisation ein weniger als gewünschtes Ergebnis hervorbringen.“*
> *[Rockart 1979:217, eigene Übersetzung]*

Die CSF-Methode versucht, diese Gebiete zu identifizieren. BULLEN/ROCKART [1981:383ff] erweitern das CSF-Konzept auf andere Bereiche innerhalb einer Organisation. Sie schlagen ausgehend vom organisatorischen Planungsprozeß für Informationssysteme vor, daß die CSF, von Managern mehrerer Hierarchieebenen zusammengenommen, ein „kollektives“ oder „generisches“ Set für eine gesamte Organisation bilden können.

Nach DADASHZADEH [1989:3] können CSF aus ein- bis zweistündigen Interviews mit Managern gewonnen werden. In einer ersten Sitzung werden die Kandidaten nach ihren Zielen und Möglichkeiten befragt, wie sie diese Ziele erreichen können. In diesem Interview sollen vor allem diejenigen CSF gewonnen werden, die die Manager unbewußt verwenden. Die zweite Sitzung konzentriert sich darauf, Methoden zu definieren, wie einzelne CSF gemessen und kontrolliert werden können. Weitere Sitzungen können dazu verwendet werden, Übereinstimmung der CSF zu erreichen und die Messmethoden festzulegen.

In O.V. [1999] wird versucht, anhand mehrerer Softwareentwicklungsprojekte allgemeingültige CSF für IT-Projekte zu gewinnen. Dazu werden mehrere Entwicklungsprojekte untersucht und anhand von Interviews für jedes einzelne die CSF bestimmt. Diese werden anschließend analysiert, wobei auf Gemeinsamkeiten geachtet wird. Geschlossen wird mit den in Tabelle 36 aufgeführten CSF, die ein allgemeingültiges Set von „Critical success factors" für IT-Projekte darstellen können.

TABELLE 36: **Allgemeingültiges Set von CSF für IT-Projekte. [Quelle: o.V. 1999]**

Nr.	CSF
1	Sicherstellung, daß Endbenutzer in allen Phasen der Systementwicklung involviert sind
2	Abschätzung, Planung, Kontrolle und Koordination aller Projektaktivitäten
3	Sicherstellung der Unterstützung von Drittanbietern
4	Genügend Zeit für die Entwickler, um die Anforderungen mit den Endbenutzern zusammen zu definieren
5	Verwendung von Prototypen, um nötige Änderungen der Anforderungen frühzeitig zu erkennen
6	Sicherstellung, daß erkannte Änderungen frühzeitig durchgeführt werden
7	Sicherstellung eines Sponsors für jedes Entwicklungsprojekt
8	Verwendung strukturierter Entwicklungsmethoden / CASE-Tools
9	Lösung technischer Probleme

CSF 1 stellt sicher, daß Endanwender in allen Entwicklungsphasen partizipieren. Dies macht den Entwicklungsprozeß zwar komplexer, die Entwicklung kann jedoch insgesamt schneller vorankommen, da Entwickler zu jeder Zeit wissen, was der Endanwender wünscht. Nur eine Abschätzung und Planung (CSR 2) ermöglichen es, den genauen Fortschritt eines Projektes zu verfolgen und notfalls einzugreifen. In Softwareprojekten werden oft Teilkomponenten zugekauft oder Softwarepakete externer Hersteller verwendet. Hier muß sichergestellt sein, daß bei eventuell auftretenden Problemen Unterstützung gewährleistet ist (CSF 3). Nur wenn Entwickler genügend Zeit mit den Endanwendern haben, ist sichergestellt, daß alle benötigten Anforderungen richtig verstanden werden können (CSF 4). Prototypen helfen den Endanwendern frühzeitig zu erkennen, ob ihre Anforderungen richtig verstanden wurden, andererseits können sie auch den Entwicklern helfen, die Wichtigkeit einzelner Funktionen zusammen mit den Endanwendern richtig einzuschätzen (CSF 5). Eine Softwareentwicklung kann bei Anforderungswechsel nur im Zeitplan bleiben, wenn ein „Change Management" implementiert ist (CSF 6). Softwareprojekte benötigen einen festen Sponsor. Dieser kann gewährleisten, daß genügend Mittel für eine Softwareentwicklung bereitstehen (CSF 7). Durch die Verwendung strukturierter Entwicklungsmethoden und von CASE-Tools kann der Design-Zyklus verkürzt werden, gleichzeitig eine höhere Qualität und bessere Dokumentation erreicht werden (CSF 8).

Letztendlich müssen auch die technischen Schwierigkeiten gelöst werden, die oft durch die Komplexität einer Entwicklung nicht einfach sind (CSF 9).

Laut JONES [1996:xvi] gibt es eine grundlegende Regel für Softwareprojekte: Es gibt unendlich viele Gründe, warum ein komplexes Softwareentwicklungsprojekt scheitern kann, es gibt jedoch nur sehr wenige Wege, wie ein solches Projekt erfolgreich beendet werden kann. Für ihn sind die in Tabelle 37 gezeigten Attribute essentiell, um ein Projekt erfolgreich beenden zu können. Diese Attribute wurden von ihm aus den Daten erfolgreicher Projekte extrahiert.

TABELLE 37: **Erfolgsfaktoren. [Quelle: Jones 1996:xvi]**

Effektive Projektplanung
Effektive Kostenabschätzung
Effektive Fortschrittskontrollen
Effektive Messungen
Effektive Qualitätskontrolle
Effektives „Project-Change-Management“
Effektive Entwicklungsprozesse
Effektive Kommunikation
Erfahrene Projektmanager
Erfahrene Mitarbeiter
Einsatz von Spezialisten
Wiederverwendung von Software

SCHWARZER/ZERBE/KRCMAR [1996:18] schließen, daß bei der Gestaltung verteilter Gruppen neben Kooperationsmaterial auch sozialpolitische Faktoren berücksichtigt werden müssen. Erfahrungen haben gezeigt, daß die gesunkene Möglichkeit zu direkter Interaktion, bedingt durch räumliche Entfernung und Zeitzonendifferenzen, es notwendig macht, Vertrauen innerhalb globaler Teams zu schaffen.

Die STANDISH GROUP [1995:5] identifiziert nach einer Befragung von 365 IT-Managern die in Tabelle 38 aufgeführten 10 „Project Success Factors“ für Softwareprojekte.

TABELLE 38: **Erfolgsfaktoren. [Quelle: Standish Group 1995:5]**

Nr.	Erfolgsfaktor
1	Einbeziehung der Endanwender
2	Management Support
3	Klare Anforderungen
4	Gute Planung
5	Realistische Erwartungen
6	Kleine Projektmeilensteine
7	Kompetente Mitarbeiter
8	„Ownership“

TABELLE 38: **Erfolgsfaktoren. [Quelle: Standish Group 1995:5]**

Nr.	Erfolgsfaktor
9	Klare Visionen und Aufgaben
10	Hart arbeitende Mitarbeiter

HENRY/HARTZLER [1998:20ff] identifizieren drei Herausforderungen für verteilte Teams: „Fokus", „Werte, Prinzipien und Vereinbarungen" und „Synergie / Kommunikation". Die erste Herausforderung, der Fokus, ist, ein klares Ziel zu definieren und den Beitrag aller Beteiligten verteilten Teams zu diesem Ziel festzulegen. Ist das Ziel definiert, müssen im zweiten Schritt Erwartungen und anzuwendende Methoden der Teams untereinander vereinbart werden. Es ist wichtig, daß alle Teams verstehen, wofür sie verantwortlich sind und nach welchen Methoden gearbeitet werden soll. Die dritte Herausforderung bedeutet, Wege zu finden, wie die tägliche „Face-to-face"-Kommunikation lokaler Teams durch formelle und informelle Ansätze verteilter Teams gehandhabt werden kann.

Henry/Hartzler geben praktische Hinweise, wie jede Herausforderung gehandhabt werden kann. Ein gemeinsamer Fokus kann ihrer Meinung nach erreicht werden, wenn zu Projektbeginn genügend Zeit investiert wird, die gemeinsamen Ziele klar zu dokumentieren. Eine ständige „Bedrohung" virtueller Teams sind Mißverständnisse. Diese zu vermeiden dienen ebenfalls zu Projektbeginn dokumentierte Erwartungen, Methoden und Verantwortlichkeiten. Dazu gehören auch Kommunikationspläne, d. h. wer in welchen Fall auf welchem Wege mit wem Kontakt aufnehmen sollte. Kommunikation miteinander ist in verteilten Teams schwieriger als bei lokalen Teams, moderne Technologien, z. B. Telefon, Fax, Telekonferenzen oder Internet, können jedoch helfen, die Entfernung zu überbrücken. Kommunikation muß jedoch geplant werden und muß auch kulturelle Unterschiede berücksichtigen.

Die Empfehlungen von Kostner [1996] wurden schon in der Einführung zu virtuellen Teams erwähnt und sind in der unten stehenden Tabelle der Vollständigkeit wegen noch einmal aufgeführt.

Tabelle 39 zeigt eine Zusammenfassung der Erfolgsfaktoren von Softwareprojekten bzw. von Projekten in international verteilten Teams.

TABELLE 39: Übersicht über Studien zu Erfolgsfaktoren in Softwareprojekten. [Quelle: Eigene Darstellung]

Untersuchungsgegenstand	Forschungsmethode	Forscher	Hauptfaktor
Mehrere Softwareprojekte	Interviews	o.V., 1999	• Involvierung der Endbenutzer • Abschätzung, Planung, Kontrolle • Unterstützung der Drittanbieter
Software-Projekte	Fragebogen	Jones, 1996	• Projektplanung • Kostenschätzung • Fortschrittskontrolle
Software-Projekte	365 Interviews	Standish Group, 1995	• Involvierung der Endbenutzer • Unterstützung des Managements • Klare Anforderungen
Verteilte Teams	unbekannt	Kostner, 1996	• Vertrauen • Anerkennung • Kommunikation
Verteilte Teams	unbekannt	Henry/ Hartzler, 1998	• Fokus • Werte, Prinzipien, Vereinbarungen • Synergie, Kommunikation
Verteilte Gruppen	Experimente	Schwarzer, Zerbe, Krcmar, 1996	• sozialpolitische Faktoren

Im Vergleich zu der Untersuchung über Mißerfolgsfaktoren fällt auf, daß die Erfolgsfaktoren unterschiedlicher Autoren sehr viel unterschiedlicher sind als die Mißerfolgsfaktoren unterschiedlicher Autoren. Bis auf die Anforderung einer guten Projektplanung gibt es kaum Überschneidungen.

In der hier durchgeführten Arbeit empfiehlt die überwältigende Mehrheit der Befragten, einen besonderen Augenmerk auf die Kommunikation zwischen den verteilten Gruppen zu legen. Jedes der verteilten Teams benötigt einen Überblick über die gesamte Entwicklungsarbeit. Zwischen den verteilten Teams muß eine gute Beziehung und Vertrauen aufgebaut werden. Dazu sind persönliche Treffen nötig. Es kann auch helfen, die Teams mit Entwicklern aus unterschiedlichen Standorten zu mischen.

Im Rahmen dieser Arbeit wurden fünf Faktoren identifiziert, die bei erfolgreichen Projekten immer anzutreffen waren, bei mißglückten Projekten jedoch oft fehlten. Tabelle 40 gibt einen Überblick über die Faktoren, die in den nächsten Kapiteln detaillierter erläutert werden.

TABELLE 40: **Erfolgsfaktoren. [Quelle: Eigene Darstellung]**

Faktor	Beschreibung
Einheitliche Zielvorstellungen	Alle verteilten Teams wissen, woran sie arbeiten, welche anderen Teams involviert sind und was das Ziel ist.
Projektplan	Ein guter Projektplan enthält alle Teilschritte, die zum Erreichen des gemeinsamen Zieles notwendig sind. Er identifiziert alle mitwirkenden Gruppen und ihre Rolle. Nur anhand eines akkuraten Projektplans kann eine gute Statusmessung durchgeführt werden.
Werkzeuge	Für verteilte Gruppenarbeit werden spezielle Werkzeuge benötigt, um Raum und Zeit zu überbrücken.
Produkttest	Global entwickelte Produkte werden einer einheitlichen, umfangreichen, mehrphasigen Testprozedur unterworfen.
„Soft Skills"	Die Auswahl der Mitarbeiter folgt spezifischen Anforderungen für verteilte Teamarbeit. Geeignete Mitarbeiter tragen entscheidend zu einem Projekterfolg bei.

3.4.1 Faktor einheitliche Zielvorstellungen

Für den Erfolg international verteilter Softwareentwicklungen ist es notwendig, daß sich alle Beteiligten schon vor Projektstart einig sind, was das Ziel der Entwicklung sein soll. Alle müssen sich diesem einen Ziel verpflichten und es ist ein einziger Hauptverantwortlicher Projektleiter zu identifizieren. Dieser muß den verteilten Gruppen Arbeitspakete geben, für die sie selbst verantwortlich sind. Das ist besonders schwierig, wenn zu Projektbeginn noch nicht alle Anforderungen bekannt sind oder im Laufe des Projektes neue Erkenntnisse zu einer Umformulierung der Ziele führen. Daher sollten die Verantwortlichkeiten jedes Entwicklungslabors von Anfang an klar geklärt sein.

Oft wurde jedoch ein Projekt nicht von Grund auf neu gestartet, sondern eine Niederlassung, die für ihren Markt die Möglichkeit sah, eine gerade stattfindende Entwicklung mit geringen Modifikationen im eigenen Markt einsetzen zu können, klinkte sich in den Entwicklungsprozeß mit ein. Dazu war Überzeugungsarbeit notwendig, um die Einwilligung aller anderen Gruppen zu bekommen:

> *„Das Aufsetzen ist erst einmal schwierig. Hier haben wir ja nicht in dem Sinne das Verfahren aufgesetzt, das Verfahren, das man da verteilte Entwicklung macht, hat es da schon gegeben. Netash, Maidenhead, wo auch immer - an 10 oder 20 verschiedenen Lokalitäten, d. h. wir mußten das Labor so aufsetzen, daß wir uns in diese Prozesse eingliedern. Das ist eine ganz andere Qualität als wenn ich heute sage, es gibt ein Produkt x, das ist derzeit eine zentrale Entwicklung. Und ich muß das System so aufsetzen, daß ich von extern entwickeln kann. Ich muß mir überlegen, wie ich die Bibliotheken gestalte, ich muß mir überlegen, daß es da keine Konflikte gibt und so weiter. Also da muß ich die gesamte Entwicklung neu aufsetzen. Und da ist zuerst der allererste Schritt, Überzeugungsarbeit zu leisten, weil, wie wir eben gesagt haben, führt es zu Schwierigkeiten, zu Mehraufwand in der Summe, der von den zentralen Entwicklungsstellen erst einmal gar nicht eingesehen*

wird; das ganze Projekt wird dadurch schwerer, alles verliert seinen Fluß, und das wollen sie nicht, also das ist der erste schwierige Schritt und der steht uns bei einigen Projekten noch bevor. Das nur so als Beispiel." [14]

Die Koordination war vor allem nötig, da eine neue lokale Niederlassung, die marktspezifische Anpassungen benötigte, diese zwar selbst durchführen konnte und durfte, diese jedoch auf einer oberen Softwareschicht implementiert wurden. Wenn Änderungen in tieferen Softwareschichten nötig waren, durften diese nur von den „Code-Ownern" durchgeführt werden, damit die unteren Schichten global einheitlich gehalten werden konnten. Die Prozesse für diese Koordination, d. h.

- die Identifikation der „Code-Owner",
- das Festlegen der lokal änderbaren Schichten und
- der Genehmigungsprozeß für Änderung an unteren Schichten

mußte für neue Produkte genau definiert werden und dafür mußten sich die einzelnen Entwicklungslabors zuerst einigen, wie das Produkt weltweit plaziert werden sollte.

3.4.2 Faktor Projektplan

Wie auch schon das vorherige Kapitel gezeigt hat, ist ein realistischer und detaillierter Projektplan ein weiterer Baustein zum Erfolg. Die Planung legt vorausschauend fest, auf welchen Wegen, mit welchen Schritten, in welcher zeitlichen und sachlogischen Abfolge, unter welchen Rahmenbedingungen und mit welchen Kosten und Terminen ein Ziel erreicht werden soll (BALZERT [1998:28]). Um Risiken zu reduzieren, beginnt jede erfolgreiche Software-Entwicklung mit einem guten Projektplan, der vom Projektleiter erstellt wird. Ein Projektplan faßt die einzelnen Aufgaben zu Vorgängen zusammen, mehrere Vorgänge ergeben eine Phase. Meilensteine ermöglichen die Überwachung eines Projektes, sie kennzeichnen den Abschluß jeder Phase.

Alle Beteiligten brauchen ein genaues Verständnis dafür, welche Aufgaben von welchem Team bis zu welchem Zeitpunkt erledigt sein müssen. Der Projektplan muß die Meilensteine definieren und das Projektmanagement muß das Fortschreiten des Projektes kontinuierlich überwachen. Bei weit verteilten Projekten muß zusätzlich geplant werden, wie das Hindernis Zeitzone am besten überwunden werden kann. Im Projektplan sollte am besten auch schon überdacht werden, wie die Softwarearchitektur am günstigsten aussieht, um verteilte Entwicklung zu ermöglichen.

3.4.3 Faktor Werkzeuge

Global einheitliche Entwicklungswerkzeuge sind für die effektive Arbeit in verteilten Teams ein sehr wichtiger Erfolgsfaktor. Bei lokal an einem Ort arbeitenden Teams ist es selbstverständlich, daß alle Entwickler die gleichen Entwicklungswerkzeuge verwenden, wenn sie am gleichen Projekt arbeiten. Dazu gehören u. a. dieselben Compiler, Editoren, Code Datenbanken, Debugger, Textverarbeitungssysteme oder Datenbanken. Bei verteilten Teams kann es jedoch immer wieder vorkommen, daß die einzelnen Niederlassungen unterschiedliche Werkzeuge einsetzen. Hauptgrund hierfür ist das Entstehen der Teams: Wird eine neue Niederlassung von einer Mutterfirma gegründet, ist es einfach, die gleichen Werkzeuge einzuführen. Oft entstehen neue Niederlassungen jedoch durch Übernahmen oder Zusammenschlüsse verschiedener Firmen, die unter anderem auch eine eigene Historie mit eigenen Entwicklungswerkzeugen haben. In der Telekommunikationsindustrie werden oft neue Produkte durch Übernahmen kleiner Anbieter in die eigene Produktpalette integriert. Sind die Entwickler einer übernommenen oder eingegliederten Firma aus früheren Projekten mit anderen Werkzeugen vertraut, ist es schwierig sie vom Einsatz eines neuen Werkzeugs, das sie nicht kennen, zu überzeugen: Sie müssen erst den Umgang damit lernen und sind während der Lernphase weniger produktiv. Verwenden verteilte Teams für ein gemeinsames Projekt hingegen nicht die gleichen Werkzeuge, können einige Aktivitäten nicht zufriedenstellend oder nur mit wesentlich höherem Zeitaufwand gelöst werden. Für ein Produkt, das zuerst in den USA und Kanada, später auch in Deutschland entwickelt wurde, gab es in Deutschland eine neue, dem Stand der Technik angepaßte Entwicklungsumgebung. Automatische Testskripte, die in den USA und Kanada entwickelt worden waren, waren in der neuen Umgebung nicht einsetzbar. Nach der Modifikation und Anpassung der Testsoftware waren die Ergebnisse nicht mehr miteinander vergleichbar. Idealerweise hat deshalb jedes Team einer verteilten Entwicklungs-umgebung eine gemeinsame Werkzeugbasis.

Software, die von einem Team geschrieben wurde, muß oft auch von weit entfernten Kollegen verwendet werden, daher müssen alle Niederlassungen Zugriff auf dieselben Codedatenbanken besitzen. Auch die Testlabore sollten alle gleich ausgestattet sein, weil sonst Ergebnisse oder Tests nicht an anderen Lokationen nachvollzogen werden können. Zu einem einheitlichen Toolset gehören auch CASE-Tools, zentrale Server, eine verteilte Softwarebibliothek, Versionsverwaltungssysteme und Tools, die eine Softwareload generieren können.

Bei den untersuchen Projekten gab es immer wieder Probleme mit unterschiedlichen E-Mail Systemen, die zwar das Projekt nicht zum Scheitern brachten, die Arbeit für die Entwickler jedoch erheblich erschwerten. So wurden wegen Inkompatibilitäten immer wieder Mails nicht zugestellt, ohne eine Warnung zu generieren, Adressen waren in den Datenbanken anderer Mailsysteme unauffindbar oder eine Konvertierung von Sonderzeichen von PC zur Workstation machte eine Mail unlesbar. Ein Direktor betont die Wichtigkeit einheitlicher Werkzeuge:

> *„Tools ist ein ganz großes Problem. Die Vereinheitlichung der Tools. Wenn man das früh genug aufsetzt, bei der Verteilung die im kleinen erst entsteht und dann wächst, dann ist das im Griff zu behalten. In einer Situation, wo wir sehr starke einzelne Labors haben, die selber eigentlich ihre Tool-Philosophie machen und danach vorgehen, das führt dazu, daß in dem Labor A in Kanada andere Tools vorzufinden sind als in einem Labor B, das in den USA ist oder in einem Labor C, was in Deutschland ist. Das wäre noch nicht einmal so schlimm, wenn das alles irgendwie stabil wäre, aber es kommt noch ein neuer Aspekt dazu über den wir noch gar nicht gesprochen haben, der dann bei den Tools zuschlägt, das war heute ein aktuelles Thema bei dem Meeting da oben, und das ist die Frage der Software-Ownership. Das kam aus der Überlegung heraus, daß ich selbständig sein will. Und die Dinge, die wir hier zuerst brauchen, in dem Markt Deutschland, hier entwickle. Das kann dann zwei Folgen haben:*
> *Folge 1: Es ist aus strategischer Sicht interessant für uns diese Entwicklung in Deutschland durchzuführen, d. h. wir werden auch die Pflege und die Weiterentwicklung hier machen. Es kann aber auch eine Folge 2 eintreten, daß das, was da entsteht, so deutschunspezifisch ist und so interessant für andere Märkte, daß es eigentlich überhaupt keinen Sinn macht, das gerade in Deutschland zu pflegen und weiterzuentwickeln, weil Deutschland sehe ich in dem Fall wieder eher als Satellit von einer Entwicklung, die schwerpunkt-*

mäßig doch in Nordamerika gemacht wird. Also warum sollen wir hier z. B. PRI pflegen? Warum sollen wir hier QSIG pflegen, oder IN, oder BRI? Das macht keinen Sinn, auch aus wirtschaftlichen Gründen macht das keinen Sinn. Das heißt, wir setzen hier die Entwicklung auf, weil die Nachfrage in Deutschland zufällig zuerst auftritt, führen die Entwicklung für eine Weile durch, bringen das Produkt heraus, bringen es ins Feld und versuchen dann wieder die Software in Richtung Zentrale zu transferieren. Und dann schlägt das Tool-Problem zu. Wir verwenden ein Tool ABC und haben die ganze Testumgebung geschaffen und im neuen zentralen Standort, wo dieses Produkt weitergepflegt werden soll, da gibt es ein Tool XYZ, wo die ganzen Testfälle nicht vorhanden sind, und dann gibt es zwei Möglichkeiten: Entweder man schreibt alles neu, was ein immenser Aufwand ist, oder man führt ein neues Tool ein, was mit anderen Entwicklungen nicht mehr zusammen paßt." [14]

Laut KRCMAR [1995:4f] ermöglichen Werkzeuge auch neue Arbeitsformen, wie „anonymes arbeiten", „paralleles Arbeiten" oder „Problemlösungstechniken". Bei den in dieser Studie untersuchten Projekten konnte jedoch nur *anonymes arbeiten* beobachtet werden. Meist fand dies im Zusammenhang mit Mitarbeiterzufriedenheits- oder Kundenbefragungen statt. Mittels Intranet konnten Mitarbeiter dabei einen Fragebogen ausfüllen, der automatisch ausgewertet wurde. Die Ergebnisse wurden für alle im Intranet publiziert und diejenigen Punkte, die die größte Unzufriedenheit hervorriefen, d. h. die, die von den Mitarbeitern prozentual am häufigsten genannt wurden, wurden von der Geschäftsleitung aufgegriffen und beseitigt.

3.4.4 Faktor Produkttest

Wie im Kapitel "Definition von Erfolg und Scheitern" auf Seite 87 erwähnt, wurde von den in dieser Fallstudie untersuchten Softwareentwicklungsprojekten eine hohe Zuverlässigkeit und Qualität erwartet. Testen und Verifikation sind dabei neben Prävention und Prozeß-Verbesserungen (YOURDON [1992:203]) Möglichkeiten, eine hohe Qualität zu erreichen.

Wird nicht auf eine ausreichende Qualität geachtet, kann ein Projekt scheitern bevor es verkauft wird, da der Kunde es nicht akzeptiert, oder Fehler können erst später zum Vorschein kommen. NEUMANN [1995:309] sammelte Beispiele für Fehler und Unglücke, die auf Fehler in der Software zurückgeführt werden konnten. Er entdeckte bis zum Jahr 1993 1174 Vorfälle, 81 davon mit Todesfolgen und 286 mit lebensbedrohlichen Situationen. 70 seiner Fälle kommen aus der Telekommunikationsindustrie, wie z. B. der Ausfall des ARPAnet 1980, zu dessen Behebung das komplette Netzwerk weltweit abgeschaltet werden mußte oder der neunstündige Vermittlungssystemausfall bei AT&T 1990.

Auch diese negativen Beispiele zu vermeiden, ist Aufgabe des Produkttests. Etwa 25%-30% der Zeit eines Designzyklus sollte für das Testen der erstellten Software eingeplant werden (FAIRLEY [1985:61]). Wie in Bild 62 zu sehen, gibt es typischerweise drei Testphasen.

BILD 62: **Testphasen im Entwicklungszyklus. [Quelle: Eigene Darstellung]**

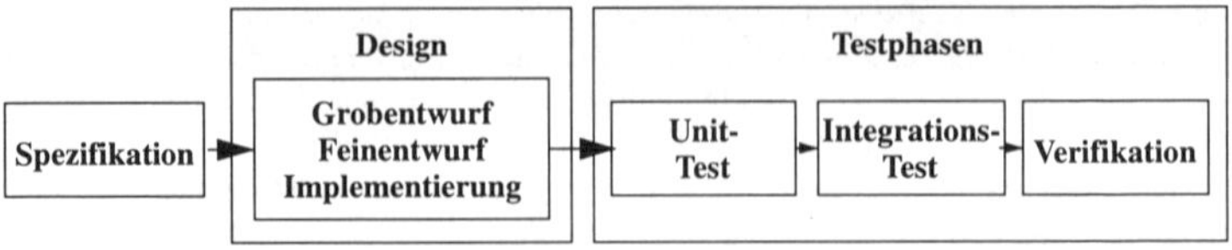

Im *Unit-Test* werden nur die neu entwickelten oder geänderten Module auf die neue Funktionalität getestet. Im *Integrationstest* wird geprüft, ob all die verteilt entwickelten Blöcke auch zusammen funktionieren. In jedem Markt muß schließlich getestet werden, ob die ursprünglichen Anforderungen auch erfüllt wurden. Diese Phase nennt sich *Verifikation*. Die Software sollte dabei in jedem Markt, in dem sie eingesetzt werden soll, ausgiebig getestet werden, denn „was hier funktioniert, muß dort noch lange nicht funktionieren". Das heißt, ein komplexes Softwareprodukt hat immer auch viele marktspezifische Parameter und Schnittstellen, die nur in einem passenden Umfeld intensiv getestet werden können. Ein Direktor dazu:

> *„Was in Japan sehr wichtig war, war die Verifikation. Die Verifikation vor Ort, und nicht in den USA. Es war ein großer Aufwand für uns, das Produkt im japanischen Markt zu verifizieren und nicht in den USA, vor allem für die ersten Produkte, die wir dort verkauften. Der erste Verkauf eines Produktes in einem neuen Land ist immer etwas Besonderes, da müssen wir sehr gut sein. Wenn ein Produkt weltweit eingesetzt werden soll, muß viel mehr getestet und verifiziert werden. Konzentriere ich mich im Gegensatz dazu nur auf die USA, kann ich das Produkt einmal testen und dann hunderten von den dort ansässigen Kunden anbieten. Aber dieses System kann ich so nicht nach Japan verkaufen. Man muß es auch dort testen, um zu sehen, ob alles funktioniert. Das sieht man z. B. auch hier: Für unsere Kunden haben wir ein komplettes Testlabor. Jedes Gerät, daß die in ihrem Netzwerk haben, haben wir auch hier im Labor, wir haben ein Modell ihres Netzwerkes. Nur so können wir alles testen, auch das, von dem wir denken das geht sowieso, aber genau das funktioniert dann nicht. Das Fehlen zweier für den deutschen Markt unbedingt benötigten aber nirgends implementierter Funktionen wurde hier entdeckt, zwar spät aber noch rechtzeitig. Es ist wirklich sehr wichtig, die Anforderungen eines Marktes einzuholen und gegen eine reale Umgebung zu testen." [9]*

Bei global verteilt entwickelten Projekten ist also nicht nur eine ausgiebige Testphase in einer Umgebung notwendig, sondern das entwickelte Produkt muß in der Umgebung jedes Marktes, in dem es eingesetzt werden soll, getestet werden. „Umgebung" bedeutet hier die Schnittstellen zu externen Systemen, die mit dem entwickelten Produkt zusammen arbeiten. Dabei ist es oft sehr schwierig, die Umgebung jedes Einsatzmarktes an einem Standort zu simulieren - in den USA waren z. B. Testgeräte für Integrationstests mit den analogen deutschen Übertragungsprotokollen nicht vorhanden. Idealerweise wird eine Software in jedem Land, in dem sie eingesetzt wird, einem lokalen Integrationstest unterzogen. Statt Testingenieure mit dem benötigten lokalen Fachwissen zentral an einem Standort aufzubauen, ist es einfacher, im jeweiligen Einsatzland eine Testgruppe zu haben (Siehe dazu auch Beispiel Seite 78).

3.4.5 Faktor Soft Skills

Wie schon zu Beginn dieser Studie vermutet, tragen die an einer internationalen Softwareentwicklung beteiligten Personen und ihre Fähigkeiten zu internationaler Teamarbeit wesentlich zum Erfolg oder Mißerfolg eines Projektes bei. Zu den allgemeinen Qualifikationen von Softwareentwicklern zählt BALZERT [1999:140] dabei:

- Abstraktionsfähigkeit
- Sprachliche und schriftliche Kommunikationsfähigkeit
- Teamfähigkeit
- Wille zum lebenslangen Lernen
- Intellektuelle Flexibilität und Mobilität
- Kreativität
- Hohe Belastbarkeit
- Englisch lesen und sprechen

Die Literatur über internationales Personalmanagement zählt eine ganze Reihe von Eigenschaften auf, die wichtig für international arbeitende Mitarbeiter sind. LICHTENBERGER [1998:4] faßt dabei die Ergebnisse von ADLER/BARTHOLOMEW [1992], WUNDERER [1992], HENZE/KAMMEL [1994] und TWISK [1995] zusammen:

- Strategisches Denken
  Entscheidungen in einer internationalen Umgebung benötigen eine internationale Perspektive und Kenntnis internationaler Zusammenhänge. Dafür benötigen Manager ein breites interdisziplinäres Wissen und analytische Fähigkeiten.
- Internationale Soft Skills
  Es wird eine gut ausgebildete Sensitivität, d. h. Wissen, Akzeptanz und Toleranz, gegenüber anderen Kulturen benötigt.
- Multifunktionelles Können und Erfahrung
  Hierzu gehören technisches Wissen als auch die Fähigkeit, die ausländische Sprache zu sprechen.

In dieser Studie wurde in diesem Zusammenhang untersucht, auf welche Eigenschaften bei der Personalauswahl für international verteilte Software-Projekte Wert gelegt wird. Lediglich zwei aller interviewten Manager gaben an, daß es für sie keinen Unterschied mache, ob ein Mitarbeiter in einem international verteilten oder in einem lokalen Projekt eingesetzt werde. Auffällig war, daß bei Mitarbeitern, die für einen Einsatz in komplexen international verteilten Projekten vorgesehen waren, vor allem soziale Kompetenz für eine Einstellung ausschlaggebend war, im Gegensatz zu kleinen Projekten, bei denen der Fokus eher auf technische Kompetenz gelegt wird. Ursache für diesen Unterschied ist, daß Mitarbeiter in kleinen Projekten oft viel alleine arbeiten, Kommunikationsfähigkeiten also nicht so hoch bewertet werden müssen. In großen Projekten beträgt der Kommunikationsanteil während der Arbeitszeit oft weit mehr als 50%, deshalb wird hier mehr Wert auf offene, flexible und kontaktfreudige Mitarbeiter gelegt. Eine solide technische Basis ist ebenfalls Voraussetzung, wird jedoch nicht ganz so schwer gewichtet. Hauptaugenmerk bei den Einstellungskriterien liegt dabei auf

- vorheriger internationaler Erfahrung,

- technischer Kompetenz,
- Kommunikationsfähigkeiten und Fremdsprachenkenntnisse,
- sozialer Kompetenz und Flexibilität,
- Offenheit gegenüber anderen Kulturen und
- Reisewilligkeit,

was im Wesentlichen mit den vorher erwähnten Vorschlägen aus der Literatur übereinstimmt. Neben den Einstellungskriterien für neue Mitarbeiter sind aber auch Weiterbildungsmöglichkeiten für die Entwickler interessant, die schon sehr lange für eine Firma arbeiten. In dieser Studie wurde deshalb auch untersucht, ob sich die Fortbildungskonzepte für Mitarbeiter von nicht verteilten, kleineren Projekten von denen für Mitarbeiter an verteilten Projekten unterscheiden.

3.4.5.1 Internationale Erfahrung

Eine vorherige internationale Erfahrung - als Mitarbeiter in einem verteilten Entwicklungsprojekt, durch ein Auslandsstudium oder durch ein Auslandspraktikum, oder auch nur eine Begeisterung für Reisen und alles Fremde - war deshalb so vielen Interviewern wichtig, weil sie auf ein Interesse nach Neuem, anderen Kulturen und eine gewisse Offenheit gegenüber Fremdem schließen läßt. Mitarbeiter mit Auslandserfahrung gelten eher als Teamplayer als Mitarbeiter ohne entsprechende Erfahrung. Bei längerem Auslandsaufenthalt wird auch davon ausgegangen, daß die betreffende Fremdsprache gut beherrscht wird. Ein Abteilungsleiter erklärt dies mit einem Beispiel:

> *„Wenn sich bei mir jemand aus Ottawa vorstellt, der in Ottawa geboren wurde, der in Ottawa zur Schule ging und in den letzten 10 Jahren am gleichen Projekt gearbeitet hat, dann bedeutet dies für mich ein großes Risiko ihn [für ein internationales Projekt] einzustellen.“ [9]*

Und ein weiteres Beispiel:

> *„Wenn mir jemand erzählt, er war noch nie außerhalb der USA, so ist das ein potentielles Problem. Für mich ist das wichtig. Wenn ich jemanden interviewe, der drei Monate in Österreich und sechs Monate in England gearbeitet hat und ein wenig Deutsch spricht: Großartig! Nichts technisches! Die technische Basis muß natürlich immer da sein, aber es ist leicht, 20 Leute mit den notwendigen technischen Kenntnissen zu finden. Was für mich wichtig ist, ist die richtige Persönlichkeit. Die richtige Personalauswahl ist wichtig. [Ich brauche] Leute, die andere verstehen und die über den kulturellen Unterschieden stehen.“ [11]*

Und auch ein dritter Manager über die Personalauswahl zu einem internationalen Joint Venture:

> *„Ich interviewte einen Entwickler. Er und seine Frau hatten North Carolina noch nie verlassen. In ihrem ganzen Leben! Sie waren 26 und 27 Jahre alt und noch nie außerhalb von North Carolina gewesen! Sie kannten weder Louisiana, Cansas oder New York, alles Orte, die sehr unterschiedlich sind. Ihn und seine Frau nach Deutschland zu schicken, ist nicht möglich, das ist außer Frage. Sie würden die Sprache nicht verstehen. Die Nahrungsmittel*

sind anders. Telefone funktionieren anders. Alles ist anders. Ich brauchte das Interview nicht zu Ende zu führen. Sie wären hier nicht glücklich geworden. Und sie wären hier nicht erfolgreich gewesen. Die Chance wäre zu gering. Wir suchen Leute, die selbst schon viel gereist waren. Aus eigenem Interesse. Das zeigt uns, daß sie neue Erfahrungen suchen, neue Kulturen, anstatt Angst vor ihnen zu haben. Wir versuchen Leute einzustellen, die schon an unterschiedlichen Orten gearbeitet haben. Die in unterschiedlichen Organisationen gearbeitet haben. Die leicht neue Beziehungen knüpfen konnten. Das war wichtig." [3]

3.4.5.2 Technische Kompetenz

Eine fundierte technische Basis ist bei den Mitarbeitern von komplexen verteilten Projekten Voraussetzung. Da international verteilte Projekte sehr viele technische Probleme, d. h. Probleme in der Produktentwicklung, mit sich bringen können, sollten die Mitarbeiter in der Lage sein, diese kompetent zu lösen. JONES [1996:42] empfiehlt den gezielten Einsatz von *Generalisten* und *Spezialisten*. Die Generalisten sind dabei flexible Mitarbeiter mit einem breiten Basiswissen, die schnell in verschiedenen Aufgabenbereichen eingesetzt werden können. Spezialisten, typischerweise Mitarbeiter mit einem sehr tiefen Wissen in einem Gebiet, werden hingegen nur für bestimmte Aktivitäten eingesetzt. Erfolgreiche Projekte zeichnen sich dadurch aus, daß in folgenden Bereichen Spezialisten eingesetzt werden:

- Qualitätsüberwachung
- Produkttest
- Wartung
- Konfigurationskontrolle
- Technische Dokumentation
- Softwarearchitektur
- Spezialisten für die Kostenabschätzung.

Tabelle 41 zeigt eine Übersicht seiner Ergebnisse bei der Untersuchung von Softwareprojekten.

TABELLE 41: **Wahrscheinlichkeit von Abbrüchen und Verspätungen. [Quelle: In Anlehnung an Jones 1996:43]**

unerfahrene Entwickler unerfahrene Manager unerfahrene Kunden nur Generalisten	90 %
Erfahrung in einem der vier Bereiche	70 %
Erfahrung in zwei der vier Bereiche	50 %
Erfahrung in drei der vier Bereiche	20 %
erfahrene Entwickler erfahrene Manager erfahrene Kunden gezielter Einsatz von Spezialisten	3 %

Bei den im Zusammenhang mit dieser Studie untersuchten Projekten konnte ein sehr gezielter Einsatz von Spezialisten beobachtet werden. Unabhängig von Managern und Entwicklern gab es Softwarearchitekten, die jeweils eine Komponente der Software überwachten. Sie standen Entwicklern mit technischem Rat zur Verfügung, definierten saubere Schnittstellen, betrachteten globale Anforderungen und waren bei allen Reviews anwesend, bei denen neuer oder geänderter Code in ihrer Komponente betroffen war. Architekten waren meist lange Zeit Entwickler gewesen und hatten in dieser Rolle Erfahrung gesammelt. Zu Neueinstellungen hingegen äußert sich ein Manager folgendermaßen:

> *„Natürlich legen wir Wert auf technische Voraussetzungen. High-Level-Software-Design oder OO. Aber damals wußten wir noch nicht genau, welche Fähigkeiten wir benötigen würden. Deshalb legten wir unseren Schwerpunkt auf Flexibilität und die Fähigkeit, mit Veränderung umgehen zu können." [6]*

Die Betonung liegt hier auf technischer *Basis*. Wie aus vielen Interviews ersehen, ist technisches Detailwissen oder „Hackermentalität" nicht gefragt. Von den Mitarbeitern wird erwartet, daß sie sich anhand ihres breiten Basiswissens schnell in neue Bereiche einarbeiten können, da sich die Projektziele durch den sich schnell entwickelnden Markt stetig ändern. Spezialisten können ihr Wissen und ihre Erfahrung nur kurz einbringen und wären auf längere Sicht unzufrieden.

Deshalb war es auch vielen Managern sehr wichtig, auf die Lernwilligkeit bei potentiellen Mitarbeitern zu achten. In einem sich stetig weiterentwickelnden Arbeitsgebiet bereitet es Mühe, allen Neuerungen zu folgen. Die Mitarbeiter müssen in der Lage sein, sich selbstständig um ihren persönlichen Lernbedarf zu kümmern und eine schnelle Auffassungsgabe besitzen. Ohne ständige Weiterbildung verliert der Mitarbeiter schnell an „Wert".

3.4.5.3 Kommunikationsfähigkeiten

In international verteilten Teams sind Mitarbeiter mit guten Kommunikationsfähigkeiten gefragt. Arbeitskollegen in verteilten Teams sehen sich, wenn überhaupt, sehr viel weniger als Kollegen in nicht verteilten Teams. Entscheidungen werden viel schleppender erreicht, besonders wenn in verschiedenen Zeitzonen gearbeitet wird. Oft muß auf „anonyme" Kommunikationsmittel wie E-Mail und Voicemail statt Telefonaten zurückgegriffen werden. Dies erfordert von allen Teilnehmern viel mehr Disziplin - vor allem auch da bei komplexen international verteilten Projekten ein Großteil der Arbeit in Koordination und Kommunikation zwischen den Teams besteht. Oft ist es schwierig, sich mit Teamkollegen in einer anderen Sprache zu verständigen, z. B. wenn zwei Entwickler um sich mitzuteilen, sich einer dritten gemeinsamen Sprache bedienen müssen. Auch hierzu ein Manager:

> *„Ich möchte Mitarbeiter, die mit extremen Kommunikationssituationen umgehen können. Die Mitarbeiter müssen offen sein, gerne in großen Teams arbeiten und gerne Designprobleme gemeinsam im verteilten Teams lösen. Sie müssen auch die zusätzliche Hürde in Kauf nehmen, daß sie ihre Teamkollegen oft nicht persönlich treffen können sondern per E-Mail oder Telefon kommunizieren müssen, wo die Zeit, bis eine Entscheidung fällt, viel länger ist. Also, ich erwarte superlative Kommunikationsfähigkeiten." [6]*

Es wurden vor allem Mitarbeiter gesucht, die nicht nur Spaß im Umgang mit der Technik und dem Projekt haben, sondern auch den Umgang mit anderen Kollegen suchen.

Sehr wichtig für eine funktionierende Kommunikation ist das Beherrschen von Fremdsprachen, in der Telekommunikationsindustrie meist Englisch. Voraussetzung für alle Mitarbeiter sind deshalb fließendes Englisch in Wort und Schrift, gerne auch noch weitere Fremdsprachen. Hier ein Zitat aus einem Interview:

> *„Ganz offensichtlich sind Fremdsprachen wichtig. Ich kann nur jemanden einstellen, der sich in der Arbeitssprache, mit der das Projekt gefahren wird, auch ausdrücken kann. Zumindest gilt das für einen Großteil der Entwickler. Damit will ich sagen, daß es vielleicht vorstellbar aber schwieriger ist, einige einsprachige Entwickler einzustellen, die Arbeitsanweisungen von den anderen bekommen. Es fallen immer einige Arbeiten an, die Leute alleine erledigen können, man könnte also zwei Gruppen von Mitarbeitern haben. Die einen, die sich nur mit der Kommunikation mit den anderen Gruppen in anderen Sprachen befassen und die Information ins Team bringen, die sozusagen das Interface darstellen, und eine zweite Gruppe, die sich in der lokalen Sprache den einzelnen Aufgabenpaketen widmet. Aber das ist meiner Meinung nach ein schwieriger Ansatz." [3]*

3.4.5.4 Soziale Kompetenz

Gewünschte Charaktereigenschaften von Mitarbeitern sind Offenheit, Flexibilität, Selbstmotivation und Team-Player. Hier der Werbespruch eines Bereichsleiters:

> *„Wir brauchen Leute, die sehr flexibel sind. Die produktiv in einer Umgebung arbeiten können, die sich ständig ändert. Leute, die von Neuem motiviert sind, statt sich dauernd zu fürchten. Wir brauchen Leute, die flexibel sind und sich schnell adaptieren. Wir stellten einige Leute ein, die schon sehr lange für andere Firmen gearbeitet hatten, und die kündigten bald wieder, weil sich hier dauernd alles änderte, sie jedoch eine ruhige Arbeitsumgebung gewohnt waren. Wir suchen Leute, die neuen Kulturen offen begegnen. Sie könnten sich jederzeit in einer Situation befinden, in der sie in ein Land kommen, wo sie noch nicht wissen, wo sie wohnen werden, wie sie ihre Post bekommen, in der sie ihre Familie oder Eltern nur einmal im Jahr sehen. Es kann sein, daß ein Projekt plötzlich abgebrochen wird und sie wieder in ihr Heimatland geschickt werden. Wir suchen Leute mit weitgestreuten Interessen, flexibel, nicht zu fixiert auf eine Arbeitsumgebung, in der alles vorhersehbar ist. Bei Einstellungen waren wir sehr viel erfolgreicher mit jungen Hochschulabgängern, die noch keine feste Vorstellung von ihrer Arbeit hatten." [3]*

Auch ein Direktor äußerte sich zu diesem Thema:

> *„Bei der Personalauswahl sollte die Internationalisierung berücksichtigt werden, die Flexibilität der Mitarbeiter. Beispiele: Ein internationales Flair, ein internationaler Touch ist einfach notwendig aufgrund von dem, was wir gerade gesagt haben. Die Flexibilität der Branche, der Telekommunikationsbranche vor allem, aber es gibt sicherlich ähnliche Branchen, wo es ähnlich rund geht zur Zeit, Flexibilität ist deswegen gefragt, weil man aufgrund der Marktorientierung und dem, was gerade am Markt passiert, doch relativ oft die Programme adaptieren muß. Wenn ich mich in einem Marktsegment bewege wie in der Autoindustrie, wo die Entwicklung eher, ich will nicht sagen gemächlich, aber ruhig stattfindet, wenn ich mich in der Umgebung befinde, dann kann ich ganz anders planen und die Mitarbeiter darauf einstellen auf das was passiert, als wenn ich mich in einer Branche bewege, wo unsere Kunden selber noch nicht so genau wissen, wo es hingeht und ihre Meinungsbildung nicht abgeschlossen haben und dadurch immer wieder mit veränderten Anforderungen auf uns zurückkommen. Wir haben nicht eine Kundschaft, die genau weiß was sie will, sondern die neuen Netzbetreiber, das sind Leute die jetzt herausfinden, in*

welche Richtung es geht, und das kann dann so zu veränderten Angeboten führen für unsere Kunden, und die veränderten Angebote heißen veränderte Produkte, und wir müssen diese Adaption für diese Produkte in ganz kurzer Zeit liefern. Das heißt für uns letztendlich Programmwechsel, Entwicklungswechsel, Entwicklungsprogrammwechsel. Das kann dazu führen das ein Projekt A aufgesetzt wird und das soll 9 Monate laufen, und nach 4 Monaten sagt man, nee, wir machen nicht A, B ist wichtiger, und wir stellen A ins Eck und fangen mit B wieder an. Und das führt natürlich zu einer gewissen Frustration für Mitarbeiter, die ihr Herz in das Projekt eingebracht haben. Deswegen braucht man Mitarbeiter, die da darüberstehen und flexibel genug sind zu sagen, ok, das sehe ich ein, der Markt, der Kunde bestimmt das Geschehen und nicht das Entwicklungsprogramm per se. Internationalisierung und Flexibilität." [14]

Wie diese zwei Beispiele zeigen, ist die Flexibilität von Mitarbeitern ein wichtiges Einstellungskriterium für verteilte Softwareentwicklung. Da sich Entwicklungsziele in einem sich schnell entwickelnden Markt kurzfristig ändern können, werden Mitarbeiter benötigt, die sich selbst motivieren können, an wechselnden bzw. neuen Aufgaben mitzuwirken. Idealerweise werden geeignete Mitarbeiter durch dauernde Zieländerung motiviert statt frustriert, auch wenn Projekte, an denen sie länger mitgearbeitet haben, abgebrochen werden.

3.4.5.5 Faktor Offenheit gegenüber anderen Kulturen

Ein Bewußtsein für andere Kulturen zu entwickeln, ist ein Schlüssel zum Erfolg, der nicht auf den ersten Blick wichtig erscheint und in kleinen, nicht verteilten Projekten von kaum einer Bedeutung ist. Internationale Zusammenarbeit verlangt von allen Mitarbeitern den Willen, mit anderen Kulturen zu kommunizieren und auch die Offenheit und Flexibilität zu akzeptieren, daß in anderen Ländern oft anders gearbeitet wird. Die technische Expertise ist zwar überall Voraussetzung, bei internationalen Projekten ist jedoch die Kommunikationsfähigkeit der Mitarbeiter ebenso wichtig. Auf besondere Verhaltensweisen anderer Kulturen sollten Mitarbeiter schon vor Projektbeginn vorbereitet werden.

3.4.5.6 Reisetätigkeit

Die Struktur verteilter Softwareprojekte bringt eine sehr viel höhere Reisetätigkeit mit sich als kleine lokale Projekte. Mitarbeiter müssen deshalb bereit sein, gerne Reisen zu unternehmen oder für einige Zeit im Ausland an einem Projekt mitzuarbeiten.

In den untersuchten Projekten wurde sehr oft die Beobachtung gemacht, daß junge Hochschulabsolventen bevorzugt in verteilten Projekten eingesetzt werden, da sie sich oft als offener und flexibler zeigen und auch eher dazu neigen, für einige Zeit im Ausland eingesetzt zu werden.

3.4.5.7 Ideale Mitarbeiter

Zusammenfassend läßt sich der ideale Mitarbeiter für international verteilte Softwareprojekte so charakterisieren: Er hat bereits Erfahrungen in mehreren Ländern gemacht, z. B. während des Studiums durch Auslandspraktika. Außerdem bringt er sehr gute technische Grundlagen in den relevanten Gebieten mit. Um eine gute Zusammenarbeit zwischen den verteilten Teams zu gewährleisten, ist es absolut notwendig, daß die Mitarbeiter offen, flexibel, kommunikativ und sehr motiviert sind. Sie sollten reisewillig sein und mehrere Fremdsprachen beherrschen.

Wegen der sich ständig rasant entwickelnden Technologie muß eine große Lernbereitschaft vorausgesetzt werden. Ideale Kandidaten sind Team-Player und haben den Grundsatz „No one wins if we all don't win" verinnerlicht.

TABELLE 42: **Gewünschte Charakterzüge der Mitarbeiter. [Quelle: Eigene Darstellung]**

Eigenschaft	4	3	2	1	Σ
Internationale Erfahrung	33	75	67	67	50
Technische Erfahrung	33	100	50		50
Offenheit	67	75	33	33	50
Flexibilität	33	50	33	67	44
Kommunikativ	67	50	17	33	38
Team-Player		50	33	33	31
Hohe Lernbereitschaft		50	33	33	31
Motiviert		50	33		25
Fremdsprachen	33	25	33		25
Reisewillig	33	50			19
Keine Unterschiede			33		13
Jung		25		33	13

Tabelle 42 und Bild 63 geben eine tabellarische und grafische Zusammenfassung der erhaltenen Antworten. In den Interviews waren die Antworten zu den gewünschten Charakterzügen von allen Hierarchieebenen relativ gleichverteilt, auf vorherige internationale Erfahrungen und besonders gute technische Kenntnisse wurde besonderer Wert gelegt. Offenheit - sowohl gegenüber anderen Kulturen als auch neuen Projekten gegenüber - und Flexibilität wurden von allen Hierarchieebenen als wichtige Charakterzüge von Mitarbeitern an international verteilten Softwareprojekten genannt, wobei die Offenheit gegenüber anderen Kulturen wie schon in Kapitel "2.1.3: Einführung in „Cultural Diversity"" erwähnt von mehreren Autoren betont wurde. Gute Kommunikationsfähigkeiten sind wichtig, da es bei verteilten Gruppen viel schwieriger ist, mit seinen Teamkollegen auf einer Linine zu bleiben. Für alle Führungsebenen war wichtig, daß Entwickler Team-Player waren und eine hohe Lernbereitschaft hatten. Auf der Hierarchieebene der Entwickler wurde das nicht genannt, wahrscheinlich weil Entwickler selbst nicht in die Planung der Zusammenarbeit und in die Planung der Fortbildung involviert waren. Weiterhin wurden Motivation, Fremdsprachenkenntnisse und Reisewilligkeit als wichtige Charakterzüge von Mitarbeitern an international verteilten Softwareentwicklungen genannt. Lediglich zwei Bereichsleiter sahen keine unterschiedlichen Anforderungen zwischen Bewerbern zu verteilten Projekten und Bewerbern zu kleinen, lokalen Projekten. Entgegengesetzt zu den Anforderungen nach erfahrenen Mitarbeitern wollten zwei Manager möglichst junge Kandidaten einstellen, da sie diese für flexibler und Neuem gegenüber offener hielten.

BILD 63: **Gewünschte Charakterzüge der Mitarbeiter. [Quelle: Eigene Darstellung]**

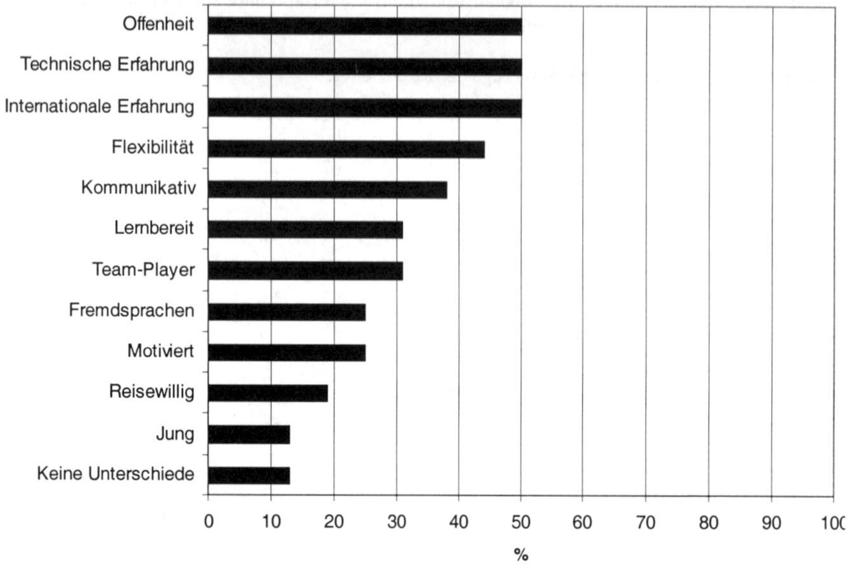

Werden die in dieser Arbeit gefundenen allgemein nötigen Qualifikationen von Mitarbeitern international verteilter Softwareprojekte mit jenen von Balzert, Lichtenberger, Adler/Bartholomew, Wunderer, Henze/Kammel oder Twisk verglichen, so ergeben sich keine Besonderheiten. Sie empfehlen die gleichen Eigenschaften wie auch in dieser Studie genannt.

3.4.5.8 Weiterbildung

Etwa 50% der Befragten sahen bezüglich den Weiterbildungsmaßnahmen einen Unterschied zwischen verteilten und nicht verteilten Projekten. Die Unterschiede betreffen dabei nicht so sehr das technische Training, sondern eher Training der sozialen Kompetenz.

Im technischen Training kommen bei verteilten Projekten Kurse über die verwendeten Multisite-Tools hinzu, die bei lokaler Arbeit nicht benötigt werden. Dazu gehören verteilte Code-Datenbanken, Synchronisationswerkzeuge, aber auch der Umgang mit Prozessen, die bei verteilter Arbeit wesentlich umfangreicher sind. Da verteilte Projekte meist wesentlich komplexer sind als nicht verteilte, kann auch nicht jeder Entwickler einen Überblick über alle technischen Bereiche haben. Das Training ist deshalb auf kleine Bereiche ausgelegt - für alle an einem verteilten Softwareprojekt Beteiligten gibt es deshalb spezielleres, auf ihr Fachgebiet beschränktes, technisches Training.

Ganz anders sieht es jedoch beim Training für „Soft Skills" aus. Wie schon in den vorherigen Kapiteln erwähnt, sind gutes Teamwork und herausragende Kommunikationsfähigkeiten für den Erfolg oder Mißerfolg eines verteilten Projektes wesentliche Faktoren. In den untersuchten Bereichen wurde deshalb eine Fülle von Übungskursen angeboten, die die Theorie von Teamwork, effektiven Besprechungen in verteilten Teams und den Umgang miteinander in virtuellen Teams betrachteten. In kleinen Projekten wird Fortbildung in dieser Richtung seltener angeboten. Auch kulturelle Unterschiede, denen hier ein eigenes Kapitel gewidmet wurde, sind Bestandteil einiger Trainingseinheiten. Das Training in Fremdsprachen wurde bei allen untersuchten Projekten für alle Entwickler angeboten, sowohl für die deutschen, lokal ansässigen, als auch die „Expats“, diejenigen Teammitglieder, die für einige Zeit aus dem Ausland von anderen Standorten abgeordert waren und bei den Projekten aushalfen bzw. die Kommunikationsschnittstelle zu heimischen Teams darstellten.

Fortbildungsmaßnahmen zeigen auch vom organisatorischen Aspekt Unterschiede. Damit sich alle Gruppen verstehen, ist eine einheitliche Terminologie notwendig. Diese kann weltweit erreicht werden, wenn sie gleich zu Beginn eines Projektes, z. B. in einem ersten Kurs, geprägt wird. Dazu müssen die Kurse jedoch global gleich ausgelegt und aufeinander abgestimmt sein.

Kleine Entwicklungsstandorte sind bei verteilten Projekten im Nachteil, da die meisten Kurse nur an den großen Standorten regelmäßig angeboten werden, in den kleineren Niederlassungen gibt es Kurse oft nur ein- oder zweimal im Jahr. Entwickler müssen deshalb länger warten oder Kurse an einem der großen Standorte belegen.

Um die technische Kompetenz eines neuen Standortes schnell auf globales Niveau zu bringen, wurden bei allen untersuchten Projekten Ex-patriates (Expats) eingesetzt. D. h. erfahrene Designer arbeiteten für einige Zeit an einem anderen Standort zusammen mit einem neuen Team. HERN [1996:4] beschreibt die wesentlichen Einsatzgebiete von Expats:

1. Expats bringen Wissen von einem Standort zu einem anderen
2. Expats lernen bestimmte Fähigkeiten, die sie dann ihrem Entsendungsort zurückbringen.

Im ersten Fall kann ein Expat-Entwickler seine Erfahrungen sofort in ein Projekt mit einbringen. Sie können auch mit ihren Kontakten zu anderen Laboren sehr hilfreich sein. Wenn andere Entwickler im neuen Standort Probleme haben, können Expats oft die betreffenden Ansprechpartner nennen. Hern warnt jedoch auch davor, daß ganze Standorte leicht von Expats abhängig werden können. Da Expats die Entwickler mit der meisten Erfahrung sind, werden wichtige oder kritische Aufgaben vom Management oft an sie delegiert. Dies wiederum hindert lokale Entwickler, ihr Wissen zu erweitern. Um dies zu verhindern, sollten Expats so selten wie möglich isoliert arbeiten. Ein lokal ansässiger Entwickler sollte sie ständig begleiten und von ihm lernen. Jeder Expat sollte versuchen, sich vor seiner Rückkehr überflüssig gemacht zu haben. Andererseits kann ein unerfahrener Entwickler sehr schnell seinen Kenntnisstand erweitern, wenn er für einige Zeit an einem anderen Standort in ein laufendes Projekt integriert wird.

TABELLE 43: **Weiterbildung. [Quelle: Eigene Darstellung]**

Training	4	3	2	1	Σ
Werkzeuge für virtuelle Teams	67		50	-	44
Gemischte Teams	67			-	22
Spezialisiertes Training	33		25	-	22
Global einheitliches Training		50	25	-	22

TABELLE 43: **Weiterbildung. [Quelle: Eigene Darstellung]**

Training	4	3	2	1	Σ
Sprachtraining	67			-	22
Nachteil kleiner Standorte			25	-	11

Tabelle 43 und Bild 64 fassen die aus der Studie gewonnenen Erkenntnisse bezüglich der Weiterbildung zusammen. Der Fokus von Weiterbildungsmaßnahmen liegt auf Werkzeugen für das Arbeiten in verteilten Gruppen. Um das Wissen zwischen allen Niederlassungen auf ein gleiches Niveau zu bringen, werden Teams meist aus „Locals" und „Expats" zusammengesetzt - letztere sind für den Wissenstransfer von und zu ihrer Heimatbasis verantwortlich. Im Gegensatz zu kleinen Projekten wird bei global verteilter Entwicklung von komplexer Software ein eher spezialisiertes, einsatzgebietbezogenes Training als eine generelle Ausbildung angestrebt. Wegen des Umfangs einzelner Aufgabenbereiche kann jeder Entwickler nur noch in Spezialgebieten eingesetzt werden. Ebenso ist es wichtig, ein global einheitliches Training aufzusetzen. Einmal sollen alle Teams dieselben Werkzeuge verwenden, andererseits kann so auch ein gemeinsamer Wortschatz geschaffen werden. Um eine leichte Verständigung zwischen allen global verteilten Niederlassungen zu gewährleisten, wird es auch als notwendig betrachtet, der Firmensprache nicht mächtige Mitarbeiter zu einem Sprachtraining zu senden. Kleinere Standorte fühlen sich in großen Konzernen vom Umfang des Trainingsangebotes her oft benachteiligt, d. h. bei ihnen werden Kurse nicht so häufig angeboten wie in größeren Niederlassungen.

BILD 64: **Weiterbildung. [Quelle: Eigene Darstellung]**

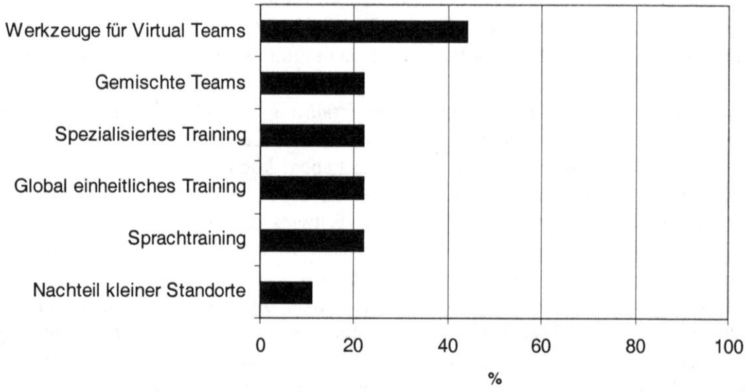

3.4.6 Vermittlung von Wissen über „Cultural Diversity"

Dieses Kapitels beschäftigt sich damit, wie auf Probleme, die durch einen unterschiedlichen kulturellen Hintergrund der Mitarbeiter verursacht wurden, reagiert werden kann. Einige immer wieder erwähnte Lösungsvorschläge wie eine einheitliche Vision und der Anweisung, Vertrauen zwischen den verteilten Teams zu etablieren, wurden in der Einführung in „Cultural Diversity" erwähnt. Sie sind Eckpfeiler für die Zusammenarbeit in international verteilten Teams.

Häufigster Vorschlag, wie „Cultural Diversity" angegangen werden kann, war „Fortbildung". Viele Mitarbeiter, die bisher nicht in international verteilten Teams gearbeitet hatten, waren sich gar nicht bewußt, daß Probleme und Mißverständnisse kulturell bedingt sein konnten. In Trainingskursen, die in allen Niederlassungen angeboten wurden, konnten sich Entwickler über die unterschiedlichen Arbeitsmethoden oder Gewohnheiten unterschiedlicher Kulturen informieren. Schon allein durch die Kenntnis unterschiedlicher Kulturen und deren unterschiedliche Lebensweise können viele Probleme unterbunden werden, da Mitarbeiter offener miteinander umgehen. Viele Ansichten, die von Mitarbeitern ursprünglich als weltweit gültig angesehen wurden, werden nach diesem Kurs nicht mehr als global gültig eingestuft. Durch Trainingskurse wurde das Verständnis für andere Kulturen und Arbeitsbedingungen erweitert.

Die Fortbildung umfaßt auch eine Erweiterung der angebotenen Sprachkurse. Für die deutschen Mitarbeiter z. B. wurde in den Englischkursen Lehrinhalt aufgenommen, der die kulturellen Unterschiede zwischen ihnen, Amerikanern, Kanadiern und Engländern untersucht. Diese Ausbildung wurde für alle an der Entwicklung Beteiligten angeboten, so daß Mitarbeiter weltweit, in allen Niederlassungen, auf einer annähernd gleichen Basis von „cultural awareness" standen.

Einige Manager sehen das Training zwar auch als sehr wichtig an, legen aber mehr Wert auf „Learning by doing". Dazu werden bevorzugt Mitarbeiter aus verschiedenen Niederlassungen in einem Team gemischt. In Deutschland gab es dazu einen regen Austausch mit den USA, so daß in fast jedem Team auch ein amerikanischer Mitarbeiter vertreten war. Dadurch werden Kommunikationskanäle zwischen den einzelnen Standorten etabliert und Mißverständnisse vermieden.

Nach Meinung einiger Interviewpartner wird kulturell bedingten Mißverständnissen am besten durch persönliche Treffen zwischen den Teams vorgebeugt. Wenn sich Mitarbeiter von den unterschiedlichen Niederlassungen persönlich kennen, ein Gesicht mit einem Namen verbinden können, ist der Umgang miteinander viel offener. Ein Bereichsleiter:

> *„Wenn verteilte Teams aus unterschiedlichen Kulturen miteinander arbeiten, müssen sie sich persönlich treffen, miteinander reden, damit sie die Unterschiede verstehen können. Es ist sehr schwierig, ein Buch zu lesen und dann zu sagen: 'Ok, jetzt verstehe ich die Deutschen, jetzt kann ich mit Ihnen zusammen arbeiten', denn man versteht sie noch nicht. Nur durch enge Zusammenarbeit und Feedback von Kollegen anderer Kulturen erhält man das Vertrauen, daß zur erfolgreichen Problemlösung notwendig ist." [3]*

Sehr wichtig für einen gewissen Level an Vertrauen zwischen den verteilten Teams ist wie schon erwähnt die Kommunikation. Nur durch ein ständiges In-Verbindung-Sein kann sich zwischen den kulturell verschiedenen Teams ein zum Projekterfolg notwendiges Vertrauensverhältnis entwickeln. Um kulturelle Unterschiede in der Praxis zu beseitigen, bedarf es jedoch auch bei den Mitarbeitern einiger Voraussetzungen, wie z. B. Offenheit gegenüber Fremdem und Neuem.

In Tabelle 44 und Bild 65 findet sich eine Zusammenfassung der Möglichkeiten, wie kulturell bedingten Problemen vorgebeugt werden kann bzw. wie schon bestehende Probleme gelöst werden können. Angeführt wird die Liste mit fast 50% Nennung mit Training, dem sich alle Mitarbeiter von international verteilten Entwicklungsprojekten unterziehen sollten. Bei den untersuchten Projekten war kulturelles Training meist in Sprachkurse integriert, die allen Mitarbeitern angeboten wurden. Eine weitere Möglichkeit, kulturellen Probleme vorzubeugen, ist bei der Auswahl des Personals bereits auf Eigenschaften zu achten, die eine Arbeit in verteilten Teams erleichtern. Dazu gehören z. B. Offenheit und vorherige internationale Erfahrung. Spannungen zwischen Teams können vermieden werden, wenn Mitarbeiter zwischen den Standorten ausgetauscht werden und so eine Brücke zwischen den geographisch verteilten Standorten schlagen. Sie bringen die Kultur eines anderen Landes oder einer anderen Niederlassung „vor Ort“. Durch einen engen Kommunikationsfluß zwischen den verteilten Niederlassungen kann einerseits Mißverständnissen vorgebeugt werden, andererseits lassen sich auch Unstimmigkeiten schneller wieder beheben. Sehr wichtig nicht nur zur Kommunikation sondern auch zur Vorbeugung kulturelle Probleme erwiesen sich „Face to Face“ -Meetings, die von Zeit zu Zeit durchgeführt wurden.

TABELLE 44: **Möglichkeiten, um kulturell bedingten Problemen zu begegnen. [Quelle: Eigene Darstellung]**

Lösung	4	3	2	1	Σ
Training	67	50	33	67	50
Auswahl von geeigneten Mitarbeitern		25		33	13
Austausch von Mitarbeitern	33		17		13
Kommunikation			17	33	13
Face to Face Meetings			33		13
Einheitliche Vision			17		6
Vertrauen			17		6
Learning by doing		25			6

Wenn alle Teams eine einheitliche Vision bezüglich des Projektzieles haben, kann auch dadurch vielen technischen Mißverständnissen vorgebeugt werden. Existiert zwischen den einzelnen Niederlassungen ein gutes Vertrauensverhältnis, ist ebenfalls das Risiko kultureller Probleme geringer. Schließlich waren einige der Interviewten der Meinung, „Learning by Doing“ sei das beste Mittel um kulturelle Spannungen anzugehen. Interessant an der Tabelle ist, daß kulturelles Training zwar von allen Hierarchieebenen gleich oft angesprochen wurde, fast alle weiteren Ideen jedoch nur aus dem Managementbereich kamen. Vor allem das obere Management hatte viele Werkzeuge, wie kulturell bedingten Problemen begegnet werden kann. Daraus läßt sich schließen, daß auf diesem Level „Cultural Diversity“ aktiv angegangen wurde.

BILD 65: **Möglichkeiten um kulturell bedingten Problemen zu begegnen. [Quelle: Eigene Darstellung]**

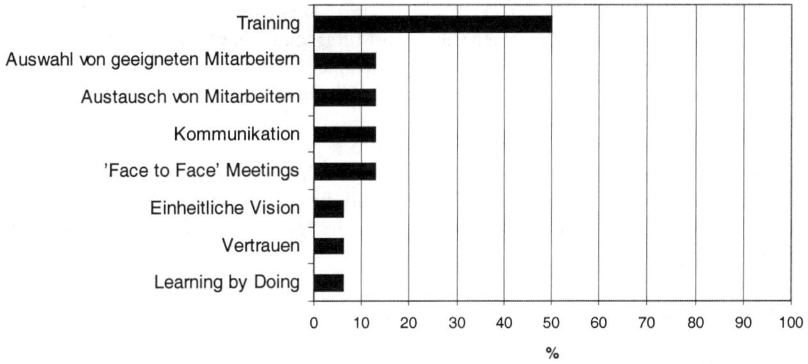

Beispiel

Bei der Neugründung des Standortes in Deutschland, bei der gemischte Teams mit Mitgliedern vor allem aus den USA, Kanada, England und Deutschland auftraten, gab es durchweg durch alle Entwicklungsprojekte Kommunikationsprobleme zwischen den Mitarbeitern, die zu einem Großteil durch kulturelle Unterschiede bedingt waren. Das High-Level-Management reagierte darauf mit einer Task-Force, die sich des Problemes annehmen und nach Lösungen suchen sollte.

In einem ersten Schritt wurden dazu alle Mitarbeiter in einer Fragebogenaktion zu ihren Erfahrungen, Eindrücken und Problemen mit kulturellen Unterschieden befragt. Generell wurde festgestellt, daß die meisten Mitarbeiter einen bedeutenden Einfluß, positiv wie auch negativ, von kulturellen Unterschieden auf ihre tägliche Arbeit sahen. Ein zusammenfassendes Ergebnis der Gruppe konzentrierte sich auf vier Bereiche, die als besonders wichtig eingestuft wurden: Verhalten und Traditionen, Sprache, der Umgang miteinander und die Firmenidentität. Zu jedem der aufgezählten Probleme gab es einen kurzen Statusbericht, und dazu Empfehlungen, wie diese beseitigt werden können.

Die meisten Mitarbeiter hatten sehr wenig Wissen über die kulturellen Unterschiede zwischen den Teamkollegen mit anderen Nationalitäten, sahen kulturelle Unterschiede aber auch nicht als das eigentliche Problem. Viele Mitarbeiter bevorzugten sogar das Arbeiten in einer multikulturellen Umgebung, da sie sich einen persönlichen Vorteil davon versprachen, weiterhin erweitere das Arbeiten mit Kollegen anderer Kulturen den persönlichen Horizont. Viele Mitarbeiter vermuteten jedoch eine Bevorzugung der jeweils anderen Gruppe. Dadurch, daß Englisch Projektsprache war, gab es viele Mißverständnisse, die z. B. durch eine falsche Verwendung von Wörtern herrührte, die amerikanische Kollegen jedoch so beleidigte, daß das Mißverständnis nicht mehr einfach aufgeklärt werden konnte. Unterschiede in der Höflichkeit einer Sprache, z. B. des britischen gegenüber dem amerikanischen, machten sich stark bemerkbar.

Die Empfehlungen der Gruppe umfaßten den Rat, allen Mitarbeitern Präsentationen über die unterschiedlichen Kulturen anzubieten, um Mißverständnisse aufgrund kultureller Unterschiede auszuschließen oder zumindest zu minimieren. Diese fanden einmal als sogenannte „Lunch Time Learnings“ statt, bei denen statt einer Mittagspause die Möglichkeit bestand, verschiedenen eingeladenen Sprechern zu folgen, andererseits wurden kulturelle Aspekte in die von der Firma angebotenen Sprachkurse als ein fester Bestandteil mit aufgenommen.

Ein weiteres Ergebnis der Task-Force war eine Broschüre, die anhand von Anekdoten auf unterschiedliche Verhaltensweisen in den unterschiedlichen Kulturen aufmerksam machte. Bemerkenswert für die Anekdotensammlung ist, daß die Geschichten teils in Englisch und teils in Deutsch abgedruckt sind, um die Zusammengehörigkeit beider Kulturen innerhalb der Arbeitsumgebung zu demonstrieren.

3.4.7 Zusammenfassung

Dieses Kapitel erläuterte die **Erfolgsfaktoren** für eine international verteilte Softwareentwicklung. Tabelle 45 und Bild 66 fassen die Ergebnisse noch einmal zusammen. 81% der Interviewten halten einen andauernden Kommunikationsfluß zwischen allen beteiligten Teams als die wichtigste Voraussetzung, um mit verteilter Softwareentwicklung Erfolg zu haben. In der Literatur zur Softwareentwicklung konnte die Kommunikation zwischen den Teams nicht als Erfolgsfaktor erwähnt gefunden werden. Ein Grund dafür mag sein, daß es kaum Untersuchungen von international verteilt durchgeführter Softwareentwicklung gibt. In der Literatur über verteilte Gruppenarbeit wird Kommunikation hingegen als einer der wichtigsten Erfolgsfaktoren bezeichnet (Kostner, Grenier/Metes, Lipnak/Stamps, Hern). Ebenfalls sehr wichtig, von 61% der Befragten genannt, ist eine gleichsame Zustimmung zum Ziel eines Projektes von allen beteiligten Teams. Ohne einen akkuraten Projektplan können auch kleine Projekte schnell scheitern oder den vorgesehenen Rahmen sprengen, bei verteilter Entwicklung hingegen wird jedes Projekt ohne eine genaue Planung scheitern bzw. der Ausgang wird nicht vorhersagbar sein. Beide dieser Faktoren gehören zur Projektplanung und sind auch schon von der Standish Group und Jones beschrieben worden.

TABELLE 45: **Erfolgsfaktoren für verteilte Software-Entwicklung. [Quelle: Eigene Darstellung]**

Faktor	4	3	2	1	Σ
Kommunikation	100	50	84	100	81
Zustimmung	33	50	67	100	61
Projektplan	100	25	33	100	56
Soft Skills	67	50	33	67	50
Infrastruktur	33		50	100	44
Einheitliche Werkzeuge	33		33	100	38
Kulturelle Offenheit	33	25	33	33	31
Testen	33	50	17	33	21
Klare Schnittstellen	67		17		19
Einheitliche Sprache	33		17		13

Soft Skills, d. h. auch die Auswahl geeigneter Mitarbeiter, ist ein stark gewichteter Faktor. Die richtige Personalauswahl ist für den Erfolg von verteilter Softwareentwicklung von entscheidender Bedeutung. Soft Skills, wozu auch kulturelle Offenheit und eine einheitliche Sprache gehören, sind als Voraussetzung für einen Erfolg in international verteilter Softwareentwicklung in der untersuchten Literatur explizit nicht gefunden worden. Schwarzer/Zerbe/Krcmar erwähnen jedoch, daß auch sozialpolitische Faktoren für einen Erfolg notwendige Voraussetzung sind. Ebenfalls Voraussetzung für den Erfolg verteilter Projekte ist eine Infrastruktur, die die verteilte Entwicklung unterstützt. Dazu gehören z. B. ein gutes Telefonnetz, Konferenzmöglichkeiten, ein Computernetzwerk und passende Werkzeuge. Auch dieser Faktor konnte in der Literatur nicht gefunden werden. Es gibt zwar Hinweise, einheitliche Werkzeuge und einheitliche Plattformen zu verwenden, es konnten jedoch keine Studien gefunden werden, bei denen Teams mit unterschiedlichen Plattformen erfolgreich zusammen arbeiteten, so wie in dieser Arbeit geschehen. Neben den technischen Voraussetzungen spielen auch die menschlichen Interaktionen bei verteilten Projekten eine weitaus wichtigere Rolle als bei kleinen Projekten. Offenheit gegenüber Anderem, anderen Arbeitsweisen wie auch anderen Kulturen, ist deshalb ein weiterer Baustein zum Erfolg verteilter Entwicklung. Der ideale Mitarbeiter hat neben breiter technischer Erfahrung auch schon internationale Erfahrungen und zeichnet sich durch Flexibilität und Offenheit gegenüber Neuem aus. Globalen Teams sollte außerdem ein auf ihre speziellen Bedürfnisse zugeschnittenes Training angeboten werden.

Produkte, die für verschiedene Märkte bestimmt sind und millionenfach verwendet werden stellen andere Anforderungen an die Testphase, wie sie in kleinen Projekten meist gar nicht finanziert werden kann. Ein ausgiebiges Testprogramm ist deshalb bei verteilter Entwicklung besonders wichtig. Auch das Testen in jedem Endmarkt wurde in der Literatur nicht als typischer Erfolgsfaktor einer Softwareentwicklung erwähnt. Weniger komplexe Produkte als Telekommunikationssoftware, die besonders viele externe Schnittstellen besitzt, können wohl auch eher in einem Markt ausgiebig getestet und danach erfolgreich global vertrieben werden. Schon zu Projektbeginn sollten zwischen allen Teams klare Schnittstellen definiert sein, um den Kommunikationsfluß zwischen den verteilten Gruppen zu vereinfachen. Schließlich finden auch 13% der Interviewten, daß eine einheitliche Projektsprache Voraussetzung für eine verteilte Entwicklung ist.

BILD 66: **Erfolgsfaktoren verteilter Software-Entwicklung. [Quelle: Eigene Darstellung]**

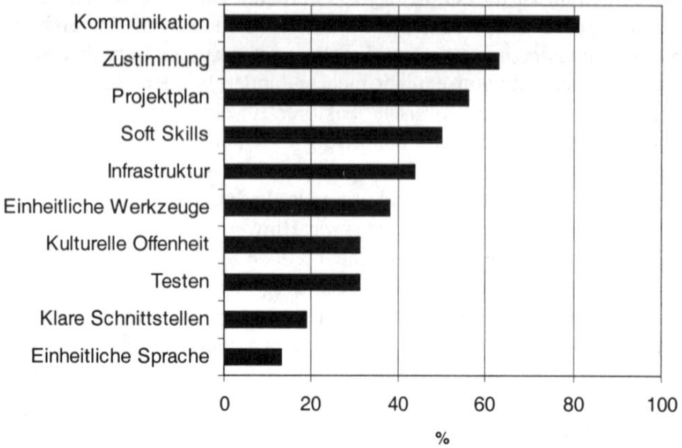

Bei der Auswertung dieses Bereiches fiel besonders auf, daß alle Direktoren sehr ähnliche Ansichten hatten, welche Voraussetzungen für international verteilte Softwareprojekte geschaffen werden müssen. Nach ihrer Meinung sind dies der andauernde Kommunikationsfluß zwischen den Standorten, eine Zustimmung aller Beteiligten zu einem gemeinsamen Projektziel, ein detaillierter Projektplan, eine funktionierende Infrastruktur und einheitliche Werkzeuge.

Insgesamt gibt es momentan noch sehr wenig Literatur über Erfolgsfaktoren in international verteilter Softwareentwicklung. Wie zu Anfang des Kapitels erwähnt, werden dort jedoch auch eine gute Projektplanung und Fortschrittskontrolle als Erfolgsfaktoren genannt. Auch die Kommunikation, einerseits mit dem Endanwender und andererseits in den verteilten Teams untereinander, werden dort erwähnt. Faktoren wie eine gemeinsame Infrastruktur, einheitliche Werkzeuge und ein Testen der Funktionalität im Endmarkt konnten dort jedoch nicht gefunden werden, wohl hauptsächlich weil es sehr wenige Untersuchungen von Softwareprojekten mit extrem dezentralen Entwicklungsteams, so wie in dieser Arbeit untersucht, gibt.

Im Vergleich der Ergebnisse dieser Arbeit zur Literatur fällt auf, daß die dort als so wichtig eingestufte Involvierung der Endbenutzer hier nicht explizit als Erfolgsfaktor genannt wurde. Andererseits waren die Hauptgründe für eine international verteilte Softwareentwicklung das Verstehen der lokalen Requirements und die Kundennähe, welches wiederum den Beobachtungen aus der Literatur entspricht.

3.5 Zusammenfassung der Erfolgs- und Mißerfolgsfaktoren für verteilte internationale Softwareentwicklung

Der zweite Teil dieser Arbeit erläuterte Erfolgs- und Mißerfolgsfaktoren international verteilt durchgeführter Projekte. In einem ersten Schritt wurde dazu definiert, was das Scheitern eines Projektes bedeutet.

Um Erfolgs- und Risikofaktoren zu identifizieren, wurden im Rahmen dieser Dissertation Projekte in einer international verteilt arbeitenden Telekommunikationsfirma untersucht. Anhand von Interviews mit Direktoren, Bereichs- und Abteilungsleitern wurden die Daten aus den Projekten gewonnen und wie in Kapitel “2.2.3: Vorgehen” verdichtet. Die Daten wurden dabei stets mit Erfahrungen aus der Literatur verglichen und Differenzen wurden hervorgehoben.

Tabelle 46 enthält eine Zusammenfassung der wichtigsten Faktoren, die einen Projekterfolg in verteilt operierenden Softwareentwicklungs-Teams positiv oder negativ beeinflussen können. Wie eingangs vermutet, lassen sich alle Faktoren drei Bereichen zuordnen: Dem Management, einem technischen Bereich und einem sozialen Bereich. Die Tabelle zeigt die Zuordnung der einzelnen Faktoren zu den drei Bereichen, wobei einige Faktoren mehreren Bereichen gleichzeitig angehören können. Die letzte Spalte enthält eine kurze Erklärung des Faktors.

TABELLE 46: **Zusammenfassung der Erfolgs- und Mißerfolgsfaktoren. [Quelle: Eigene Darstellung]**

Faktor	Management	Technik	Soziales	Erklärung
Kommunikation		X	X	Einerseits wird eine gute technische Infrastruktur benötigt, andererseits müssen auch alle Mitarbeiter leicht miteinander kommunizieren können.
Überschätzung	X			Falsche Einschätzung der eigenen Möglichkeiten oder Unterschätzung des tatsächlichen Arbeitsaufwandes.
Projektmanagement	X			Unzureichende Projektplanung.
Größe	X			Der Projektumfang übersteigt die eigenen Möglichkeiten.
Kulturelle Unterschiede			X	Kulturelle Unterschiede können zu Mißverständnissen führen.
Zielvorstellung	X			Die Zielvorstellung muß bei allen involvierten Gruppen dieselbe sein.
Spezifikation		X		Bei Projektstart sollte zuerst eine detaillierte Spezifikation erstellt werden.
Software-Architektur		X		Die Softwarearchitektur muß für verteilte Entwicklung geeignet sein.
Unklare Anforderungen		X		Unklare Anforderungen sollten dokumentiert und so früh wie möglich klarifiziert werden.
Vertrauensmangel	X		X	Verteilte Teams können nur erfolgreich zusammen arbeiten, wenn zwischen allen Mitarbeitern ein Vertrauensverhältnis besteht.
Politik	X			Politische Faktoren sind oft unvorhersehbar, können jedoch einen Projektabbruch bewirken.
Technik		X		Technik beschreibt hier die Leistungsfähigkeit der Systeme, die ausreichend sein muß.

TABELLE 46: **Zusammenfassung der Erfolgs- und Mißerfolgsfaktoren. [Quelle: Eigene Darstellung]**

Faktor	Management	Technik	Soziales	Erklärung
Prioritäten	X			Die Prioritäten aller an einer verteilten Entwicklung beteiligten Labors müssen bekannt sein und im Projektplan berücksichtigt werden.
Testen		X		Die Software muß in allen eingesetzten Märkten getestet werden, vor allem an den Schnittstellen nach außen.
Werkzeuge		X		Virtuelle Teams benötigen spezielle Werkzeuge zur Softwareentwicklung und zur Kommunikation.
Soft Skills			X	Mitarbeiter in verteilten Teams müssen bestimmten Anforderungen genügen.

Kommunikation als wichtigster Faktor stützt sich dabei auf die Infrastruktur, deshalb die Zuordnung zum technischen Bereich, als auch auf die Fähigkeiten der Mitarbeiter selbst, miteinander zu kommunizieren, deshalb auch die Zuordnung zum sozialen Bereich.

Ein ebenfalls sehr wichtiger Faktor war das Projektmanagement. Ohne ausreichende Abschätzung, Planung und Kontrolle kann ein verteiltes Projekt kaum erfolgreich durchgeführt werden. Dies gilt vor allem für die Einschätzung der eigenen Möglichkeiten, die oft überschätzt werden.

Es wurde auch immer wieder beobachtet, daß Projekte zu groß angesetzt wurden, d. h. der geplante Funktionsumfang war so groß, daß er mit den zur Verfügung stehenden Mitteln nicht realisiert werden konnte.

Mißverständnisse sorgten in vielen Projekten für Unstimmigkeiten zwischen den Teams. Als eine mögliche Ursache für die Mißverständnisse wurden kulturelle Unterschiede aufgezeigt. Teilweise waren die Zielvorstellungen für ein Projekt nicht bei allen beteiligten Labors gleich. Eine der Grundaufgaben des Managements ist es, dies schon vor Projektbeginn zu klären.

Methoden der Softwaretechnik erlauben es, eine genaue Spezifikation durchzuführen und zu dokumentieren. Auch unklare Anforderungen sollten hier festgehalten werden und so früh wie möglich aufgelöst werden. Die Software-Architektur muß es erlauben, daß verteilt arbeitende Teams weitgehend unabhängig einzelne Module implementieren können.

Ein Vertrauensmangel zwischen verteilt arbeitenden Gruppen ist hinderlich für den Informationsfluß und die Kommunikation. Zwischen allen Beteiligten sollten deshalb vertrauensbildende Maßnahmen durchgeführt werden. Politische Faktoren sind schwer beeinflußbar, können ein Projekt jedoch gefährden. Sie sollten deshalb bei der Standortauswahl nicht vernachlässigt werden.

Die Technik muß eine ausreichende Performance für das zu lösende Problem besitzen, immer wieder wurde jedoch erst im Laufe eines Projektes festgestellt, daß die Geschwindigkeit nicht ausreichend war.

Jede Niederlassung eines verteilten Unternehmens hat eine eigene Ausrichtung, meist auf den lokalen Markt, und damit hat jede Niederlassung eigene Prioritäten, die sie von anderen Standorten unterscheidet. Aufgabe des Managements ist es, dies in den Projektplänen zu berücksichtigen.

Telekommunikationssysteme bestehen aus Schnittstellen zu vielen anderen Systemen. Ein Testen „vor Ort", d. h. im Einsatzmarkt, ist deshalb zur Verifikation aller Systemkomponenten sehr wichtig. Verteilte Teams benötigen schließlich spezielle Werkzeuge, um ihre Aufgaben bewerkstelligen zu können. Einmal sind dies Multisite-Entwicklungswerkzeuge als auch Werkzeuge zur Kommunikation.

Die Arbeit in verteilten Teams verlangt schließlich von allen Beteiligten besondere Fähigkeiten - nicht jeder ist für die Arbeit in virtuellen Teams geeignet.

Die in diesem Kapitel identifizierten Erfolgs- und Mißerfolgsfaktoren sind die Basis für das nächste Kapitel. Dort werden aufbauend auf den hier vorgestellten Forschungsergebnissen Hinweise gegeben, wie eine erfolgreiche internationale Softwareentwicklung aussehen kann.

KAPITEL 4

Empfehlungen

Dieses Kapitel bildet den Abschluß der Arbeit und beschäftigt sich damit, welche Erfahrungen sich aus den in den ersten zwei Teilen gewonnenen Erkenntnissen ableiten lassen. Basierend auf der Analyse der Fallstudie werden Leitfäden für die drei Bereiche Management, Technik und Personal vorgestellt. Die Ratschläge zeigen, wie die identifizierten Erfolgsfaktoren in eigene Projekte eingebracht werden können und wie Risikofaktoren vermieden oder beseitigt werden können.

Im ersten Teil werden die Faktoren aus dem Bereich des Managements behandelt. In den untersuchten Projekten konnte festgestellt werden, daß ein Großteil erfolgskritischer Faktoren diesem Bereich zuzuordnen ist. Neben Projektplanung und Zieldefinition ist dies auch das Software-Management, d. h. der Bereich der Softwaretechnik, der sich mit Planung und Kontrolle von Qualität, Zeitplänen, Kostenabschätzung und Produktivität befaßt.

Der zweite Teil behandelt die technischen Voraussetzungen für verteilte internationale Entwicklung. Dazu gehören Empfehlungen für die Infrastruktur des Sprach- und Datennetzes sowie Hinweise für Werkzeuge, die für verteiltes Arbeiten notwendig sind. Auch die für verteilte Entwicklung speziellen Anforderungen an die Softwarearchitektur werden hier erläutert.

Der dritte Teil schließt mit Hinweisen für das Personal. Verteilte Entwicklung stellt besondere Anforderungen an alle Mitarbeiter. Dieses Kapitel behandelt die eigens zu beachtenden Bereiche der „Soft Skills“, d. h. die Voraussetzungen und Ausbildungsmöglichkeiten für die Mitarbeiter. Danach wird auch „Cultural Diversity“ erläutert - ein Thema, das immer wieder als Ausgangspunkt von Mißverständnissen identifiziert werden konnte.

Viele der in den folgenden Kapiteln genannten Empfehlungen werden dem Leser als selbstverständlich erscheinen; bei der im Rahmen dieser Dissertation durchgeführten Fallstudie wurde jedoch offensichtlich, daß in einem verteilten Entwicklungsprojekt mit mehr als 1000 Mitarbeitern und Niederlassungen in fünf Kontinenten viele einfach erscheinende Anforderungen mißachtet werden, und im Rückblick in vielen Projekten ein wesentlicher Anteil an der gesamten Projektlaufzeit benötigt wurde, um die dadurch entstandenen Probleme wieder zu beheben.

4.1 Voraussetzungen im Management

Wie diese Arbeit gezeigt hat, waren die meisten Probleme bei international verteilter Entwicklung im Bereich des Managements zu finden. Gerade in der Projektplanung und in der Softwaretechnik wurden immer wieder Schwierigkeiten beobachtet, die bei zielorientiertem Vorgehen hätten vermieden werden können.

4.1.1 Projektplanung

Vorteil einer global verteilten Entwicklung ist vor allem die Kunden- und Marktnähe, d. h. durch Niederlassungen vor Ort lassen sich Bedürfnisse der Kunden frühzeitig erkennen, und strategische Entscheidungen können rechtzeitig getroffen werden. Dazu werden an jedem Standort Market-Owner benötigt, die wie in Bild 67 skizziert durch ein globales Netz miteinander verbunden sind. Ihre Aufgabe ist es, Marktbewegungen zu erkennen und diese Information in den globalen Entwicklungsprozeß einzubringen. Sie identifizieren ähnliche Funktionen in mehreren Märkten, die zu einem Entwicklungsprojekt gebündelt werden können.

BILD 67: **Globale Abstimmung von Requirements. [Quelle: Eigene Darstellung]**

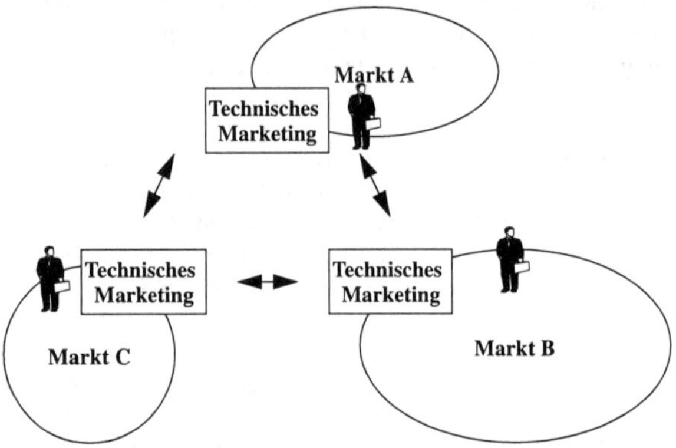

Die vom Technischen Marketing definierten Ziele müssen in Entwicklungsprojekte eingeteilt werden und, abhängig von der Priorität der zu entwickelnden Funktion, in einzelne Arbeitspakete für jeden Standort aufgeteilt werden. Hierbei ist zu beachten, daß die Entwicklungsziele genau definiert sind und jedes an der Entwicklung beteiligte Labor die Zeitpläne kennt und sich zu deren Einhaltung verpflichtet. Das Konzept der *Software-Ownership* sieht vor, daß Entwicklungslabors in einem Markt alle Rechte über die von ihnen benötigten Anpassungen bzw. Erweiterungen besitzen, die in der Softwarearchitektur meist in höheren Schichten angesiedelt sind. Basisfunktionen, meist in unteren Schichten implementiert, werden von einer Zentrale betreut. Wie sich gezeigt hat, bietet es sich an, von vielen Märkten benötigte Funktionen in großen Entwicklungslaboratorien zu implementieren, während marktspezifische Erweiterungen oder Anpassungen im entsprechenden Markt bearbeitet werden. Sind die Entwicklungskapazitäten in einem großen Labor nicht ausreichend, können Basisfunktionen auch in dem Markt entwickelt werden, der die Funktionalität zuerst benötigt, der die *Ownership* dieser Funktionen später jedoch an die Zentrale übergibt.

Um ein international verteiltes Entwicklungsprojekt erfolgreich bearbeiten zu können, ist es sehr wichtig, **einen** einzigen Hauptverantwortlichen zu bestimmen und für alle an dem Projekt beteiligten Mitarbeiter von Anfang an den Aufgaben- und Kompetenzbereich zu definieren. Die Aufgabe des Hauptverantwortlichen ist es, alle Entwicklungsgruppen „synchron" zu halten, d. h. das Entwicklungsziel zu bestimmen, die Aufgaben zu verteilen, den Fortschritt zu überwachen und die verteilten Teams zu koordinieren. Fehlt die Funktion des Hauptverantwortlichen, kann das Projekt nicht gelingen - dieser Fall wurde in keinem Projekt beobachtet. Es gab jedoch einige Projekte, in denen es mehrere Hauptverantwortliche mit gleichen Kompetenzen - meist an verschiedenen Standorten - gab, die zwar ein gemeinsames Ziel, aber unterschiedliche Lösungswege hatten. Gibt es hier keine Instanz, die verbindlich für alle über das Vorgehen entscheiden kann, kann das Projekt ebenfalls scheitern, weil eine Einigung langwierig oder unmöglich sein kann.

Weiterhin müssen die Abhängigkeiten der verteilten Teams aufgezeichnet, dokumentiert und so weit wie möglich reduziert werden, um die Komplexität zu verringern. Wie sich in dieser Arbeit gezeigt hat, läßt sich durch die geschickte Aufteilung der Entwicklungskomponenten die Anzahl der Kommunikationswege oft wesentlich verringern.

Ein schwieriger Bereich in der Projektplanung ist die Abschätzung der Größe eines komplexen verteilten Entwicklungsprojektes bzw. die Abschätzung des Entwicklungsaufwandes. Zwar wurden in den letzten Jahren viele Methoden für genauere Schätzungen vorgelegt, die Verläßlichkeit bei komplexen Projekten ist jedoch nicht sehr hoch. Ein vielversprechender Ansatz scheinen *Funktionspunkte* zu sein, die unabhängig von der Programmiersprache und der Codezeilenzahl (LOC) Abschätzungen erlauben. Verläßlicher sind jedoch Erfahrungswerte, d. h. Projektleiter, die schon viele Jahre in komplexen Projekten gearbeitet haben, machen in der Regel bessere Abschätzungen als Mitarbeiter mit weniger Erfahrung. Grundlage der besseren Schätzung ist jedoch meist „Gefühl" und keine wissenschaftlich nachvollziehbare Methode.

4.1.2 Kommunikationsplanung

Der größte Unterschied von komplexen verteilten zu nicht komplexen Projekten besteht in der Kommunikation zwischen den Standorten. Wie sich gezeigt hat, geschieht der Informationsaustausch nicht mehr automatisch, wenn Mitarbeiter über eine gewisse Distanz verteilt sind. Kommunikation muß deshalb sorgfältig geplant werden. Ein erster Schritt sind Kommunikationspläne, wie in Bild 68 zu sehen. Sie geben einem verteilten Team Anhaltspunkte, welche Personen an welchem Teil eines Projektes involviert sind, welches ihr Standort ist, was ihre Aufgaben im Projekt sind und wie sie erreichbar sind. Schon eine Funktionsbeschreibung des Aufgabengebietes jedes Mitarbeiters klärt viele Mißverständnisse und Verantwortlichkeiten, und Kommunikationswege sind damit klar geregelt. Auftretende Probleme können eskaliert werden. Kommunikationspläne sollten für alle an einem Projekt beteiligten Mitarbeiter zugänglich sein.

Bild 68 zeigt ein Projekt mit drei involvierten Standorten A, B und C. Der Projektleiter befindet sich an Standort B. In jedem Standort gibt es einen Gruppenleiter, der für alle lokalen Probleme verantwortlich ist und direkt an den Projektleiter berichtet. Jeder Gruppenleiter wiederum hat Mitarbeiter für jedes Arbeitsgebiet. Situationen, in denen ein Großteil einer Entwicklungsgruppe an einem Standort A konzentriert ist und nur sehr wenige Mitarbeiter an einem Standort B, sollten vermieden werden, da die kleinere Gruppe oft „vergessen" wird.

Personaltechnisch könnten die Mitarbeiter an Standort B in eine andere Gruppe an ihrem Standort eingebunden werden, ihr Aufgabenbereich gehört jedoch zu Standort A. Das Resultat ist, daß sie sich weder zu A noch zu B gehörig fühlen. In diesem Fall sollte das Projekt entweder besser verteilt oder ganz zu A gezogen werden.

BILD 68: Kommunikationsplan. [Quelle: Eigene Darstellung]

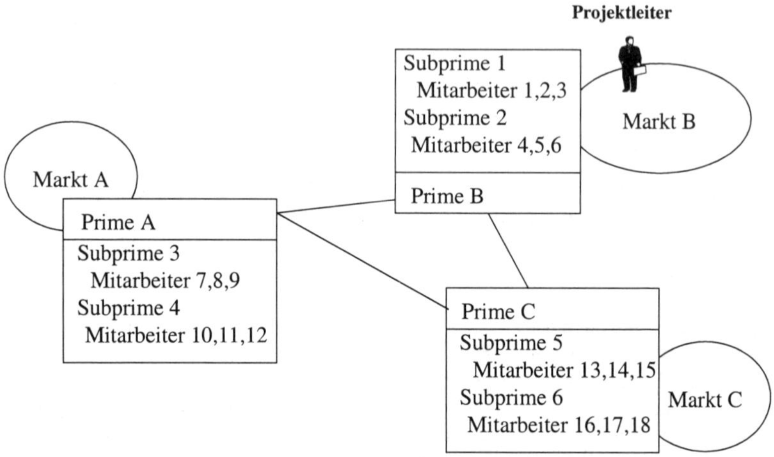

Zu der Planung von Kommunikation gehören auch Überlegungen, wie in verteilten Teams Vertrauen zueinander gebildet werden kann. Um weit voneinander entfernte Teams besser zu integrieren, bietet sich der mehrjährige Austausch von Mitarbeitern zwischen den Standorten an. Sie können die von ZERBE [1998:262] beschriebene und in Bild 69 skizzierte Brückenfunktion übernehmen.

BILD 69: „Expats" als Brücken. [Quelle: In Anlehnung an Zerbe 1998:262]

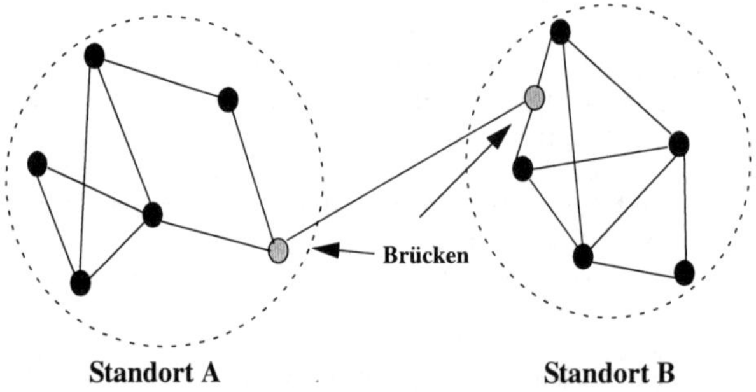

Weiterhin kann das Vertrauen gesteigert werden, wenn die Teams sich selbst und ihre Arbeit kennen. In vielen Projekten wurde dies durch häufige Face-to-Face-Meetings und regelmäßige Kommunikation erreicht. Der gegenseitige Austausch von Anerkennungen, Geschenken u. Ä.

hilft den Teams, sich gegenseitig nicht zu vergessen. Große, global gemeinsam durchgeführte Veranstaltungen, wie die in dieser Arbeit beschriebenen *Technologietage* oder Design-Foren, tragen dazu bei, daß sich alle Mitarbeiter als Teil eines großen Teams sehen und nicht an ihrem Standort alleine arbeiten.

Aufgabe des Managements ist es, eine global einheitliche Vision zu entwickeln, die die einzelnen Niederlassungen für ihren Markt verfeinern können. Eine Vision beinhaltet das Ziel einer Firma, die Richtung, in die die gesamte Softwareentwicklung sich bewegen sollte.

4.1.3 Softwaretechnik

Die Softwaretechnik befaßt sich mit der Vorhersagemöglichkeit und Kontrolle von Qualität, der Erstellung von Zeitplänen, Kosten und Produktivität, wenn Softwaresysteme erweitert oder neu geschrieben werden sollen. Für eine global verteilte Entwicklung sind hier einige Besonderheiten zu beachten.

Für jede Entwicklung sollte es fest definierte Prozesse geben, die auch die Kriterien für das Passieren eines Meilensteines fest vorschreiben. Jede der in Bild 70 beschriebenen Phasen benötigt klare Eingangs- und Ausgangskriterien, da eine genaue Kontrolle ansonsten nicht möglich ist. In verteilten Projekten erweist sich eine kontinuierliche, mindestes wöchentliche Kontrolle des Projektfortschrittes als erfolgskritisch, da Abweichungen ansonsten nicht rechtzeitig bemerkt werden.

Alle Prozesse sollten für alle Standorte global einheitlich sein. Dieses kann in verteilten Teams jedoch schwer zu erreichen sein, da lokale Niederlassungen, die durch Joint Ventures eingebunden werden, in der Regel eigene Prozesse definiert haben.

BILD 70: **Meilensteine. [Quelle: Eigene Darstellung]**

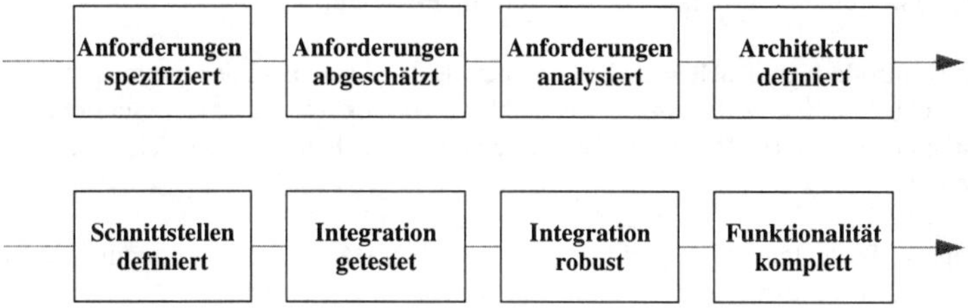

Die Definition eines Meilensteines kann dazu so wie in Tabelle 47 auf Seite 186 gezeigt aussehen. Die Tabelle zeigt beispielhaft die Beschreibung des Meilensteines „Architektur definiert" aus obigem Bild.

TABELLE 47: **Definition eines Meilensteines. [Quelle: Eigene Darstellung]**

Meilenstein: Architektur definiert	
Absicht	Ein vorläufiger Entwurf der Architektur ist fertiggestellt. Das Entwicklungsteam kann diesen nun mit dem Kunden verifizieren. Abhängigkeiten der Module sind noch nicht definiert.
Ausgangskriterien	Funktionalitäten sind zu Anforderungen „gemappt", nicht berücksichtigte Anforderungen sind dokumentiert. Alle Funktionen sind beschrieben, Performanceanforderungen wurden berücksichtigt, Kunden haben den Entwurf unterzeichnet. Möglichkeit der Wiederverwendung von Softwarekomponenten wurde untersucht. Testplan wurde entworfen und vom Kunden unterzeichnet. Der kritische Pfad ist dokumentiert. Kontaktliste ist auf dem aktuellen Stand. Ressourcen sind identifiziert. Termine für die nachfolgenden Meilensteine sind verifiziert und das Risiko ist abgeschätzt.

Wie sich gezeigt hat, werden auch Prozesse benötigt, die definieren, wie auch nach Projektstart Änderungen oder Erweiterungen eingebracht werden können. Diese Prozesse sollten eine Neukalkulation des Zeitplanes, der Kosten und der benötigten Ressourcen einschließen. In langlaufenden Projekten mit Software für sich schnell ändernde Absatzmärkte haben sich diese „Change-Management"-Prozesse als sehr wertvoll erwiesen.

Für eine Kontrolle bieten sich Metriken an, die alle Teams anhand der implementierten Funktionalität, Codequalität (z. B. Anzahl der Fehler pro Funktion oder pro geschriebener Zeile), Einhaltung der Planziele (Zeit, Code, Ressourcen) überwachen und die wöchentlich neu aufgestellt werden.

Für komplexe Projekte ist es empfehlenswert, statt einer starren Entwicklung mit einem Ergebnis eine Release-Philosophie zu verwenden, bei der in regelmäßigen Abständen neue Softwareversionen mit jeweils erweiterter Funktionalität geliefert werden. Bei Entwicklungsverzug einer Teilkomponente kann diese in das nächste Release verschoben werden, ohne das gesamte Projekt zu verzögern. Bild 71 zeigt dies schematisch. Funktion A konnte nicht rechtzeitig zur Auslieferung von Release 1 fertiggestellt werden, sie wurde deshalb von Release 1 zum Release 2 verschoben und wird dementsprechend später ausgeliefert.

BILD 71: Entwicklung in Releases. [Quelle: Eigene Darstellung]

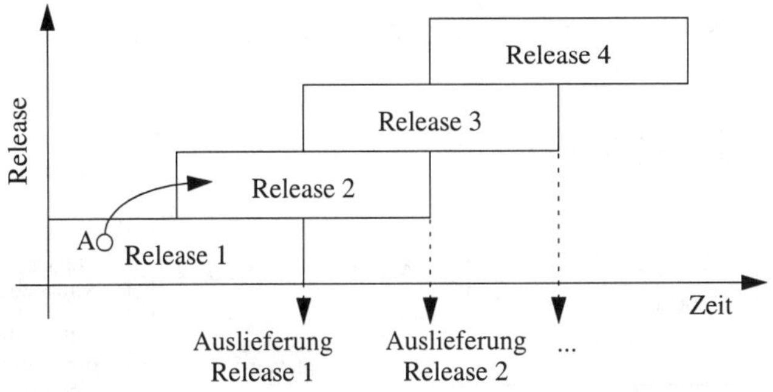

Für jeden Markt kann parallel an mehreren Releasen gearbeitet werden. Jedes Release durchläuft dabei die in Bild 70 gezeigten Phasen. Ein günstiger Startzeitpunkt für ein neues Release ist während der Testphase des vorherigen Releases, da auftretende Mängel in der nächsten Version behoben werden können. Je nach Kunde und Markt bieten sich ein oder zwei Releasezyklen pro Jahr an.

Für komplexe Projekte werden Entwicklungsmethoden benötigt, die wiederum an allen Standorten einheitlich angewendet werden sollten. Die Art der Entwicklungsmethode ist dabei zweitrangig, so lange sie das Modellieren komplexer Software erlaubt. Wichtig ist nur, daß sie von allen Teams einheitlich eingesetzt wird.

4.2 Technische Voraussetzungen

Neben den eben erwähnten Hinweisen für den Bereich des Managements bedürfen verteilte Projekte auch bestimmter technischer Voraussetzungen, die zu einem erfolgreichen Verlauf beitragen. In dieser Arbeit wurden im technischen Bereich die Softwarearchitektur, die Infrastruktur und die zur Verfügung stehenden Entwicklungswerkzeuge als wichtige Faktoren für einen Projekterfolg identifiziert.

4.2.1 Software-Architektur

Im Gegensatz zu lokalen Entwicklungsprojekten, bei denen sich Mängel in der Architektur oft noch relativ spät beheben lassen, muß bei verteilten Projekten zuerst eine gut durchdachte, flexible Architektur entwickelt werden, die es später allen global verteilten Entwicklungsteams erlaubt, marktspezifische Software hinzuzufügen, in der jedoch auch Funktionen, die alle Märkte benötigen, entsprechend integriert werden können. Dazu bietet sich ein mehrschichtiges Modell an, bei dem die Grundfunktionen in den unteren Schichten realisiert sind, marktspezifische Erweiterungen sich hingegen in höheren Schichten befinden.

Für kleine Systeme können die kunden- bzw. marktspezifischen Anpassungen über Parameter eingestellt werden. Für große Systeme empfehlen sich hingegen Loadbuild-Werkzeuge, die es erlauben, marktspezifische Loads zu generieren. Am Beispiel in Bild 72 würde das für Markt 1 bedeuten, daß Schicht 1, Schicht 2 und die den Markt 1 betreffenden Module zusammen compiliert und gelinkt werden.

BILD 72: **Modell einer geeigneten Architektur für verteilte Entwicklung. [Quelle: Eigene Darstellung]**

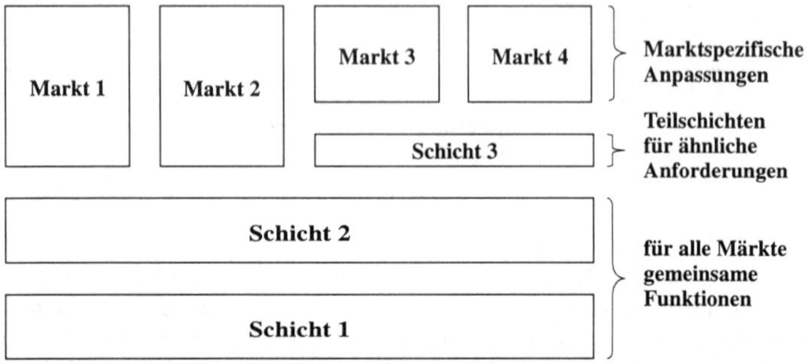

Für Markt 3 würde eine Load generiert werden, die aus den Schichten 1, 2, 3 und wiederum den für Markt 3 spezifischen Modulen besteht. Höhere Schichten verwenden dabei stets nur die Funktionen aus unteren Schichten. Wird eine Funktion, die zuerst nur für einen Markt entwickelt wurde, später auch für andere Regionen benötigt, so muß es möglich sein, Module von einer Schicht nach unten in die oberste, von allen Märkten benötigte gemeinsame Schicht zu verschieben. Für eine marktspezifische Funktion von Region 2 beispielsweise, die später auch in Markt 4 benötigt wird, würden die Module von Markt 2 in Schicht 2 verschoben, da dies die oberste Schicht ist, die Markt 2 und Markt 4 gemeinsam besitzen. Abhängigkeiten zwischen den einzelnen Systemen, im Bild z. B. zwischen Markt 2 und Markt 3, sind dabei stets zu vermeiden.

Die Schnittstellen zwischen den einzelnen Systemen sollten sehr frühzeitig definiert werden, da diese Spezifikationen von allen an einer Entwicklung beteiligten Teams benötigt werden. Sind später an den Schnittstellen Veränderungen nötig, so sollten Automatismen vorhanden sein, so daß alle Benutzer der Schnittstellen automatisch informiert werden.

Weiterhin empfiehlt es sich, die Software möglichst unabhängig von der Hardware zu entwickeln. Zwar sprechen Echtzeitanforderungen für eine möglichst gute Ausnutzung der Hardware und damit für eine maschinennahe Programmierung, dem steht jedoch eine hohe Modularität und Flexibilität entgegen. Große Systeme lassen sich nur über einen langen Zeitraum warten, wenn die Software auch auf neue Hardwareplattformen portiert werden kann.

4.2.2 Infrastruktur

Die Infrastruktur bezeichnet die technischen Möglichkeiten, die die verteilten Niederlassungen miteinander verbinden. Typischerweise läßt sich dabei, wie in dieser Arbeit geschehen, ein verbindungsorientiertes Sprach- und ein paketorientiertes Datennetz unterscheiden.

4.2.2.1 Sprachnetz

Zum Sprachnetz gehören traditionell Telefon, Telefax, Voicemail, Telefonkonferenzmöglichkeiten, aber auch immer mehr die Videoübertragung. Alle hier genannten Werkzeuge sind für verteilte Gruppen sehr wichtig, damit diese miteinander kommunizieren können. Generell gilt auch, daß alle Kommunikationswerkzeuge einfach bedienbar sein müssen. Spezielle Zugangscodes für Ferngespräche können die Hemmschwelle, bei einem weit entfernten Team anzurufen, so weit anheben, daß wichtige Informationen nicht mehr ausgetauscht werden.

Für das Telefon empfiehlt es sich, wegen der oft langen Gesprächsdauer allen Mitarbeitern so genannte „Headsets" zur Verfügung zu stellen oder „Hands Free"-Telefone zu verwenden. Headsets ersetzen den traditionellen Telefonhörer durch einen Kopfhörer mit Mikrofon, welches das Telefonieren erleichtert. „Hands Free"-Telefone besitzen ein integriertes Mikrofon und einen Lautsprecher, so daß auch sie ohne Telefonhörer bedient werden können.

Da oft mehrere Entwickler miteinander kommunizieren, empfehlen sich Konferenzschaltungen, die es drei oder mehr Personen gleichzeitig erlauben, von verschiedenen Standorten aus miteinander in Verbindung zu treten. Bei Telefonkonferenzen, wie in Bild 73 skizziert, können zwei oder mehr Gruppen miteinander diskutieren.

BILD 73: **Telefonkonferenz. [Quelle: Eigene Darstellung]**

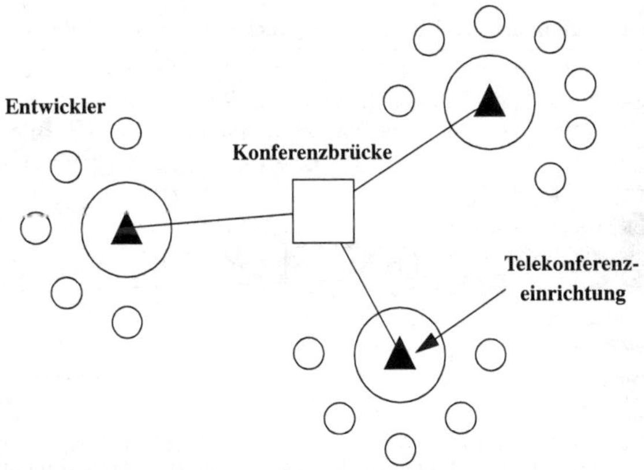

Die Infrastruktur besteht hier aus im Raum verteilten Mikrofonen und Lautsprechern. Teams versammeln sich wie bei einer Besprechung in einem Konferenzraum. Durch die Sprachverbindung sind alle Räume miteinander verbunden, alle können frei reden und hören, so als würden sie in einem Zimmer sitzen. Die Kommunikation bedarf dabei ein hohes Maß an Konzentration, um verschiedene Redner und Teilgespräche auseinanderzuhalten.

Eine Erweiterung der Telefonkonferenz ist die Videokonferenz, bei der zusätzlich zur Sprache auch Bilder oder Dokumente übertragen werden. Durch eine relativ schlechte Bildqualität bzw. einen langsamen Bildaufbau - abhängig von der Übertragungskapazität- wurde bisher meist Telefonkonferenzen der Vorzug gegeben. Kennen sich die Teams gegenseitig, sind Bilder für die meisten Besprechungen auch nicht unbedingt notwendig. Mit einer weiteren Verbesserung der Übertragungsqualität, vor allem für Folien und Dokumente, werden sich in Zukunft Videokonferenzen immer mehr durchsetzen, da auch die übermittelte Gestik der Gesprächspartner Informationen birgt. Die theoretisch schon möglichen Desktop-Videokonferenzen, bei denen Mitarbeiter sich nicht von ihrem Arbeitsplatz entfernen müssen, um an einer Besprechung zu partizipieren, bieten eine interessante Entwicklungsmöglichkeit für die Zukunft.

Voicemail ist die Bezeichnung für erweiterte Sprachspeicherdienste über das Telefon. Ähnlich wie bei einem Anrufbeantworter kann damit ein Anrufer Nachrichten für eine gerade nicht erreichbare Person hinterlassen. Nachrichten können jedoch auch an Personengruppen verschickt werden. Gesprochene Texte können außerdem weitergeleitet, einzeln gelöscht, gespeichert oder editiert werden. Voicemail bietet damit ähnliche Funktionen wie E-Mail, jedoch auf der Basis von Sprache.

Für das Telefon wurden vereinzelt auch automatische Übersetzer getestet, wie in Bild 74 skizziert. Sie ermöglichen es, daß Personen in unterschiedlichen Sprachen miteinander kommunizieren, wobei jeder den anderen in seiner Landessprache hört. Im Beispiel spricht Person A deutsch, der Echtzeitübersetzer-Computer analysiert die Sätze und übergibt den Wortlaut ins englische übersetzt an Person B weiter. B hingegen antwortet auf englisch, A erhält wiederum eine Übersetzung. Diese Systeme befinden sich zur Zeit jedoch noch im Forschungsstadium und erlauben bisher nur sehr einfache Anwendungen mit einem stark begrenzten Wortschatz.

BILD 74: Konzept der automatischen Übersetzung. [Quelle: Eigene Darstellung]

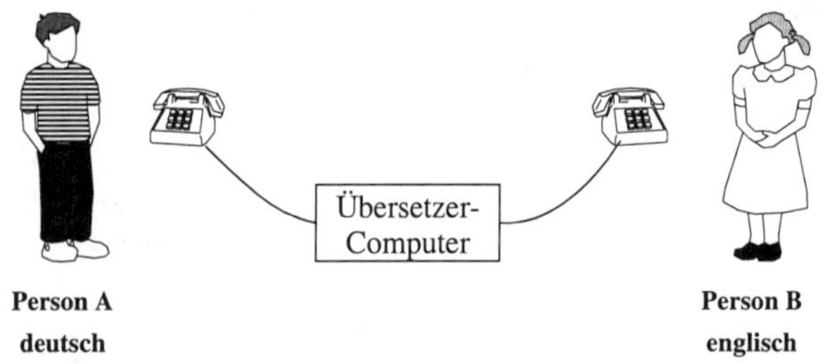

Das letzte zum Sprachnetz zählende Werkzeug ist das Fax, mit dem schnell und unkompliziert kurze Dokumente zwischen verschiedenen Standorten ausgetauscht werden können. Mit der Zunahme an elektronischem Datenverkehr kann das Fax jedoch weitgehend ersetzt werden.

4.2.2.2 Datennetz

Durch das Datennetz werden die Computer aller verteilten Niederlassungen miteinander verbunden. Für eine erfolgreiche Projektarbeit muß eine hohe Ausfallsicherheit, z. B. durch Redundanz aller wichtigen Netzwerkelemente und alternative Routen aller Verbindungen zwischen den Standorten gewährleistet sein. Ein Netzwerkausfall bei komplexen Entwicklungen bedeutet meist, daß hunderte von Entwicklern nicht mehr arbeiten können.

Zu den wichtigsten Werkzeugen auf dem Datennetz gehören E-Mail, FTP, Telnet, Newsgroups, ein Intranet und weitere Werkzeuge für verteilte Gruppenarbeit, die gesondert im nächsten Abschnitt erläutert werden. Eine möglichst homogene Rechnerarchitektur ist der Einfachheit halber vorzuziehen, wie sich jedoch gezeigt hat ist dies in einer globalen Firma mit vielen lokalen Joint Ventures eine unrealistische Annahme.

BILD 75: **Typisches Datennetz einer verteilten Entwicklung. [Quelle: Eigene Darstellung]**

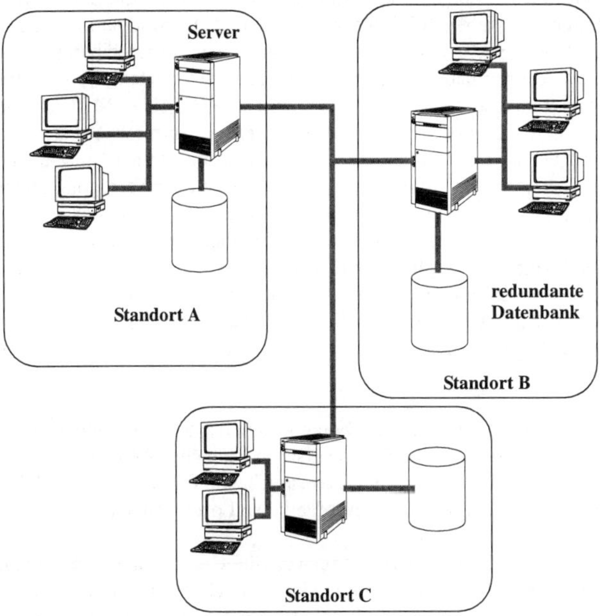

E-Mail hat sich in dieser Studie als eines der wichtigsten Medien herausgestellt. Detaillierte technische Informationen oder Projektpläne lassen sich damit schnell und bequem austauschen, Dokumente können an E-Mails angefügt werden, Nachrichten können an Benutzergruppen verschickt und zur späteren Nachvollziehbarkeit einfach archiviert und nach Themengebieten sortiert aufbewahrt werden. Alle Benutzer können auf ihre Nachrichten reagieren, wann sie wollen. Anhand globaler Adreßdatenbanken kann jeder an einer verteilten Entwicklung Beteiligte schnell gefunden werden, neuere E-Mail-Werkzeuge erlauben auch die Suche nach Funktionsbereichen oder Interessensgruppen. Als sehr vorteilhaft hat es sich erwiesen, *Multisite-Receiverlisten* zur Verfügung zu stellen, d. h. zu jedem Interessensgebiet wird zentral eine Liste mit allen Adressen verwaltet, auf denen sich Mitarbeiter selbst ein- und austragen können. Soll eine Mitteilung zu einem bestimmten Themengebiet versendet werden, wird sie statt an einzelne Personen an die Receiver-Liste verschickt, diese wiederum leitet die Nachricht an alle Interessenten weiter. Diese Maßnahme hilft neben E-Mail-Filtern einer Informationsflut entgegenzuwirken, bei der die wichtigen Nachrichten wegen des großen Mailvolumens nicht mehr identifiziert werden können. Die Mailinglisten sollten zudem so konfigurierbar sein, daß auch geschlossene Interessensgruppen gebildet werden können, in die sich neue Benutzer nur über einen Administrator eintragen lassen können.

Zweites wichtiges Element der Dateninfrastruktur ist ein Intranet auf HTTP-Basis, ein dem Internet nachempfundenes firmeninternes Netzwerk, auf das alle Mitarbeiter zugreifen können, das jedoch von der Außenwelt abgeschirmt oder nur über Firewalls zugänglich ist. Alle wichtigen Informationen lassen sich mit Hilfe des Intranets schnell global verteilen, Benutzer können die Informationen, die sie benötigen, selbst abholen. Voraussetzung ist jedoch eine gute Struktur mit Suchmaschinen und einem detaillierten Index, die das Auffinden der Informationen ermöglichen. Neben Bibliotheken aller Entwicklungsdokumentation, Anforderungen, Standards, Planungen usw. können im Intranet auch Beschreibungen zu Werkzeugen, Prozesse, Kurse und Informationen aller Abteilungen bereitgestellt werden. Beschreibungen der Entwicklungsteams sollten Aufgabe, Mitarbeiter, Projekte, Meilensteine, Protokolle, Ansprechpartner usw. beinhalten, die es Mitarbeitern an anderen Standorten ermöglichen, schnell die richtigen Kontaktpersonen zu finden. Auch im Intranet sollte es die Möglichkeit geben, einzelne Seiten nur geschlossenen Benutzergruppen zur Verfügung zu stellen, die sich z. B. anhand eines Passworts identifizieren müssen. Ferner bieten sich automatische Werkzeuge zum Warten der Seiten an, damit veraltete oder ungültig gewordene Informationen rasch beseitigt werden können. Es empfiehlt sich auch, jedes Dokument einem Besitzer zuzuordnen und seinen Namen neben einem „last modified"-Datum zu vermerken, damit sich Benutzer einen Überblick über die Aktualität einer Seite verschaffen können. Viele Dokumente können auch dynamisch anhand von Datenbankabfragen erzeugt werden, z. B. Organigramme oder Telefonlisten.

Newsgroups, auch schwarze Bretter oder Foren genannt, sind thematisch gegliederte Diskussionsgruppen. Sie empfehlen sich für alle technischen Bereiche. Wenn ein Entwickler zu einem Thema eine Frage hat, sendet er sie an das entsprechende Forum. Weltweit können alle anderen Entwickler seine Anfrage lesen und eventuell eine Lösung anbieten.

In zukünftigen Projekten besitzen speziell für verteilte Gruppenarbeit entwickelte Werkzeuge ein großes Potential. Mit ihren komplexen Funktionen müssen sie ihre Einsetzbarkeit in globalen Teams mit inhomogener Rechnerstruktur jedoch erst noch zeigen, denn die meisten Aufgaben lassen sich schnell und einfach mit den hier vorgestellten Werkzeugen erledigen. Gerade die Einfachheit spricht für E-Mail und Intranet, und selbst in inhomogenen Rechnerstrukturen gibt es mit diesen Werkzeugen kaum Probleme, Texte zwischen verschiedenen Plattformen hin- und herzuschicken oder Informationen abzurufen.

In Zukunft versprechen auch Werkzeuge, die es mehreren Personen gleichzeitig erlauben ein Dokument oder Code zu editieren, erfolgreich in verteilten Projekten eingesetzt werden zu können. Weiterhin werden Sprachdienste immer mehr in Datendienste eingebunden werden, wie dies z. B. schon bei Desktop-Videokonferenzen oder in der Internettelefonie beobachtet werden konnte. Beide Verfahren benötigen keine End-to-End-Verbindung sondern verschikken die anfallenden Daten paketweise, welches wiederum eine immense Kostenreduktion, zur Zeit jedoch auch verminderte Qualität, bedeutet.

4.2.3 Werkzeuge

Zusätzlich zu den Grundanforderungen an Werkzeuge in international verteilter Entwicklung, die dieselben sind wie für lokale Entwicklung, werden Werkzeuge benötigt, um Raum und Zeit zu überwinden und um die Zeitzonen ausnutzen zu können. Alle Werkzeuge sollten stets plattformübergreifend eingesetzt werden können, da von einer homogenen Rechnerstruktur in einer global ausgelegten Firma mit vielen Joint Ventures nicht ausgegangen werden kann.

Werkzeuge, die in allen Softwareentwicklungsprojekten benötigt werden, sind Textverarbeitung, Tabellenkalkulation, Grafikprogramme usw. für die Dokumentation aller Entwicklungsschritte, den Prozessen, Testpläne und deren Ergebnisse nach der Ausführung. In inhomogenen Rechnerstrukturen sollten Konvertierungswerkzeuge bereitgestellt werden, die unterschiedliche Formate ineinander überführen können. Dazu werden Entwicklungswerkzeuge benötigt. Neben leistungsfähigen Compilern, Linkern und Debuggern sind dies Tools, die die gesamte Softwareentwicklung, ausgehend vom Grobentwurf bis zur Implementierung, begleiten und auch Simulationen anhand von Prototypen erlauben. Daneben bieten sich Testwerkzeuge an, die automatische Regression-Tests für jede Erweiterung durchführen können, um den Erhalt der ursprünglichen Funktionalität sicherzustellen. Werkzeuge für die Projektplanung unterstützen das Management bei der Aufteilung von Arbeitsblöcken, der Verteilung auf Standorte und Ressourcen, bei der Terminplanung und der Überwachung aller Pläne. Je größer ein Projekt, desto wichtiger wird es, eine automatische Versionskontrolle aller Arbeitserzeugnisse zu haben.

Für alle Arbeitsmittel empfiehlt sich eine global verteilte Datenbank, auf die alle an der Softwareentwicklung Beteiligten Zugriff haben, um die von ihnen benötigten Informationen abzurufen, anzupassen, zu erweitern und wieder zu speichern. Ein Transaktionssystem sollte für den globalen Abgleich aller verteilten Datenbanken sorgen, so daß alle Informationen konsistent bleiben. Die Zugriffskontrolle muß für jede Information individuell festgelegt werden können. Neben der Versionsverwaltung ist bei verteilter Entwicklung auch eine Variantenverwaltung sinnvoll, die die unterschiedlichen, marktspezifischen Ausrichtungen eines Produktes berücksichtigt.

Verteilte Entwicklungen stellen hohe Anforderungen an die verwendete Programmiersprache. Sie muß eine hohe Modularität besitzen, und gleichzeitig muß der Compiler möglichst effizienten Code erzeugen können, um Echtzeitanforderungen gerecht zu werden. Wegen marktspezifischer Varianten empfiehlt sich ein Mechanismus für separates Compilieren und Linken, d. h. daß Module auch einzeln übersetzt und später in eine Load eingefügt werden können, ohne daß alle Module auf einmal übersetzt und gebunden werden müssen. Diese Packaging-Tools sollten es auch erlauben, Analysen für die Abhängigkeiten zwischen Modulen durchzuführen und Abhängigkeiten zwischen verschiedenen Varianten zu verhindern. Es darf beispielsweise in der in Bild 72 gezeigten Architektur nicht vorkommen, daß ein Modul im Block „Markt 1" Module im Block „Markt 2" aufruft. Wie bei den meisten höheren Programmiersprachen sollten variable Datenstrukturen möglich sein. Bild 76 zeigt eine beispielhafte Hierarchie, bei der das System in mehrere Subsysteme aufgegliedert ist. Jedes Subsystem besitzt eine Menge von Modulen, welche wiederum aus einer Menge von einzelnen Dateien bestehen können. Subsysteme sind dabei die kleinsten Einheiten, die einzeln in eine Load gebunden und verkauft werden, Module sind die kleinsten linkbaren Einheiten.

BILD 76: **Beispiel einer Hierarchie eines komplexen Systems. [Quelle: Eigene Darstellung]**

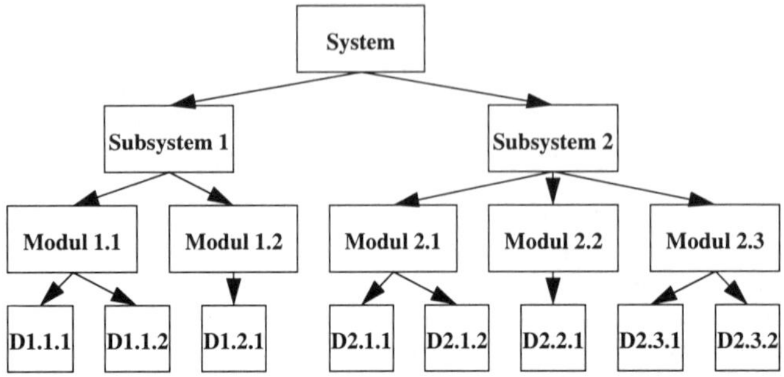

Die Codedatenbank sollte die gesamte Organisation, das Speichern und das Management des Sourcecodes eines Produktes erlauben. Vorteilhaft ist auch eine Zugriffsverwaltung für gemeinsam genutzte Daten. Für eine verteilte Entwicklung sind Mechanismen notwendig, die eine Verfolgung aller Änderungen erlauben. Zum Code muß die dazugehörige Dokumentation schnell gefunden werden können. Die Codedatenbank sollte unabhängig von der Programmiersprache sein, da für jedes Produktteil andere, jeweils optimale Programmiersprachen eingesetzt werden können. Trotzdem sollte alles in einer Datenbank verwaltet werden können. Es muß möglich sein, die Software aus der Datenbank so zu bündeln, daß für jeden Absatzmarkt eine Load erstellt werden kann. Die Integration des Codes sollte täglich oder mindestens wöchentlich erfolgen. Bild 77 zeigt die parallele Entwicklung an Streams für mehrere Schichten. Wöchentlich wird eine Load generiert, um die Integrierbarkeit des Codes sicherzustellen. Zum „Final Loadbuild" werden die für eine Marktvariante benötigten Softwaremodule zusammengebunden und so an die Kunden verkauft.

BILD 77: **Mögliche Loadgenerierung. [Quelle: Eigene Darstellung]**

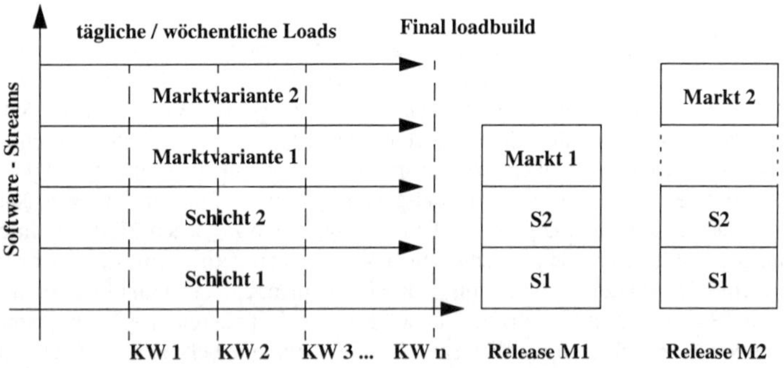

Es empfehlen sich auch Trackingwerkzeuge, die es, angefangen vom Softwareentwicklungsauftrag eines Kunden bis zu dessen Fertigstellung und Auslieferung, jederzeit erlauben, den aktuellen Stand jeder Komponente zu bestimmen, d. h. in welchem Entwicklungsstadium sie sich gerade befindet, in welchem Labor welcher Entwickler daran arbeitet und wann die Fertigstellung geplant ist. Bei globaler Entwicklung mit gebündelten Softwareprojekten ist es oft nicht trivial, diese Fragen zu beantworten.

Routingwerkzeuge erlauben es, Arbeitspakete schnell zwischen den Standorten weiterzuleiten. Bild 78 zeigt dies beispielhaft für globale Kundenunterstützung.

BILD 78: **Globale Supportunterstützung. [Quelle: Eigene Darstellung]**

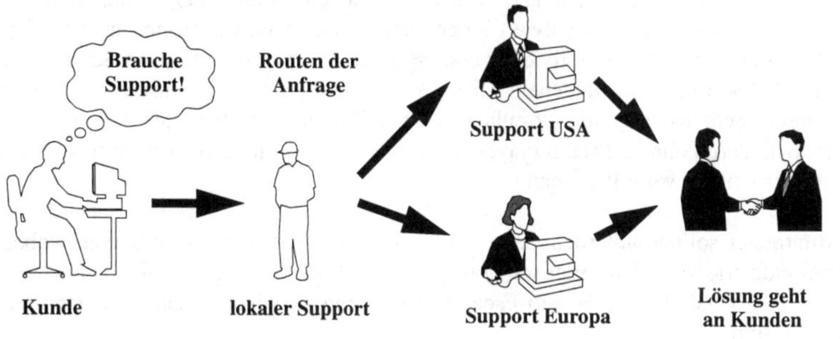

Der Kunde wendet sich an die lokale Niederlassung, sobald er ein Problem identifiziert hat. Der lokale Support speichert die erhaltenen Daten in einem Routingwerkzeug und leitet die Kundenanfrage zum entsprechenden Entwicklungsteam weiter. Ist das Problem gelöst, wird der „Service Request" mitsamt der Lösung zum Support-Team im Ursprungsland zurückgeschickt und von dort aus an den Kunden weitergegeben.

Für verteilte Entwicklung empfehlen sich globale Terminplansysteme. Durch sie kann jeder Mitarbeiter seine eigenen Termine verwalten, es können jedoch auch Gesprächspartner, Gruppen oder Räume für Besprechungen gebucht werden. Die Terminplansysteme sollten unterschiedliche Zeitzonen berücksichtigen können, so daß z. B. jeder Mitarbeiter nur zur Kernarbeitszeit in seiner Zeitzone gebucht werden kann. Unabhängig vom Standort können Terminpläne von Kollegen eingesehen werden. Es sollte möglich sein, für eine vordefinierte Gruppe von Mitarbeitern gemeinsame freie Zeiten zu finden, diese zu reservieren und automatisch Mitteilungen zu verschicken. Viele Systeme erlauben auch das automatische Zuweisen von Arbeitsblöcken.

Als sehr nützlich haben sich auch Übersetzungsprogramme bzw. Wörterbücher erwiesen, die einzelne Wörter oder ganze Texte von einer in eine andere Sprache übertragen können. Für ganze Texte wird jedoch noch eine wesentliche Steigerung der Qualität der Übersetzung benötigt. Die Wörterbücher sollten für alle Sprachen verfügbar sein, die in einem Projektteam vertreten sind.

4.3 Personelle Voraussetzungen

International verteilte Softwareentwicklung stellt besonders hohe Anforderungen an alle Mitarbeiter. Alle Mitarbeiter sollten deshalb zusätzlich zu ihrer technischen Kompetenz Fähigkeiten aufweisen, die eine erfolgreiche internationale Zusammenarbeit ermöglichen. Die besonderen Anforderungen erstrecken sich vor allem über die Bereiche „Soft Skills" und „Cultural Diversity".

4.3.1 Soft Skills

Schon bei der Auswahl der Mitarbeiter für ein verteiltes Projekt sollte auf spezielle Fähigkeiten geachtet werden. Sicheres Indiz für eine Eignung für internationale Entwicklung eines Mitarbeiters ist vorherige internationale Erfahrung. Hat ein potentieller Kandidat im Ausland studiert, Auslandspraktika absolviert oder schon Auslandseinsätze in anderen Projekten erbracht, ist er in der Regel motivierter und erfahrener und kann mit vielen der eventuell auftretenden Schwierigkeiten umgehen. Hinzu kommt ein gutes möglichst breites technisches Basiswissen. Sehr wichtig sind Offenheit und Flexibilität, da sich Projektziele immer wieder kurzfristig ändern können. „Team Player" im Gegensatz zu „Hackern" erwiesen sich erfolgreicher in international verteilten Teams.

Die Mitarbeiter sollten außerdem sehr gute Fremdsprachenkenntnisse besitzen, wobei in der Softwareindustrie vor allem Englisch gefragt ist. Auch Reisewilligkeit wird vorausgesetzt, da immer wieder persönliche „Face-to-Face"-Besprechungen zwischen den verteilten Standorten notwendig sind.

Für Mitarbeiter in komplexen international verteilten Software-Projekten sind außerdem gute Weiterbildungsmaßnahmen empfehlenswert. Neben einer speziellen Ausbildung in Werkzeugen für verteilte Gruppen sollte das Training global einheitlich ausgerichtet sein, auch um einen gemeinsamen Wortschatz aller Entwicklungsingenieure zu definieren. Das technische Training erweist sich dabei typischerweise spezialisierter als bei nicht komplexen Entwicklungen, da das technische Arbeitsgebiet stärker differenziert als in nicht komplexen Projekten ist. Auch eine unterstützende Weiterbildung in Fremdsprachen erweist sich in globalen Projekten als förderlich.

4.3.2 Cultural Diversity

In global verteilten Teams müssen ständig Mitarbeiter unterschiedlicher Nationalitäten miteinander arbeiten. Oft wurde dabei beobachtet, daß es zu Differenzen kam, deren Ursache anfänglich nicht erklärt werden konnte, die aber schließlich auf *Cultural Diversity* zurückgeführt wurden. Cultural Diversity bedeutet, daß sich jede Kultur von anderen dadurch unterscheidet, wie sie mit gewissen Problemen umgeht. Kulturelle Unterschiede lassen sich nicht beseitigen, durch eine frühzeitige Aufklärung lassen sich jedoch viele der negativen Effekte vermeiden.

Als Aufklärung bieten sich Trainings oder „Learning by doing" an. Kulturelles Training läßt sich relativ einfach in die schon empfohlenen Sprachkurse integrieren, indem auf spezielle Eigenarten der Kultur eingegangen wird, deren Sprache gerade vermittelt wird. Bewährt haben sich auch kurze Vorträge über die Mittagszeit, „Lunchtime Learnings" genannt, bei denen wechselnde Redner, am besten Mitarbeiter aus der betroffenen Firma selbst, ihre Erfahrungen schildern. Eine weitere Möglichkeit ist die Bereitstellung entsprechender Literatur; viele Hinweise darauf finden sich im Literaturteil dieser Arbeit. Diese Bücher können wie eine kleine Bibliothek verwaltet werden, aus der sich interessierte Mitarbeiter die Bücher ausleihen können. In größeren Projekten können die Erfahrungen der Mitarbeiter auch gesammelt und, zusammengefaßt als Broschüre, anderen Gruppen zur Verfügung gestellt werden.

Neben der theoretischen Vorbereitung ist jedoch auch praktische Erfahrung notwendig. Diese läßt sich nur dadurch erzielen, daß die unterschiedlichen Kulturen in Kontakt miteinander treten. Eine mögliche Form sind gemeinsame Besprechungen mehrerer verteilter Teams, bei denen sich die Mitarbeiter kennenlernen können. Besser noch ist ein ständiger Kontakt zwischen den unterschiedlichen Kulturen, z. B. indem Mitarbeiter zwischen den Standorten ausgetauscht werden und für einige Monate oder Jahre in einem fremden Land arbeiten. Sie können damit nicht nur technisches Wissen zwischen den Standorten vermitteln, sondern bringen auch ihre eigene Kultur in andere Teams ein. Durch den täglichen Kontakt lernen Mitarbeiter sich besser verstehen und respektieren. Austauschmitarbeiter, in dieser Dissertation meist *Expats* genannt, helfen auch die Kommunikationsbrücken zwischen den verteilten Teams herzustellen, da sie normalerweise eine gute Verbindung zu ihrem Ursprungsland aufrecht erhalten. Die Erfahrung hat gezeigt, daß gut etablierte Verbindungen auch nach der Rückkehr eines Expats erhalten bleiben.

Auch das technische Training kann so aufgesetzt werden, daß immer Gruppen von unterschiedlichen Standorten zusammen zu einem Kurs geschickt werden. Mitarbeiter lernen sich dadurch besser kennen und spannen Netze von Kontakten innerhalb der Firma, die für einen Projekterfolg oft notwendig sind.

Schließlich können auch Neueinsteiger für einige Zeit in ein Entwicklungslabor in einem anderen Land geschickt werden. Einmal, um eine entsprechende technische Ausbildung zu erhalten, aber auch um andere Kulturen und deren Arbeitsweisen kennenzulernen.

Die größten Erfolge ließen sich aus einer Kombination von theoretischem und praktischem Training erzielen. Viele Faktoren sind jedoch auch individuell bedingt und dürfen nicht auf „Cultural Diversity“ geschoben werden. Wie zuvor schon erwähnt sei hier noch einmal auf die Auswahl von geeigneten Mitarbeitern hingewiesen.

KAPITEL 5

Zusammenfassung und Ausblick

Ausgangspunkt dieser Dissertation war der scheinbar plötzliche Abbruch eines der größten international verteilten Softwareprojekte mit neuen Technologien, das Anfang der 90er Jahre im zivilen Bereich durchgeführt wurde. Das Ziel der Arbeit war, ausgehend von einer Analyse bereits existierender Untersuchungen über komplexe verteilte Softwareentwicklungen unter Einbeziehung von aus der Industrie gewonnenen Erfahrungen eine Liste von Empfehlungen zu erstellen, wie international verteilte Softwareentwicklungen erfolgreich durchgeführt werden können. In der Literatur gab es dabei zu Beginn dieser Arbeit im Jahre 1996 nur sehr wenige Anhaltspunkte und Untersuchungen, die sich mit Erfolgs- und Mißerfolgsfaktoren von international verteilt durchgeführten Softwareentwicklungen beschäftigten. Erst im Laufe der Arbeit und vor allem gegen Ende im Jahr 1999 häuften sich die wissenschaftlichen Veröffentlichungen über verteilte Softwareentwicklung.

Die Arbeit ist dazu in drei Bereiche gegliedert. Der erste Teil zeigt auf, welche Eigenschaften komplexe international verteilte Projekte auszeichnen, der zweite Teil untersucht die Faktoren, die den Projekterfolg beeinflussen und der dritte Teil gibt anhand der aus den ersten zwei Teilen gewonnenen Erkenntnissen eine Liste von Empfehlungen.

Im ersten Teil wurden die methodischen und begrifflichen Grundlagen erörtert. Die Frage, was komplexe international verteilte Softwareprojekte auszeichnet bzw. wie sie klassifiziert werden können, wurde anhand von vier Bereichen beantwortet. Als wichtigste Ursache von Komplexität können nach dieser Studie die global verteilte Entwicklung, die Verwendung neuester und damit noch relativ unerforschter und unbekannter Technologie, der Funktionsumfang der zu entwickelnden Software sowie die Anzahl der zu erstellenden Varianten gezählt werden. Unterschiede zwischen komplexen und nicht komplexen Projekten treten am deutlichsten in der Erfolgsrate hervor. Diese sind durch Probleme in der Kommunikation und mit der Technik, durch mangelnde Erfahrung im Management komplexer Projekte sowie einen sehr langen Entwicklungszeitraum erklärbar. Trotz der Schwierigkeiten mit erhöhter Komplexität und einer geringeren Erfolgsrate gibt es wichtige Argumente für eine international verteilte Entwicklung. Nur Vertretungen vor Ort erlauben es, Anforderungen richtig zu verstehen und Marktinteressen intern zu vertreten. Auch Kundennähe ist neben politischem Druck ein Faktor für die verteilte Entwicklung. Durch geschickte Ortswahl der verteilten Niederlassungen lassen sich auch Vorteile aus der Zeitverschiebung ziehen. So kann z. B. unter bestimmten Voraussetzungen durch tägliches Weiterreichen von Arbeitspaketen zwischen den Standorten vierundzwanzig Stunden an ihnen gearbeitet werden. Unterschiede zwischen Softwareprojekten und anderen Projekten bestehen schließlich darin, daß in der Softwareindustrie das komplette Produkt elektronisch transportiert werden kann. Trotz langjähriger Forschung in der Softwareentwicklung gibt es für komplexe Softwareprojekte noch keine wiederholbaren Mechanismen, die es erlauben, Schätzungen über Entwicklungsdauer oder Codemenge verläßlich durchzuführen. Die Arbeitsweise der Ingenieure unterscheidet sich in der Softwareindustrie teilweise auch erheblich von anderen ingenieurwissenschaftlichen Tätigkeiten. Oft erweist sie sich als weniger systematisch.

Der zweite Teil der Arbeit untersucht, woran international verteilte Projekte scheitern können bzw. was zu einem erfolgreichen Abschluß notwenig ist. Dazu wurden Entwicklungsprojekte in einer global verteilten Telekommunikationsfirma anhand von Interviews und Beobachtungen untersucht und Faktoren identifiziert, die einen Mißerfolg bewirken können oder die zum Gelingen notwendig sind. Als wichtigster Faktor hat sich dabei die Kommunikation herausgestellt. Eine verteilte Entwicklung stellt besondere Anforderungen an die Kommunikationsinfrastruktur und an die Mitarbeiter selbst, die den fortlaufenden Informationsaustausch aufrecht erhalten müssen. Zweiter wesentlicher Faktor ist mangelhaftes Projektmanagement, d. h. die Planung und Durchführung der Entwicklung ist für verteilte Teams nicht ausreichend. Oft hatten dadurch einzelne Niederlassungen unterschiedliche Erwartungen an ein Projekt, die gesteckten Ziele waren unrealistisch oder die einzelnen an einer verteilten Entwicklung beteiligten Niederlassungen hatten unterschiedliche Prioritäten. Das Management war auch dafür zu verantworten, wenn zwischen den einzelnen Entwicklungsteams ein schlechtes Klima herrschte und der Informationsfluß dadurch gebremst wurde. Dritter wichtiger Faktor sind kulturelle Unterschiede. Durch sie kam es zwischen den verteilten Gruppen in unterschiedlichen Ländern immer wieder zu Mißverständnissen, die wiederum den Kommunikationsfluß negativ beeinflußten. Auch unterschiedliche Arbeitsweisen verschiedener Nationalitäten sind immer wieder aufgefallen. Der Faktor „Soft Skills“ erwies sich als entscheidend für den Erfolg oder Mißerfolg verteilter Projekte. Neben internationaler Erfahrung bzw. Offenheit anderen gegenüber sollten Entwicklungsingenieure, bevor sie in einem global verteilten Projekt eingesetzt werden, soziale Kompetenz und sehr gute Kommunikationsfähigkeiten aufweisen.

Der dritte Teil der Arbeit beschäftigte sich schließlich damit, welche Empfehlungen sich aus dieser Analyse ableiten lassen. Dazu wurden drei Bereiche identifiziert, die bei komplexer international verteilter Softwareentwicklung besonderer Beachtung bedürfen. Dazu zählen der Bereich des Managements und die technischen und personellen Voraussetzungen. Für jeden dieser Bereiche wurden Empfehlungen aufgeführt, wie eine erfolgreiche Softwareentwicklung durchgeführt werden kann.

Alles in allem hat diese Arbeit gezeigt, daß es trotz Mehrkosten und erhöhtem Aufwand gute Gründe gibt, Software international verteilt zu entwickeln. Obwohl immer noch ein relativ hoher Anteil komplexer Softwareprojekte scheitert, konnte durch den Einsatz besserer Entwicklungskonzepte die Erfolgsrate in den letzten Jahren drastisch erhöht werden. Weitere Verbesserungen scheinen deshalb nicht im Bereich der Infrastruktur oder im Bereich der Werkzeuge für verteilte Teams notwendig, sondern hauptsächlich in der Kommunikation zwischen den Standorten und im Management von multikulturellen verteilten Produktentwicklungsgruppen.

ANHANG A

Interviewleitfaden

Anhand eines Interviewleitfadens sollte sichergestellt werden, daß alle durchgeführten Interviews miteinander vergleichbar waren. Die Interviews gliederten sich in drei große Bereiche:

1. Die Definition von komplexen international verteilten Softwareprojekten,
2. die Identifizierung von Mißerfolgs- und Erfolgsfaktoren bei der Durchführung von verteilten Software-Projekten sowie
3. speziell die Erfahrungen mit der Kommunikation, den kulturellen Schwierigkeiten sowie die Erfahrungen des Managements von verteilten Software-Entwickler-Gruppen.

Der erste Bereich zielte darauf ab, die untersuchten Software-Projekte von nicht komplexen, lokal an einem Ort durchgeführten Software-Projekten abzugrenzen. Der zweite und zeitlich größte Anteil der Interviews erfragte die Erfahrungen der Kandidaten. Positive und Negative Erfahrungen wurden verwendet, um mit dem am Anfang beschriebenen Verfahren Mißerfolgs- und Erfolgsfaktoren zu identifizieren, die bei international verteilter Software-Entwicklung eine Rolle spielen. Der dritte Teil der Interviews zielte auf die speziellen Erfahrungen der Kandidaten mit der Kommunikation untereinander in verteilten Teams, der interkulturellen Zusammenarbeit und dem Management von verteilter Software-Entwicklung ab. Speziell diese Gebiete waren in der Literatur als Bereiche identifiziert worden, die bei international verteilter Software-Entwicklung besonderer Beachtung bedürfen.

In Bild 79 ist der Interviewleitfaden zu sehen, der den Interviews zugrundegelegt war.

BILD 79. **Interviewleitfaden. [Quelle: Eigene Darstellung]**

Definition von international verteilten komplexen Software-Projekten	• Wie definieren Sie ein komplexes Softwareprojekt? Was macht Softwareprojekte komplex? • Was sind die Unterschiede zwischen komplexen und nicht komplexen Softwareentwicklungen? • Was sind die Vorteile, Software in international verteilten Teams zu entwickeln? • Wo sehen Sie Unterschiede zwischen Softwareprojekten und anderen Projekten? • Haben Sie einmal bei globalen Projekten Probleme erfahren, die bei kleinen Projekten nie aufgetreten sind?
Erfolgs- und Mißerfolgsfaktoren international verteilter Software-Projekte	• Welche Voraussetzungen werden Ihrer Meinung nach benötigt, um ein komplexes internationales Softwareprojekt erfolgreich zu Ende zu führen? • Welches sind Ihrer Meinung nach Bereiche, die bei international verteilter Softwareentwicklung besondere Beachtung benötigen? • Welches sind Ihrer Meinung nach die besonderen Anforderungen an die Softwaretechnik in verteilten Entwicklungsprojekten? • Wie und von wem werden in international verteilten Teams Arbeitspakete erstellt und verteilt? • Woran können komplexe internationale Softwareprojekte scheitern?
Kommunikation, „Cultural Diversity“ und Management in verteilten Teams	• Welche Techniken verwenden Sie, um in großen, verteilten Teams effektiv zu kommunizieren? • Wie sehen Sie den Einfluß von 'Cultural Diversity' auf ein Zusammenarbeiten in internationalen Teams? • Welche Verfahren benutzen Sie, um Probleme in internationalen Teams frühzeitig zu erkennen? • Wählen Sie Ingenieure für verteilte internationale Projekte anders aus als für kleine lokale Projekte? Welche Merkmale verwenden Sie jeweils für eine Beurteilung? • Welche Schwierigkeiten sehen Sie beim Training von verteilten Teams? • Welche Führungstechniken verwenden Sie zum managen von international verteilten Teams? • Was ist Ihre beste Erfahrung, die Sie mit internationaler Softwareentwicklung gemacht haben? Welches waren die größten Probleme, mit denen Sie konfrontiert wurden?

Literatur

Adler, N.J.; Bartholomew (1992): Managing globally Competent People; in: Academy of Management Executive, Issue 3/1992, S. 52-65, 1992.

Albrecht, Allan J. (1979): Measuring application development productivity, IBM Application Development Symposium, GUIDE/SHARE, 1979.

Albrecht, Allan J. (1983): Software Function, Source lines of Code and Development effort Prediction: A Software Science Validation, IEEE Transactions on Software Engineering, Volume SE-9, No. 6, November 1983.

Anthony, R.N.; Dearden, J.; Vancil, F. (1972): Management control Systems, Irwin, Homewood, IL. 1972.

Balzert, Helmut (1998): Lehrbuch der Software-Technik, Software-Management, Software-Qualitätssicherung, Unternehmensmodellierung, Spektrum Akademischer Verlag, 1998.

Boehm, B. (1981): Software Engineering Economics, Prentice Hall 1981.

Boehm, B. (1988): A Spiral Model of Software Development and Enhancement, IEEE Computer, Vol. 21, No. 5, S. 61-72.

Boehm, B. (1991): Software Risk Management: Principles and Practices, IEEE Software, January 1991, S. 32-41, 1991.

Broad, Wade (1982): Fraud and deceit in scientific research, 1982.

Brooks, Frederik P. (1995): The mythical man month, 20th anniversary edition, Addison Wesley 1995.

Bullen, C.V; Rockart, J.R. (1981): A Primer on Critical success factors. In The Rise of Managerial Computing: The Best of the Center for Information systems research, Sloan School of Management, MIT, 383-423, 1981.

Carmel, Erran (1997): The explosion of global software teams, Computer World 12/08/ 1997.

Carnegie Mellon University (1998): About the SEI, URL: http://www.sei.cmu.edu/about/ about.html, zugegriffen am 18.1.2000.

Churchman, C.W.; Schainblatt, A.H. (1965): The researcher and the manager: A dialectic of implementation, Manag. Sci. 11, 4 (1965), B69-B87.

Cottle, T. (1967): The Circles Test; An investigation of perception of temporal relatedness and dominance, Journal of Projective Technique and Personality Assessments, No. 31, 1967.

Couprie, Dale (1999a): Software Size Estimation.
URL: http://www.cpsc.ucalgary.ca/~couprie/623/621/size.html, zugegriffen am 14.1.2000.

Couprie, Dale (1999b): Function Points.
URL: http://www.cpsc.ucalgary.ca/~adi/621/prez.html,
zugegriffen am 14.1.2000.

Dadashzadeh, M. (1989): Teaching MIS concepts to MBA students: A critical success factor approach, Journal of IS Education on-line 6/89, Volume 1, Number 4 , http://gise.org/ JISE/Vol1-5/TEACH.html, zugegriffen am 14.1.2000.

Daniel, D.R. (1961): Management Information Crisis, Havard Business Review, September-Oktober 1961.

DeMarco, Tom (1987): Peopleware, New York, Dorset House, 1987.

Drummond, Helga (1996): Escalation in Decision making, Oxford University Press 1996.

Engesser, Hermann (Hrsg.) (1988): Duden Informatik - Ein Sachlexikon für Studium und Praxis, BI-Wissenschaftlicher Verlag, Mannheim, 1988.

Fairley, Richard (1985): Software Engineering Concepts, McGrawhill 1985.

FAZ (1993): Erfolgreich arbeiten bei US-Gesellschaften in Europa, Konstoffer & Partner Personnel-Marketing Inc, 1993.

Fernandes, Tony (1995): Global interface design - a guide to designing international user interfaces, AP professional 1995.

Feyhl, Achim; Feyhl, Eckhard (1996): Management und Controlling von Softwareprojekten, Gabler 1996.

Gerybadze, Alexander (1998a): International verteilte Kompetenzen und Integrationskonzepte für Wissenszentren in multinationalen Unternehmen, Discussion Paper 98-01, Stuttgart, Januar 1999.

Gerybadze, Alexander (1998): Technological Competence Assessment within the Firm: Applications of Competence Theory to Managerial Practice, Discussion Paper 98-03, Stuttgart, Juni 1998.

Gerybadze, Alexander; Meyer-Krahmer, Frieder; Reger, Guido (1997a): Globales Management von Forschung und Innovation - Executive Summary, Fraunhofer Institut Systemtechnik und Innovationsforschung, 1997.

Gerybadze, Alexander; Reger, Guido (1997b): Internationalization of R & D and Global Management of Technological Competencies within Transnational Corporations, Karlsruhe, ISI, Fraunhofer Institute System and Innovation Research, 1997.

Gerybadze, Alexander; Reger, Guido (1997c): Globalisation of R & D: Recent Changes in the Management of Innovation in Transnational Corporations, Discussion Paper 97-01, Stuttgart, February 1997.

Grenier, Ray; Metes, George (1995): Going Virtual - moving your organization into the 21st century, Prentice Hall 1995.

Grunberg, Leon (1981): Failed Multinational Ventures, Lexington MA, Lexington Books, 1981.

Halsall, Fred (1992): Data Communications, Computer Networks and open systems, Addison-Wesley 1992.

Haywood, Martha (1998): Managing virtual teams - Practical Techniques for High-Technology Project Managers, Artech House Publishers, Boston, 1998.

Henry, Jane E.; Hartzler, Meg (1998): Tool for virtual teams - A team fitness companion, Quality Press, Milwaukee 1998.

Henze, J.; Kammel, A. (1994): Erfolgsfaktoren im internationalen Management; in: Die Unternehmung, Issue 4/1994, S. 265-275.

Hern, William (1996): Ninth Design Forum 1996 - Multisite software development: A view from the trenches, Unpublished report, 1996.

Hertweck, D.; Krcmar, H. (1991): Computervermittelte Kommunikation in verteilten Teams - Das Beispiel von Krisensituationen in scheiternden Softwareprojekten, Universität Hohenheim, Stuttgart, 1991.

Hofstede, Gert (1997): Lokales Denken, globales Handeln - Kulturen, Zusammenarbeit und Management, Beck Wirtschaftsberater im dtv, München, 1997.

Hofstede, Gert (1998): Think Locally, Act Globally: Cultural Constraints in Personnel Management; in: Management International Review, Cross-Cultural and Comparative International Human Resource Management, mir Special issue 2/98, S. 7-26, Gabler 1998.

IFPUG (1994) - International Function Point User Group. URL: http://www.ifpug.org/home, zugegriffen am 18.1.2000.

1. Interview mit einem Entwickler, 28. Oktober 1997.
2. Interview mit einem Abteilungsleiter, 4. November 1997.
3. Interview mit einem Bereichsleiter, 13. November 1997.
4. Interview mit einem Bereichsleiter, 14. November 1997.
5. Interview mit einem Bereichsleiter, 18. November 1997.
6. Interview mit einem Abteilungsleiter, 25. November 1997.
7. Interview mit einem Entwickler, 23. Januar 1998.
8. Interview mit einem Entwickler, 29. Januar 1998.
9. Interview mit einem Abteilungsleiter, 4. Februar 1998.
10. Interview mit einem Bereichsleiter, 9. Februar 1998.
11. Interview mit einem Abteilungsleiter, 10. Februar 1998.
12. Interview mit einem Direktor, 12. Februar 1998.
13. Interview mit einem Direktor, 17. Februar 1998.
14. Interview mit einem Direktor, 19. Februar 1998.
15. Interview mit einem Bereichsleiter, 13. März 1998.
16. Interview mit einem Bereichsleiter, 13. März 1998.
17. Interview mit einem Entwickler, 20. März 1998.

Ives, B.; Olson, M.H. (1984): User involvement and MIS success: A review of research, Manag. Sci. 30, 5 (1984), 586-603.

Jacobsen, Ivar (1992): Object-Oriented Software Engineering, Addison-Wesley 1992.

Jones, Capers (1991): Applied Software Measurement, McGrawhill 1991.

Jones, Capers (1996): Patterns of Software Systems Failure and Success, Thomson Computer Press, 1996.

Jones, Capers (1997): What are Functions Points? URL: http://www.spr.com/library/0funcmet.html, zugegriffen am 18.1.2000.

Keil, M.; Carmel, E. (1995): Customer-Developer Links in Software Development, Communications of the ACM, May 1995/Vol. 38, No. 5, 33-33, 1995.

Keil, M.; Mixon, R.; Saarinen, T.; Tuunainen, V. (1995a): Understanding Runaway Information Technology Projects: Results from an International Research Program Based on Escalation Theory, Journal of Management Information Systems, Vol. 11, No. 3, S. 65-85, 1995.

Keil, M.; Cule, P.; Lyytinen, K. and Schmidt, R. (1998): A framework for identifying software project risks, Communications of the ACM, November 1998/Vol.41, No.11, S. 76-83, 1998.

Kemerer, Chris F. (1993): Reliability of Function Points Measurement - A field experiment, Communications of the ACM, Februar 1993, S. 85-97.

King, Julia (1997): IS reins in runaway projects, Computerworld, 24.2.1997.

King, W.R.; Cleland, D.I. (1971): Manager-Analyst Teamwork in MIS, Business Horizons, April, S. 59-68, 1971.

Koppenhöfer, C.; Johannsen, A.; Krcmar, H.; Bumiller, J. (1998a): Bedarf und Nutzung von Telekooperationssystemen im verteilten Produktentwicklungsprozeß, Universität Hohenheim, 1998.

Koppenhöfer, C.; Johannsen, A.; Krcmar, H. (1998b): Bedarf und Szenarien für die Telekooperation in der verteilten Produktentwicklung, Universität Hohenheim, 1998.

Kostner, Jaclyn (1996): Virtual Leadership, Warner Books 1996.

Krcmar, Helmut (1991): Computer Supported Cooperative Work - State of the Art, Proceedings of IVth Internationale Conference on Human Computer Interaction, 1991.

Krcmar, Helmut (1995): Teamarbeit produktiver machen - Einige Bemerkungen zur Forschung auf dem Gebiet des Computer Supported Cooperative Work, Lehrstuhl für Wirtschaftsinformatik, Universität Hohenheim, 1995.

Krcmar, Helmut; Schwabe, Gerhard (1995): CATeam für das Gemeindeparlament - Szenarien und Visionen, Arbeitspapiere, Lehrstuhl für Wirtschaftsinformatik, Universität Hohenheim, 1995.

Krcmar, Helmut; Schwabe, Gerhard (1998): Telekooperation - Eine Chance für neue Arbeitsformen in innovativen Organisationen, Universität Hohenheim, 1998.

Larson, Bob (1980): Your Swabian Neighbours, Verlag Schwaben international GmbH 1980.

Larson, Bob (1983): Getting along with the Germans, Bechtle Verlag, 1983.

Lewe H.; Krcmar, H. (1991): Groupware - Arbeitspapiere Nr. 22, Lehrstuhl für Wirtschaftsinformatik, Universität Hohenheim, Juli 1991.

Lewe, H.; Krcmar, H. (1992): Groupsystems - Aufbau und Auswirkungen, Arbeitspapiere Nr. 24, Lehrstuhl für Wirtschaftsinformatik, Universität Hohenheim, 1992.

Lewerentz, Claus (1993): Objektorientierte Software-Entwicklung, FZI-Publikation 5/93.

Lewin, K. (1936): Principles of Topological Psychology, McGrwahill Book Company, London, 1936.

Lichtenberger, B.; Domsch, M.; Scholtz, G.; Sticksel, P. (1998): Managing in a global world: Case studies in intercultural human resource management, Gabler, Wiesbaden, 1998.

Lipnack, Jessica; Stamps, Jeffrey (1997): Virtual Teams - reaching across space, time, and organizations with technology, John Wiley & Sons 1997.

Loftus, C.W. (1995): Distributed Software Engineering, Prentice Hall 1995.

Macharzina, Klaus; Welge, Martin; Kutschker, Michael; Engelhard, Johann (Hrsg.)(1998): mir: Management International Review, mir-Edition, Wiesbaden, Gabler, 1998.

Macharzina Klaus (1999): Unternehmensführung. Das internationale Managementwissen: Konzepte - Methoden - Praxis, 3. Auflage, Wiesbaden, Gabler, 1999.

Mackenzie, R.A. (1969): The management process in 3-D, in: Harward Business Review, Nov.-Dec. 1969, Nachdruck in Thayer, S. 11-14, 1990.

Melymuka, Kathleen (1998): With IT Projects, small is beautiful, Online News, 18/6/ 1998.

Miles, Matthew; Huberman, Michael (1984): Analyzing qualitative data, A source book for new methods, SAGE Publications, 1984.

Miles, Matthew; Huberman, Michael (1994): Qualitative Data Analysis - An Expanded Sourcebook, Second Edition, SAGE Publications, 1994.

Mole, John (1996): Mind your manners: Managing Business Cultures in Europe, Nicholas Brealey Publications 1996.

Mooradian, G. G. (1977): The Key Variables in Planning and Control in Medical Group Practices, Unpublished master's thesis, Sloan School of Management, MIT, Cambridge.

Morris, Derrik et al. (1996): Object Oriented Computer Systems Engineering, Springer 1996.

Murphy, Andrew F. (1991): Cultural Encounters in the USA. Cross-Cultural dialogues and Mini-Dramas, National Textbook Company 1991.

Murphy, Brad (1998): Management to blame for Duke Power Project Failure, Computerworld 25.3.1998.

Neumann, Peter G. (1995): Computer related risks, Addison Wesley, 1995.

Nieschlag, Robert; Dichtl, Erwin; Hörschgen, Hans (1997): Marketing, 18. Auflage, Duncker & Humblot, Berlin, 1997.

Oesterle, M.-J.; Wolf, J. (Hrsg) (1999): Evolution and Revolution in International Management, Managent International Review, 39 Jg., Speciall Issue 2, 1999.

Ortmann, Günter et al. (1990): Computer und Macht in Organisationen - Mikropolitische Analysen, Westdeutscher Verlag 1990.

Prakken, B. (1997): Why do information systems fail - a diagnosis, University of Nimegen, 1997.

Rechenberg, P.; Pomberger, G. (1999): Informatik-Handbuch, Hanser Verlag München, 1999.

Rockart, J.F. (1979): Chief Executives Define Their Own Data Needs; in The Rise of Managerial Computing: The Best of the Center for Information Systems Research, Sloan School of Management, MIT, S. 207-234, 1979.

Royce, W. (1970): Managing the development of large software systems, in: IEEE WESCON, August 1970, S. 1-9.

Schill, Alexander (1995): Rechnergestützte Gruppenarbeit in verteilten Systemen, Prentice Hall 1995.

Schwabe, G.; Hertweck, D.; Krcmar, H. (1998): Partizipation und Kontext bei der Erstellung einer Telekooperationsumgebung - Erfahrungen aus dem Projekt Cuparla, Lehrstuhl für Wirtschaftsinformatik, Universität Hohenheim, 1998.

Schumacher, E.F. (1976): Small is beautiful. A study of economics as if people mattered., London 1976.

Schwarzer, B; Zerbe, S.; Krcmar, H. (1996): Neue Organisationsformen und IT - Herausforderung für die Unternehmensgestalter, Universität Hohenheim, 1996.

Standish Group (1995): The CHAOS-Report. URL: http://www.standishgroup.com/chaos.html. Zugegriffen am 18.3.2000.

Stopford, J.M.; Wells, L.T. (1972): Managing the Multinational Enterprise, London, 1972.

Thaller, G.E. (1996): Systems Engineering, Heise 1996.

Thayer, R.H. (1990): Tutorial Software Engineering Project Management, IEEE Computer Society Press, Los Alamitos, 1990.

Trompenaars, Fons(1993): Handbuch Globales Managent, ECON Verlag 1993.

Twisk, T.F. (1995): Assessment von internationalen Managern; in Scholz, J.M. (ed): Internationales Change-Management: Internationale Praxiserfahrung bei der Veränderung von Unternehmen und Humanressourcen, Stuttgart, S. 121-137, 1995.

Vaughan, Diane (1996): The Challenger Launch Decision - Risky Technology, Culture and Deviance at NASA, The University of Chicago Press 1996.

Weltz, Friedrich; Ortmann, Rolf G. (1992): Das Softwareprojekt - Projektmanagement in der Praxis, Campus 1992.

Wunderer, R. (1992): Internationalisierung als strategische Herausforderung für das Personalmanagement; in: Zeitschrift für Betriebswirtschaft (ZfB), supplementary volume No. 2/1992, 161-181.

Yin, Robert (1994): Case Study Research - Design and Methods, SAGE Publications, Second Edition 1994.

Yourdon, Edward (1992): Decline and Fall of the American Programmer, Yourdon Press 1992.

Yourdon, Edward (1996): Rise and Resurrection of the American Programmer, Yourdon Press 1996.

Zani, W.M. (1970): Blueprint for MIS, Havard Business Review, November-December, S. 85-97, 1970.

Zerbe, Stefan (1998): Globale Teams - ein Ansatz zur Formulierung von Gestaltungsvorschlägen für verteilte, teamorientierte Organisationsformen, Dissertation, Lehrstuhl für Wirtschaftsinformatik, Universität Hohenheim, September 1998.

o.V. (1998): Top Factors in Application Development Project Failure, Computerworld 22/06/1998.

o.V. (1999): Unpacking the Systems Development Process: An Empirical Application of the CSF Concept in a Research Context.